Fritz Sieren
In stillen Revieren
und weiter Wildnis

Fritz Sieren

In stillen Revieren und weiter Wildnis

Jagen bei uns und in aller Welt

Mit 15 farbigen Abbildungen auf 8 Tafeln

Paul Parey · Hamburg und Berlin

Der auf den Seiten 99 und 100 vom Autor zitierte Text wurde mit freundlicher Genehmigung der Deutschen Verlagsanstalt in Stuttgart dem Buch ›Über die Jagd‹ von Ortega y Gasset entnommen.

CIP-Titelaufnahme der Deutschen Bibliothek
Sieren, Fritz:
In stillen Revieren und weiter Wildnis : Jagen bei uns und in
aller Welt / Fritz Sieren. – Hamburg ; Berlin : Parey, 1989
    ISBN 3-490-45911-3

Tafelfotos von Fritz Sieren

© 1989 Verlag Paul Parey, Hamburg und Berlin. *Anschriften:* Spitalerstraße 12, D-2000 Hamburg 1; Lindenstraße 44–47, D-1000 Berlin 61, Umschlaggestaltung: Evelyn Fischer, Hamburg, unter Verwendung eines Fotos von Karl Grund, Hamburg. Satz und Druck: Westholsteinische Verlagsdruckerei Boyens & Co., Heide.

ISBN 3-490-45911-3

Vorwort

Auf dem Hof meiner Mutter im sauerländischen Meerhof wuchs ich auf und wurde früh mit der Jagd vertraut. Mein Vater und mein Onkel führten mich an sie heran. Jagd wurde für mich wichtiger Lebensbestandteil und selbstverständlich. Sie war dann später für mich auch der Schlüssel, um den Rhythmus der Natur, ihr Werden und Vergehen, den Wechsel der Jahreszeiten, ihre subtilen Gesetzmäßigkeiten und Details zu erkennen und zu begreifen. Dabei fesselte mich der Flug der Leuchtkäfer und Fledermäuse nicht weniger als der des majestätischen Adlers.

Dieses Hineinknien in die Natur blieb völlig unabhängig vom jeweiligen Ort. Die kleinen und großen Dinge der Wildbahn ließen sich am fernen Baikalsee genauso beobachten wie in den Rocky Mountains Idahos oder in vertrauten, heimischen Revieren. Deshalb ist Jagen, das werden Sie beim Lesen meines Buches merken, für mich weit mehr, als eine starke Trophäe zu erbeuten. Obwohl ich auch daran meine ehrliche Freude habe, und ich der glücklichste Mensch bin, wenn nach Strapazen und Mühsal und dem Hinleben auf dieses Ziel die Erbeutung eines bestimmten Wildes gelang. Dieses Beutemachen ist bestimmt eine meiner Triebfedern, tief in mir wurzelnd. Warum sonst zieht es einen bei Wind und Wetter hinaus zum Ricken- und Schwarzwildansitz, zum Fuchsluder oder zur Niederwildjagd?

Dieser Zugang zur Natur, den ich mit vielen Jägern teile, hat mich auch davor bewahrt, die Dinge und mein Denken intellektuell zu überfrachten und Zusammenhänge zu entkoppeln. So erlebte ich schon als kleiner Bub Hausschlachtungen, die Dramatik einer Treibjagd, das anfangs Abstoßende beim Erlegen und Aufbrechen eines Stückes Schalenwild. Das alles wühlte mich auf. Ich hatte es zu verarbeiten. Doch half mir das Erleben, den Blick für Wichtiges und Unwichtiges zu schärfen.

Diese Prägung vollbrachte in erster Linie das heimatliche Jagen. Denn obwohl mich das Fernweh immer wieder hinauszieht in viele Länder der Erde und die Neugierde mich treibt, andere Menschen, Wildnisse, Jagdkulturen und faszinierendes Wild kennenzulernen, so liebe ich doch nicht minder die Jagd zu Hause, die Jagd auf eigene Faust und erst recht mit eigenem Köpfchen. Dies nicht zuletzt, weil ich meine Heimat liebe und alles Fernweh ein Zuhause braucht.

Unsere jagdliche Heimat halte ich allerdings für sehr gefährdet. Man wird mir zustimmen, wenn ich behaupte, daß wir Jäger einen tiefen Dornröschenschlaf geschlafen haben und nun bitter erwacht sind. Die mehr und mehr werdenden Beschränkungen und erdrückenden Reglementierungen der letzten Jahre brauche ich im einzelnen gar nicht zu erwähnen. Jeder bekommt sie zu spüren. Um so mehr wünsche ich mir und möchte dringlich dafür appellieren, daß jeder in seinem kleinen oder größeren Wirkungskreis für die Sache der Jagd in Deutschland eintritt, beginnend bei den Kindern und Jugendlichen – hier sind Eltern, Lehrer und Erzieher gefragt – bis hin zur politischen Ebene; denn Jagd ist längst Interessenpolitik geworden. Man wird uns nicht mehr viel von der Jagd lassen, wenn wir uns nicht sachkundig dafür einsetzen und vehement gegen sachfremde Einflüsse wehren.

Ich weiß aber auch, daß wir eine gute Chance und Argumente haben, um unsere Passion zu verteidigen und andere dafür zu begeistern. Dazu möge auch dieses Buch mit jagdlichen Erlebnissen und Gedanken beitragen. Allen Lesern wünsche ich viel Spaß bei der Lektüre.

Winterberg, im August 1989   Fritz Sieren

Inhalt

Wünnenberger Treibjagd 9

Kümmerer
Das Platzböckchen – Der Zigeuner – Drückeberger
Nochmal im Pech – Der Glatzenbock – Unverhofftes Wiedersehen 13

Geheimräte
Der Schwarzstangige – Der Entstellte – Das Eselshaupt 19

Vom Anfang zum Ende des Sommers – eine Wanderung 24

Der Raufer, das Einhorn und der Hasenfuß 31

Nordland-Oktober 36

Bartgams 41

Colebrooke
Ankunft – Die kleinen schwarzen Hirsche – Tiro Fasan
Die Längsgescheitelten (Bekassinenjagd) – Finale 45

Tage auf Skibo 53

Apfelinsel 61

Die Ritter und das Langgesicht 67

Wapitibrunft 75

Ein Puma vom Mt. Nebo 85

Indianerbüffel 91

Zimtbär 99

Im Schatten des Almanzor 108

Pechsträhne 114

Arni 122

Tiroler Bären – Mankeijagd mit Wermutstropfen 132

Bläßgänse der Westerschelde 137

Mückenhochzeit 142

Neues und Bewährtes in heimischen Revieren 149

Wünnenberger Treibjagd

Es ist dies ein sachtes Hinfiebern, eine im Unterbewußtsein von Tag zu Tag zunehmende Spannung bis zum Morgen der alljährlichen Treibjagd. Eingestimmt waren wir, nachdem Freund Jörg bereits am Vorabend eintraf und wir bei einem Umtrunk Erinnerungen aufgefrischt hatten. Treffpunkt ist wie eh und je die Gastwirtschaft Bonefeld, wo sich zur festgesetzten Zeit erst wenige Jäger eingefunden haben. Das Lokal füllt sich bald. Hunde drängen herein, knurren sich an. Qualm steht in der Stube. Alte Bekannte freut man sich wiederzusehen. Neue Gesichter sind hinzugekommen. Sogar an einzelne Hunde kann ich mich erinnern. »Wie geht es dem alten Poltermann?« »Ach, der ist krank?« »Schade, daß Herr B. heute im Staatlichen eingeladen ist. Der hätte Stimmung gemacht heute abend . . .« »Wieviel Hasen in Eilern?« »Nur dreiunddreißig!« »Weißt Du noch vor drei Jahren, als es hier hundert Kreaturen waren?« Wortfetzen, Satzfragmente, die ich mitbekomme.

Gemeinsamer Aufbruch zur Sammelstelle. Unter uns liegt die Ebene des Sintfelds. Das Land öffnet sich. Eine riesige flache Senke, zum Horizont leicht ansteigend. Wie ein Wall, eine Bastion, ganz fern die schwarzen Nadelholzhänge. Die Ebene selbst fast unantastbar. Makellos ihr Weiß. Darin eingekleckst wenige Gehölze. Durch den Dunst, der über der Fläche schwebt wie ein zartes Gewebe, fällt ein goldenes, verhaltenes Licht, ein Licht, das den Schnee zum Glühen bringt und die Schatten aufsaugt.

Der beleibte Herr Fingerhut hält eine knappe Ansprache: ». . . frei sind Hasen, Fasane, Kaninchen, Raubwild und Raubzeug, natürlich auch Tauben. Ich gehe davon aus, daß jeder im Besitz eines gültigen Jagdscheines ist. Petrus meint es heute gut mit uns, vielleicht auch Sankt Hubertus.« Dann räuspert er sich, wünscht Waidmannsheil. Ein wenig schief wird zum Gejohle der Hunde geblasen, anschließend der erste Jäger auf den Weg geschickt.

Dieser Jäger bin ich, da ich das Revier wie meine Westentasche kenne. Kalt ist der Dezembermorgen. Harsch knirscht unter den Sohlen. Flugschnee ist zu Eisschollen erstarrt, daß es kracht beim Queren der Äcker. Das Wild wird locker liegen. Der mir entgegenkommende Schütze ist noch ein dunkler, winziger Punkt in der Schneewüste, der Kessel ist noch längst nicht geschlossen, als zwei Hasen zwischen uns rausgehn. Nur zum Spaß backe ich an, ziehe mit. Hinter dem Hügel fallen aber schon Schüsse. Verdammt! Ich ärgere mich.

Dumpf und verhalten klingt das Anblasen. Endlich! Ein riesiges Rund. In der Ferne die Schützen und Treiber wirken wie schwarze Roboter, wie Wesen von einem anderen Stern. Im Kessel taucht jetzt ein Hase auf. Im Zeitlupentempo scheint er um sein Leben zu rennen. Als bliebe der Abstand zu den Schützen immer gleich weit, als bliebe er immer zu weit, rast Meister Lampe die Kette entlang. Ganz lang macht er sich.

Hin und wieder seh' ich jemanden anbacken. Kurz darauf steigt ein Qualmwölkchen aus der Mündung. Erst viel später erreicht mich der Knall. Schütze nach Schütze wird vom Löffelmann passiert. Jetzt wendet er, steuert haargenau die Mitte zwischen zwei Jägern an, eine Lücke, die verflixt breit ist, die weiteste des Kessels. Bautz, bautz! Er muß einige Schrote haben, ist aber noch auf den Läufen, hat den Kessel hinter sich, ist nun draußen. An seine Fersen hat sich ein Deutsch-Kurzhaar geheftet. Der Abstand scheint uneinholbar. Aber der Hund ist schnell. Er holt auf. Weniger und weniger, immer enger der Raum zwischen Jäger und Gejagtem, jetzt noch hauchdünn. Wie ein Scherenschnitt gegen den Schnee. Jeder Haken bringt dem Wild einige Meter. Dann ist der Hund über ihm. Erbärmlich sein Klagen.

Eine einmalige Szenerie. Hasen rollieren. Manche sind erst zwei, drei Sätze aus der Sasse, haben noch gar keine Fahrt, da bremst die Schrotgarbe jäh ihre Flucht. Fast lässig elegant, wie mein Nachbar die Flinte hochnimmt, Jäger und Gewehr verschmelzen. In harmonisch flüssiger Bewegung folgt der todbringende Lauf dem längs an ihm vorbeiflüchtenden Wild. Mensch und Waffe eine Einheit. Soviel Stil trifft immer.

Der Kessel ist geschrumpft. Mein Gegenüber kann ich nun erkennen. Da stakst der lange, spindeldürre, O-beinige Pensionär B. Daneben müht sich mit seinen Pfunden, rotwangig und prustend, der dicke Fritz. Ein exzellenter Schütze, das hier ist sein Metier. Vetter Friedhelm erkenn ich an seiner Schirmmütze. Vier Schützen weiter schleppt Freund Jörg gleich zwei Hasen. Das Signal: ›Treiber rein!‹ In den Kessel darf nun nicht mehr geschossen werden. Die Schützenformation wirkt aufgelockert. Dort, wo Treiber unter Johlen und Rufen in den Kessel drängen, klaffen Lücken. Hunde stürmen planlos über den Schnee, toben sich aus. Einige Jäger sind zurückgeblieben, versorgen erlegtes Wild oder gehen angeschossenem nach. Mit dem Stock wird einem Angebleiten das Lebenslicht ausgeblasen. Da geht drei Schritte vor mir ein Mümmelmann aus der Sasse, stiebt vorbei. Als er aus dem Kessel ist, rolliert er.

Jäger und Treiber strömen zum Sammelpunkt, wo Herr Fingerhut die Erleger notiert. Diesem oder jenem wird im Zweifelsfall ein Hase zugeschustert. Denn zum Jagdkönig eignet sich nicht jeder gleich gut. Die besten Stimmungsmacher sind seltsamerweise oft auch die besten Schützen.

Reihum geht die Kornflasche. Schon sind die ersten Jäger wieder unterwegs, werden kleiner und kleiner in der sonnegleißenden Ebene. Die Kruste des eisüberzogenen Schneefelds ist brüchig geworden. Die Bruchstellen tauen. Tropfen säumen die Eiskanten.

Mir schmeckt das Pfeifchen, denn ich gehöre nicht zu den ersten, die ins Feld müssen, habe Zeit, meine Mitjäger zu studieren. Fast alle sind mir seit Jahren bekannt, seit ich als zehnjähriger Piefke das erste Mal eine Treibjagd erlebte und in der folgenden Nacht im Traum schrie, da mich das Klagen der Hasen nicht losließ. Das war auch der Tag, als mich ein Reh glatt umlief.

Diese Jäger sind meistenteils Bauern, wenige Handwerker. Die Ausnahmen sind der Polizist, der Postbeamte, der Lehrer und der Bauunternehmer. Sie reden Platt miteinander, und zwar Wünnenberger Platt. Der Dialekt im Nachbardorf drei Kilometer entfernt klingt schon ganz anders. Ihre Flinten sind abgegriffen, sind Handwerkszeug, Stiefel und Parker dieselben wie bei der Landarbeit. Modischen Loden, feinziselierte Gravuren sucht man vergeblich. Ich mag diese Menschen.

Im Treiben liegt eine Fichtenschonung, schmiegt sich in einen Talkessel, Kohlberg genannt. Fasane, Kanin, vielleicht sogar ein Fuchs sind zu erwarten. Mit einigen Treibern zwänge ich mich durch die Dickung, den Nacken bald voller piekender Nadeln und die Knie durchgeweicht. Hunde werden hineingelassen. Ringsum fallen Schüsse. Wie das beflügelt und anspornt! Immer die Frage, wem haben sie gegolten, die Neugierde, was wird gefallen sein. Dann der Ruf: ›Fuchs nach unten!‹ Wieder knallt's. Am unteren Dickungsrand stoße ich zum Jäger, der den Fuchs beschoß. Der wechselte gleich zurück, war offensichtlich getroffen.

Die Schonung wird nochmals durchgedrückt. Ich krieche zwischen zwei Fichtenreihen steil nach oben, sehe unter einem Stämmchen zusammengerollt den kranken Reineke. Seine Gehöre spielen. Ob er mich weghat? Gegen den Horizont wage ich nicht zu schießen. Niemand weiß, wer da oben steht. Vorsichtig ziehe ich mich zurück, hole die scharfe Deutsch-Kurzhaar-Hündin Amsel. Sie greift den Fuchs, tut ihn blitzschnell ab, bringt ihn mir. Hellrot ist die Fähe im dichten Winterbalg, bunt die Strecke dieses Treibens. Drei Hasen, je eine Taube, Fasan und ein Fuchs, zwei Markwarts und ein halbes Dutzend Kanin. Vom getauten Reif sind Jacke und Hose naß, die Haare zerzaust, mit Fichtennadeln verfilzt. Aber was macht das schon.

Das folgende Feldtreiben liegt im Wind, ist schlecht organisiert. Mehrere Jägertrupps werden von dem Geländewagen aus angestellt, was zwar Zeit spart, doch als das Treiben beginnt, ist der Kessel längst nicht geschlossen. Durch die Lücke hoppeln zielstrebig zwei Langohren, die einzigen weit und breit. Wer legt sich schon gern auf diesen zugigen Buckel? Die verwachsene

Senke, der es nun gilt, scheint mit vielversprechender. Ich patrouilliere am oberen Rand der Buchenverjüngung. Zwei Hasen stehlen sich ungeschoren durch die Treiber. Niemand wartet am Rückwechsel. Zeit, dies lange zu bedauern, bleibt nicht. Denn mit Volldampf stiebt ein Mümmelmann hinaus auf die Wiese. Noch ist er ganz nah. Vor der ersten Garbe rettet ihn ein Haken, die zweite schlägt ihn ein wenig aus der Spur. Schwerfällig und langsam ist er geworden. Ich schreie nach dem Hund.

Im Wald unter mir zwei, drei Schüsse. ›Hase nach oben!‹ Da kommt er schon angefegt auf dem Pfad zwischen Wiesen und Dickungsrand entlang spitz auf mich zu. Nur die Nerven behalten, bis er nah genug ist. Dann setze ich ihm die Garbe direkt vor die Läufe. Es gibt kein Entkommen.

Dem zuerst Beschossenem gehe ich nach. Weit draußen auf dem Schnee-feld ein dunkler, mühsam davonhoppelnder Klumpen. Immer häufiger bleibt er im Wundbett. Aber näher als 70 Schritt läßt er mich nicht heran. Das Zäuneklettern kostet Kraft. An den bequemen Großbauern F. muß ich denken, der ständig eine Kneifzange mitführte, damit die Drähte durch-zwackte, bis sich seine Unart herumsprach und er nirgends mehr geladen wurde.

Den Hasen habe ich beim Erreichen der Schwarzdornhecken aus den Augen verloren. Ein nahbei Dung streuender Bauer weist zu einer Busch-gruppe. Der Hund ist mir gefolgt. Tief aus dem Gewirr der schneeschweren Zweige äugt mich der Hase an. Ein bebendes Häufchen Angst. Die Hündin apportiert ihn. Mit zwei Hasen beladen, mühe ich mich zum Aussiedlerhof, wo es zu Mittag heiße Suppe mit Würstchen gibt. Jetzt erst merke ich die Kilometer in den Knochen. Und das Gehen wird noch beschwerlicher. Die Äcker sind weich geworden. Lehmstollen kleben an den Stiefeln. Die flache Senke im Zentrum des Kessels war im Herbst ein kleiner See. Damals hatten sich hier Knick-, Knäck- und Tafelenten eingefunden, auch Bläßhühner und ein Flug Gänse. Heute streichen aus den uralten Linden nahbei Tauben, die erfolgreich beschossen werden. Bis zum späten Nachmittag sind 60 Stück Wild gefallen.

Als letztes wird eine steile Mischwalddickung gedrückt. Keine drei Meter vor mir prescht ein Hase ins Freie, macht gleich wieder kehrt, läßt mir keine Chance. Denn aus der Hüfte kann ich nicht schießen. Mein Nachbar gestikuliert, weist abwärts, ruft nach einem Hund. »Da ist es rein. Muß am Vorderlauf verletzt sein.« Ein aufgemüdetes krankes Stück Rehwild. Lange Zeit Stille. Schließlich Hetz-, später Standlaut. Das ist nicht der Hals meiner Hündin. Also bleibe ich. Endlich der Fangschuß. Zwei Häher, ein Schmal-reh mit einer hohen, fast verheilten Vorderlaufverletzung und ein Wiesel liegen auf der Strecke. Drei Breitschnäbel kommen hinzu. Auf dem schmelzwasserbrodelnden Flüßchen hinter einer scharfen, geschützten Biegung hatten sie gelegen.

Es ist kalt geworden, die weiße, unnahbare Wintersonne ist versunken. Schon knackt und knirscht der Harsch wieder unter den Sohlen. Mit schwindendem Licht schlendern wir zurück zum Ausgangspunkt, wo die Jagd acht Stunden zuvor begann. Die reiche, bunte Strecke wird verblasen. Jeder denkt an die warme Gaststube, an würzigen Kasseler mit Sauerkraut, an einen Gemüt und Zunge lösenden Schnaps, an ein kühles, frischgezapftes Bier. Denn wir alle sind durstig und auch ein wenig müde. Aber das Schüsseltreiben hat ja erst begonnen. Weit nach Mitternacht nach vielen Gesängen, nach Lobreden auf die Beständer, nach der traditionellen Verlosung, nach Gesprächen und Kalauern bröckelt die Gesellschaft auseinander. Wir verstauen den Anteil der Strecke, der uns als Mitpächter zusteht, im Kofferraum und lassen uns nach Hause kutschieren.

Kümmerer

Sei es ein Knopfer, sei es eine hohlrückige, eingefallene Geiß oder ein schwaches Kitz, wenn ich mir ein bestimmtes Stück in den Kopf gesetzt habe, dann will ich nur dieses, nur dieses eine. Die Trophäe selbst des mickrigsten Knopfbocks ist mir wertvoll und des Aufhängens wert, besonders, wenn er eine Geschichte hat. Böcke, die mir zufällig über den Weg liefen, ihre weit besseren Trophäen mögen dekorativ sein, für mich sind sie stumm.

Das Platzböckchen

Wenn der Nebel aus den Tälern steigt im Zwielicht des Abends, wenn das Frühlicht die Dämmerung durchbricht und der Wald aus dem Grau wächst, Büsche und Bäume erst noch verwaschen, konturlos, dann das Filigran ihrer Zweige gegen den östlichen Himmel, dann möchte ich hundert Jahre alt werden, um das jedes Jahr neu, jedes Frühjahr, jeden Sommer, jeden Herbst immer und immer wieder neu zu erleben. Dann möchte ich ewig leben.

Es war ein stiller Abend Anfang Juni, als schon fast im Dunkeln ein Reh austrat, das gleich heftig plätzte. Zwischen den Lauschern glaubte ich zwar einen Spieß zu erkennen, wurde mir dessen aber nicht sicher. Am nächsten und übernächsten Abend trat das Reh aus derselben Waldecke fast auf die Minute genau aus, gebärdete sich wie ein Platzbock. Ohne seine Trophäe preiszugeben, zog es nah am Hochstand vorbei ins weite Feld. Da war es schon finster. Es konnte eigentlich nur ein Bock sein. Ich wünschte mir Eulenaugen. Ein lichtstarkes Glas mußte her. Die nervenzermürbende Unsicherheit war ich leid. Das Reh ließ ich erstmal in Frieden. Als das 15 × 80 endlich per Expreß eintraf, waren alle Zweifel beseitigt. Der Kümmerer hatte tatsächlich nur einen Fünf-Zentimeter-Spieß und einen Knochenzapfen, der die Decke nicht durchbrach. Auf der Revierkarte fiel mir eine Eintragung vom Vorjahr auf: Ricke mit schwachem Bockkitz. Genau dort war jetzt der Zehn-Kilo-Jährling gefallen. Die Anschaffung des Glases sollte ich nicht bereuen. Das Durchmogeln eines Knopfers als Schmalreh gelang so leicht nicht mehr.

Der Zigeuner

Neunzehnmal war ich draußen gewesen, um einen bestimmten Knopfspießer zu bekommen. Und neunzehnmal abends wie morgens hatte ich immer Interessantes, manchmal nur Kleinigkeiten, Unscheinbares beobachtet. Keiner der Ansitze war deshalb ›umsonst‹. Ich bereute keine Minute. Im Gegenteil. Dieses Feuer, dieses Hineinträumen in den Augenblick des Erfolgs, das beflügelte. Und dann war der ersehnte Moment da, unverhofft, so überrumpelnd, daß ich kaum Zeit hatte, das Glas mit dem Gewehr zu vertauschen. Ja, dort unten vom Dorf kam er hochgezogen, rechts ein Knöpfchen, links ein Spießchen. Und er zog stetig bergauf, hatte den Hochstand erreicht, verhoffte nicht, würde jetzt in die Gerste tauchen, von dort in den Wald, auf Nimmerwiedersehen, aus und vorbei . . . Ich mußte jetzt handeln! Steil nach unten. Und ich schoß.

Das Wild duckt sich. Augenblickliches Repetieren. Schuß. Wieder Dukken. Der Bock rast in Richtung Hertingshausen, beschreibt einen weiten Bogen, kommt zum Wald zurück, ist natürlich verstört, tritt hin und her. 130 Schritte mögen es zu ihm sein. Um nachzuschieben steht er zu weit.

Und ich bin demoralisiert wie ein Torwart nach zwei Treffern rasch hintereinander.

Der Beschossene nascht an den Brombeeren – wohl zehn Minuten kann ich ihn noch beobachten – gleitet nun unter dem Zaun hindurch in den Wald. Schußzeichen finde ich nicht. Er ist gefehlt.

Wut, Enttäuschung, die Beklemmung der Niederlage, meines Versagens. Ich weiß nicht mehr, was ich empfand. Sicherlich ging alles sehr schnell, aber nicht zu schnell. Das war die einmalige Chance und wohl nur diese eine. Denn der Bock zigeunerte, stand bei der letzten Begegnung gut zwei Kilometer entfernt auf der anderen Talseite. Und ich hatte mich auf ihn schon deshalb versteift, da ich keinen Besseren frei hatte und weit und breit keinen anderen Knopfer kannte.

Begegnet war ich ihm bereits am 13. Mai, als er noch im Bast stand. Ein kümmerliches, feuerrotes Acht-Kilo-Böckchen, das der Platzbock aus der Dickung trieb. Benommen, unendlich lange stand es damals unter dem Hochstand. Und drei Wochen später, als aus dem schnittreifen Gras nur noch die Rücken der Rehe ragten, äste er bereits nachmittags in der äußersten Ecke der Wiese, immer in Gesellschaft eines anderen schwachen Jährlings mit zwei halblauscherhohen Spießen. Diese ›Angstnische‹, einen engbegrenzten Raum, verließen die beiden nicht, zogen weder in die Dickung noch näher zu meinem Sitz. Über hundert weite, zu weite Gänge mochten es sein. Selten, nur für Momente schauten Haupt und Träger aus den Schmielen. Ich mußte auf eine bessere Chance warten, und die hatte ich nun vertan.

Drückeberger

Eine wenig rühmliche Parallele ereignete sich drei Jahre zuvor in einem anderen Revier. So unglaublich das klingt, aber auch hier beschoß ich auf kürzeste Distanz steil nach unten einen Knopfbock mit derselben .308 Winchester Varmint Special, einem für die Jagd umgerüsteten Wettkampfgewehr, mit dem ich auf dem Schießstand oft Loch an Loch schoß.

Bei der Anfahrt an diesem Frühsommernachmittag stand schon ein Stück unterm Hochsitz, der schmal, steil und recht wacklig war. Das Feld wie eine Bucht fiel sanft zu den Dickungen ab. Ich ließ das weibliche Stück erst einziehen.

Gerade habe ich mich eingerichtet, als aus der Waldnische linker Hand ein Reh auftaucht, von einem zweiten gefolgt. Jährlingsböckchen und Ricke!

15

Vielleicht Mutter und Sohn. Mir wird augenblicklich ganz heiß. Das ist genau der Bock, den ich seit langem suche. Die Geiß setzt dem Knopfer zu, weist ihn ab. Zu ihm sind es nur 30 Gänge. Auf den Schuß verhofft er, zeichnet nicht im geringsten. Auf den zweiten Schuß, nun schon im Troll, tut er sich wenige Meter weiter im Getreide nieder. Ist er im Wundbett? Abwarten.

Die folgenden, ewig langen 20 Minuten rührt sich nichts. Ich finde die beiden Anschüsse als in der Grasnarbe dicht beieinander liegende Geschoß-ausrisse. Kein Schweiß. Kein Schnitthaar. Kein Wildbret. Meter für Meter nähere ich mich mit schußbereiter Waffe der Stelle, wo der Beschossene im kniehohen Getreide verschwand. Da trete ich fast auf das sich drückende Reh. Hochflüchtig und augenscheinlich gesund prescht es davon. Schon hat es der Wald geschluckt. Auch beim Ausgehen der Fährte kein Hinweis auf eine Verletzung. Auch dieser Bock war gefehlt.

Nochmal im Pech

Das Grün der Buchen im Mai ist hell und stürmisch, als explodierte der Wald. Zu lichten, weiten Theatern werden die Wälder. Die zarten, sich entfaltenden Blätter fangen das Licht. Welche Tiefe entsteht! Wie nah es von hier bis dort zum Schuppen im Winter war oder von dort bis zum Luder-platz, als Schnee die Konturen ebnete und formte. Wenige Meter schienen das nur. Das Gesträuch, Büsche und Bäume standen als schwarze Skelette. Jetzt sind die wenigen Schritte Raum geworden. Ein Dickicht, ein ›Urwald‹, wuchs. Jedes Fleckchen eine Welt für sich, unverwechselbar und einmalig. Heute, am 16. Mai, hocke ich auf einem Hochstand wie wohl Tausende deutscher Jäger zu dieser Zeit in Erwartung eines passenden Bockes.

Donner, erst noch ganz fern, dann ist das Gewitter plötzlich da. Aus dem Einerlei-Grau wurde erst unmerklich, dann unglaublich schnell Schwärze. Drohend und dunkel der Himmel und bleiern die Luft. Blitze zucken hinab. Ein Wolkenbruch prasselt nieder. Das Erlebnis meines Kollegen im Gedächtnis, wird es mir ungemütlich. Er ließ während eines Gewitters die Waffe auf dem Hochstand zurück, fand später eine Wand der Kanzel abgerissen und den Lauf der Büchse verbogen. Diese Schilderung vor Augen, lege ich das Gewehr rasch flach unter den Sitz und baume wieder auf (was natürlich auch leichtsinnig ist).

So rasch wie es kam, verfliegt das Gewitter. Abendsonne blinzelt. Und

›wie im Bilderbuch‹ zieht ein weibliches Stück, von zwei Jährlingen gefolgt, ins Freie. Da stehen zwei Vorjahrskitze bei der hochbeschlagenen Ricke, zwei Böckchen, die ihr sicher längst lästig sind, die sie nun bald abweisen wird, um ungestört ihr Kitz zu setzen. Beide – der eine ist ein schwacher Knopfspießer, der andere ein im Wildbret weit stärkerer, lauscherhoher Gabler – beide werden nun bald zigeunern, von Älteren vertrieben, ohne die Vorsicht, die Erfahrung der Geiß zögen sie dann umher, tauchten hier oder dort mal auf. Oder man wird sie dulden, sie nicht für voll nehmen. Wer weiß? Doch für mich gibt es keine Möglichkeit heute, dem Schwachen beizukommen. Die Büchse liegt unter der Kanzel im pitschnassen Gras. Unter mir im freien Feld äsen die Rehe. Ich kann nicht unbemerkt abbaumen. Stetig, jetzt flotter, als hätten sie ein Ziel, ziehen sie über den Hügel. Aus und vorbei.

Der Glatzenbock

14 Jahre liegt seine Erlegung zurück. Ich war 19 und Student. An den Wochenenden hatte ich es immer eilig, vom Studienplatz Münster nach Hause zu kommen, speziell zur Zeit der Bockjagd.

Das Revierchen an der Peripherie des Altkreises Büren beherbergte einen viel zu hohen Rehwildbestand. Weibliche Stücke waren jahrelang fast gar nicht geschossen worden und von den Böcken nur solche, die auf der Höhe ihres Lebens standen und was ›aufhatten‹. In der Eigenjagd des betagten, selbst nicht mehr jagenden Barons waidwerkten nur Gäste, und zwar ausschließlich auf Böcke und meist nur dann, wenn sie am leichtesten zu bekommen waren: zu Beginn der Jagdzeit und während der Rehbrunft.

Nun hatte mein Vater zu einem Spottpreis den Abschuß eines bestimmten Rehwildkontingents erwirkt. Das Wildbret war abzuliefern. Aber darum ging es mir ja gar nicht.

Am Rand eines lockeren Kiefernaltholzes mit viel Holunderunterwuchs stand der niedrige Sitz, von dem man aufs Feld sah, das sich linker Hand bis zum Dorf hinzog und rechts von einer mannshohen Kieferndickung begrenzt war. Geradeaus blickte ich auf betagten Eichenwald. Diese geschützte Nische suchte allabendlich Rehwild auf. Zur Getreidereife war ihm allerdings kaum beizukommen. Lediglich ein schmaler, verwachsener Pfad führte an der Kieferndickung entlang, und auf diesem nicht mehr benutzten ›Pfädchen‹ stand auf mein Blatten hin ein Bock. Als einen Jährling mit streichholzlangen, fein geperlten Spießchen glaubte ich ihn anzusprechen. Die zierliche Trophäe geschwungen wie ein Satyrgehörn. Augenblicklich war er ganz nah. Als ich zur Büchse griff, grad da sprang er nur einen Meter zur Seite, direkt ins Korn und blieb darin verschwunden. Wochen vergingen. Die Ernte war eingebracht. Ruhe kehrte zurück und mit ihr das Rehwild. Während eines Praktikums in Köln war ich aus hier unwichtigen Gründen völlig ›abgebrannt‹. Ich hatte nicht einmal mehr Geld für die Rückfahrkarte, und so ließ ich mir in irgendeiner Kneipe, wie es sie in Köln-Sülz zu Dutzenden gibt, für 150 DM eine Glatze schneiden.

An alle Einzelheiten kann ich mich erinnern. Daß man wie ein Wolfsrudel über mich herfiel, daß jeder eine Locke absäbeln wollte, daß man mich nicht schnell genug entstellen konnte. Damals hatte ich fast schulterlanges Haar. Am nächsten Morgen hätte ich 1000 DM dafür gegeben, die Haare mit einem Wort wiederzuhaben. Durch die stumpfen Rasierklingen war die weißleuchtende Kopfhaut mit Schmissen übersät. Auf dem Weg zum Bahnhof grölte eine Schar Kinder hinter mir her: »Glatzkopf, Glatzkopf!«

In der Zwischenzeit hatte mein Vater auf demselben Sitz einige Male auf einen älteren Gabler angesessen. Zweimal bestätigte er hierbei den schwachen Jährling, schoß ihn aber mir zuliebe nicht. So sicher wie der kleine ›Satyr‹ die Abende vorher ausgetreten war, so sicher blieb die Bühne während der folgenden Ansitze, die ich dem Bock widmete, leer. Ich konnte mir das nicht erklären. Das Rätsel löste mein Vater, der, von einem anderen Stand kommend, mich vor der dunklen Kiefernkulisse sitzen sah: »Deine Glatze leuchtet vor dem Hintergrund wie eine Glühbirne.« Der nächste Ansitz, diesmal mit Hut, brachte das Böckchen am Wochenende drauf auch gleich zur Strecke.

Unverhofftes Wiedersehen

Auf den Tag genau sieben Wochen nach den beiden Fehlschüssen auf den ›Zigeuner‹, dem ich so viele Ansitze gewidmet hatte, bezog ich denselben Stand. Es war der erste Ansitz nach einem mehrwöchigen Auslandsaufenthalt und die Rehbrunft dem Datum nach eigentlich schon vorbei an diesem 12. August. Die Blattzeit habe sich verzettelt, meinte Fred, der Revierinhaber. Ich fiepte zaghaft und hoffte auf ein Wunder. Und das ›Wunder‹ geschah, denn aus dem Getreide zog schnurstracks der Jährling vom Dorf auf den Sitz zu – unverwechselbar derselbe Knopfspießer – und begann gleich enttäuscht und heftig mit seinen Hörnchen einen Zaunpfahl zu bearbeiten. Diesmal entkam er mir nicht. Auch Kümmerer haben ihre Geschichten.

Geheimräte

Alte Böcke sind heimlich, gewitzt und schlau. Glück, Geduld und ihre Unvorsichtigkeit in der Blattzeit können sie überlisten. Erzählen will ich von der Erlegung dreier ›Geheimräte‹.

Der Schwarzstangige

Wie Seide ist die Frühjahrsdämmerung, viel weicher, pastellfarben, hat sie nicht die Röte, die Tiefe des Sommers. Zaghaft, simpel und holprig klingt noch das Amsellied, als ob die Sänger sich erst einflöten, einstimmen wollten, die bekannten Strophen von neuem üben müßten, wenn es nachts noch friert und ein letzter Fuchsmond die Schneereste leuchten läßt. Und doch, das Rotkehlchen, der ›Frühaufsteher‹ unter den Musikanten, beherrscht seine Strophe. Melodisch klingt sie in der Dämmerung des Abends, in der Dämmerung des Morgens, wehmütig trillernd ihr Ende.

Neun Wochen vor Aufgang der Bockjagd fand ich Fegestellen, und nicht weit davon begegnete ich ihm zum erstenmal am Rand des Burgwalds nahe Langendorf. Da hatte er seinen handbreit überlauscherhohen Spieß schon verfegt, während die rechte Stange gebrochen war. Ein bulliger, griesgrämiger Bock, der vor meinen Augen fast einen Jährling forkelte. Ganz eben erwischte er ihn noch an der Keule, und das Schmalreh drückte sich verängstigt nahbei in den Holunder.

Hier oben auf dem ›Dörrscheid‹ hatte er also das Sagen. Ein unleidsamer, nicht gut aufgelegter Tyrann. Ich verlor ihn aus den Augen und sollte ihn erst zu Beginn der Herbstes wiedersehen. Doch bevor die Herbststürme über die Stoppeln fegten, die Blätter von den Bäumen rissen und der Himmel tagelang dunkel blieb, durfte ich in einem Revier am Rand des Münsterlandes auf einen Bock blatten.

Wie eine Insel lag die Eigenjagd eines älteren Barons inmitten weiter Felder. Betagter Eichenbestand, Schilf, mooriges Ried, dichte Schonungen, in allem fand das Wild Deckung und Äsung. Das Flöten des Brachvogels – ›tlaüh, tlaüih‹ – hörte man in den Moorwiesen. Kibitze, Regenpfeifer und Wasseramseln brüteten am Flüßchen, und beim Abendansitz beobachtete ich den Baumfalken bei der Libellenjagd. An Fasanen, Enten und Hasen gab es keinen Mangel. Fast eine Plage die Kaninchen und zahlreichen Tauben. Vor Jahrhunderten hatte man die Tränenkiefer aus dem Himalaya angesiedelt. Stolze, mächtige Baumrecken waren das nun. Ein paradiesisches Revier!

Mit Liebe war die Fiepe auf dem Klavier eingestimmt, die Tonhöhe der verschiedenen Rufe geübt worden. Heute, am 8. August, ging die Rehbrunft dem Ende zu. Da die meisten Ricken dann bereits beschlagen, der Trieb der Böcke aber längst nicht gestillt ist, war meine Chance nicht schlecht.

Den niedrigen, schon etwas klapprigen Hochstand unter den Eichen wählte ich eigentlich zufällig, gab es doch kaum einen Platz im Revier, wo man nicht regelmäßig Anblick hatte. Günstig lag allerdings das angrenzende Feld, in dem das Rehwild gerne trieb. Obendrein war es drückend. Man schwitzte im Schatten, und ein Schwarm Fliegen umsummte mich. Wo das Blätterdach keinen Sonnenstrahl zur Erde ließ, blieb es schummrig. Lichtflecken tanzten auf dem Waldboden. Baumläufer trippelten die Stämme auf und ab. Mein zaghaftes Fiepen war der einzige Laut an diesem vor sich hindösenden Nachmittag.

Eine volle Stunde tat sich nichts, und ich erwog bereits, den Platz zu wechseln. Ob mein Locken überhaupt den Lauscher eines Rehs erreichte? Doch kamen da unerwartet wie an einer Schnur zwei Böcke vom Feld genau auf den Sitz zugezogen. Jetzt nur keinen Fehler machen! Im Moment, schlagartig wie mit brutaler Faust, packte mich das Jagdfieber. Ihm war ich ausgeliefert, ihm mußte ich gehorchen. Die Sekunden krochen dahin. Als Abschußbock glaubte ich den Vorderen anzusprechen, und bedenklich nah – schräg unter dem Haselnuß, keine 40 Gänge entfernt – war er schon. Ich mußte nun handeln. Im Zielglas nur Rot!

Auf den Schuß zersplitterte der Ast oberhalb des Blattes. Die weiße Holznarbe ›grinste‹ mich an. Der Beschossene war längst abgesprungen, doch blieb da noch ein Schimmer, ein Fünkchen Rehdecke zwischen dem Holunder. Schlich dort noch der zweite, der andere Bock? Erstmal warten, zur Ruhe kommen, dem Bock und sich selbst Zeit lassen! Ich verlor ihn aus den Augen. Nach einer Ewigkeit: lockend, zaghaft, erneut mein begehrliches Fiepen. Vernahm er es wohl?

Plötzlich ist er da! Zögernd, mißtrauisch, lautlos wie ein Phantom war er gekommen. Jagdfieber, Aufregung, der vorangegangene Patzer – alles vergessen. Und der Bock, als er kurz verhofft, fällt im Wegdrehen, im Verschwinden, als hätte er grad im Moment die Täuschung bemerkt.

Daß sich der Alte, sicher achtjährig, dunkelstangig und kaum vereckt, so täuschen ließ und nach dem Fehlschuß auf seinen Rivalen blieb, diese ›Unvorsicht‹ erklärt wohl nur die Blattzeit. Seine Sinne betäubte der Trieb.

Der Entstellte

Wie schnell sich die Landschaft ändert. Gestern noch hing der von den Mähdreschern aufgewirbelte Staub über den Stoppeln. Im Ohr hab' ich noch das Summen des Waldes, das Gesumm' der Insekten unter den schattigen Kronen. Pfeilschnell war die Jagd der Libelle. Und jetzt neigt sich das Jahr. Die Äcker sind blank, teils gepflügt, öde, verarmt und leer wie ein ausgebranntes Haus. Doch das Rehwild tritt wieder aus nach dem Ruhen von der Blattzeit. Und die Zeit drängt in Anbetracht des längst nicht erfüllten Abschusses.

Neugierig war ich auf den ›Dörrscheid‹, den ich fast ein Vierteljahr vernachlässigt hatte. Würde ich diesen oder jenen alten Bekannten wiedersehen? Jede Beobachtung über Verhalten, Statur, Färbung und Umgang eines Bockes trage ich in die Revierkarte ein. Seine Trophäe skizziere ich. Viele sehe ich zwar nie mehr, da sich die Territorien verschieben und junge zigeunernde Böcke abwandern, doch einige erkenne ich im folgenden Jahr trotz manchmal gänzlich verändertem Kopfschmuckes an Hand der anderen Merkmale wieder.

Sonntag früh, der 18. September. Es ist noch dunkel, als ich den Pfad zwischen Kiefern- und Lärchenstangenholz hinauf zum Feld nehme. Hoch über dem nordhessischen Dörfchen Langendorf thront der Hochstand mit Blick auf die Hügel des Kellerwalds. Neugierig umfliegt mich eine Eule, landet sogar auf der Brüstung. Danach bleibt es still.

Mit dem ersten Licht kann ich zum Dorf hinunter, wo jetzt die Hähne krähen, eine Ricke mit Zwillingskitzen ausmachen, später, als die drei längst eingezogen sind, weit draußen ein einzelnes, äsendes Stück, einen Bock: links ein handbreit über Lauscher hoher Spieß, rechts eine gebrochene Stange. War das nicht der bullige Griesgram, dem ich Mitte März hier begegnet war, der damals fast den Jährling forkelte? Von der Trophäe und dem Standort her mußte er es sein. Daß er nun sehr abgekommen war, registrierte ich ebenfalls. Seine schwere Verletzung fiel mir nicht auf. Er zieht jetzt zügig hangauf in Richtung Sitz zur Dickung. Im Moment wird er verschwinden. Längst zum Schuß entschlossen, verhofft er auf meinen Pfiff nur kurz, wird sogar flotter. Jetzt oder nie! Grad vor dem Einziehen nochmals gepfiffen, lauter, durchdringend. Da wirft er sich rum, steht fast spitz. Raus ist die Kugel (11,7 g TUG, 308 Winchester). Katzenbucklig taucht er in den Wacholder. Einen Weidwund- oder schlimmstenfalls Keulenschuß halte ich nicht für ausgeschlossen. Wie leicht kann das Geschoß bei so ungünstiger Stellung des Wildes – dazu noch die rasche Schußabgabe – zur Seite rutschen. Verflixt!

Das Warten wird mir lang. Als ich vom Acker her schließlich der Fährte zum Anschuß folge und den Blick hebe, liegt er tatsächlich hinter dem ersten Busch, keine zehn Meter weiter. Vom Zahnabschliff mindestens achtjährig, sind die Stangen dünn, mager geperlt mit angedeuteten Dachrosen. Der abgekommene Bock ist kaum wiederzuerkennen. Und was war das im Frühjahr für ein ›Kraftprotz‹!

Beim Anblick des Hauptes erschrecke ich. Hat mein Geschoß etwa den Windfang zerfetzt, bevor es ins Leben ging? Ausgeschlossen, denn sauber ist ein kreisrundes Loch in den Vorschlag gestanzt, weit hinten auf der Gegenseite der Ausschuß. Ich wische den frischen Schweiß aus der Nasenhöhle, erkenne nun, daß die Rißflächen des zerfetzten Windfanges bereits überwachsen und skurrile Hautgebilde entstanden sind. Der Nasenknorpel liegt frei. Zu Lebzeiten fast ein Totenschädel. Alte Schuß- oder Stacheldrahtverletzung? Erinnerung an einen Rivalen? Zwei streunenden Hunden bin ich im Frühjahr hier auch begegnet. Es wird wohl ein Rätsel bleiben.

Fred, der großzügige Bestäner, schläft sonntags lange. Bis zum Mittag begleite ich Herrn Nolte, den Jagdaufseher. Wir fährten die Wildäcker ab, kontrollieren die Salzlecken, holen die Mäuse aus den Fallen in der Jagdhütte und blinkern am Teich unten im ›Steinbach‹ Forellen. Als Fred den Entstellten sieht, klopft er mir auf die Schulter: »Dafür darfst Du noch einen schießen.« Welch glücklicher Sonntag!

Das Eselshaupt

Es gibt Ecken im Revier, die lassen sich schwer bejagen. Dort kann man den Böcken nicht beikommen, und die Ricken werden steinalt und hohlrückig. Solch unzugängliche, deckungsreiche Wildnis liebt das Rehwild. Hier findet es abwechslungsreiche Äsung und mancherlei zu naschen. Darüber hinaus schützt so einen ›Geheimrat‹ die Gewohnheit, erst nach Schwinden des Büchsenlichts auszutreten, um beim Hellwerden längst im Schutz des Einstandes zu sein. Liegt dieser obendrein im Feindlichen, so braucht man eine Menge Glück und Geduld, um ihn zu überlisten.

Eine niedrige, an einen Hang geschmiegte Kanzel oberhalb einer Reihe Zwetschgenbäume kenne ich, von der man rechter Hand auf ungeräumtes, wirres Kiefernstangenholz, die Reviergrenze, blickt und links hügelab auf Wiesen und Rapsschläge, wo das Rehwild gern äst. Dieser Kanzel hatte ich bisher wenig Beachtung geschenkt, zumal ich bessere, nicht so grenznahe und weniger windabhängige kannte, doch sprang eines Morgens bei der Anfahrt zum Dörrscheid ein starkes Reh aus dem Scheinwerfer, ein Bock, den ich mir näher ansehen wollte. Diesen Bock wollte Herr Nolte schon des öfteren ganz spät vorm Holz gesehen haben. Seiner Meinung nach war er alt, hatte wahrscheinlich nur zwei dicke, recht kurze Spieße und ein graues Eselshaupt. Das alles mehr Vermutungen, denn seine Beobachtungen stammten jeweils von der Heimfahrt aus einem anderen Revierteil, als es natürlich spät und das Licht schon schlecht war. Der Nachbar konnte dem Bock erst recht nicht beikommen, da zusammengeschobenes Gesprickel und Barrieren aus Fallholz das Pirschen und Jagen in seinem Einstand unmöglich machten. Und dieser Einstand schien sehr begrenzt, wohl nur zwei Hektar groß.

Voraussetzung für einen Ansitz von der erwähnten Kanzel war Westwind. Anderer Wind trug die Witterung ins Gehölz und über den Raps, denn der Beobachter saß durch die Hanglage der Kanzel in Bodenhöhe. Und Westwind hatten wir heute, zwei Wochen nach der oben erwähnten kurzen Begegnung im Scheinwerfer. Um nichts zu vergrämen, schlugen wir – meine Frau begleitete mich – einen weiten Bogen an diesem sternenklaren Morgen, pirschten uns leise, ganz leise zur Kanzel, hatten uns kaum gesetzt, als sich ein Keuchen, Knacken und Prusten näherte. Nur einen Steinwurf entfernt ließen sich schemenhaft zwei Wildkörper erahnen, offensichtlich die vorher Getriebenen. Auf dem hellen Hintergrund des Stoppelfeldes konnte ich durchs lichtstarke 15fache Glas Ricke mit Kitz ansprechen. Wo aber blieb der Unruhestifter? Das Käuzchen schreit zum letzten Mal heute früh. Unten im Dorf meldet der erste Hahn. Hunde schlagen an. Das Scheppern der Milchkannen. Nebelverhangen das Tal. Darüber surrt ein Schoof Enten. Die Rehe habe ich beim Hellwerden aus den Augen verloren. Dieser Morgen ist wunderschön, jetzt, wenn die Sonne und das Taggetier erwacht.

Ein fragender Blick meiner Frau: »Wollen wir abbaumen?« Da seh' ich grad aus den Augenwinkeln am Waldsaum auf der Höhe eine Bewegung. Mit unbewaffnetem Auge erkenne ich die gedrungene Gestalt eines Bockes. Sein graues Eselshaupt uns zugewandt. Die dem Gehölz vorgelagerten Obstbäume verdecken nun den Wildkörper, lassen nur den Träger frei. Zeit durchs Glas anzusprechen, bleibt nicht. Behutsam führe ich das Zielglas der Büchse ans Auge, habe, wie erwartet, einen stiernackigen, kurzschädeligen Bock im Absehen. Auf den Schuß hin (11,7 g TUG) glaube ich erst, er sei abgesprungen. Doch war dies ein anderes, in seiner Nähe stehendes Stück. Als ich nochmal durchs Glas schaue, sehe ich ihn schlegeln. Der Trägerschuß gelang.

Es ist ein ungerader Hintersprossengabler mit niedrigen Rosenstöcken und Dachrosen, dem Zahnabschliff nach sicher achtjährig, und sein Haupt ist grau wie das eines Esels. Herr Nolte meint ihn wiederzuerkennen: »An den war nie ranzukommen.« Nur einen Moment lang hatte der Schlaumeier nicht aufgepaßt!

Vom Anfang zum Ende des Sommers – eine Wanderung

30. März: Die ersten Amseln hatten gesungen. Und einem Bock hing schon der Bast im Gehörn. Doch heute ist der Gesang verstummt. Kälteeinbruch. Oder hat der Habicht – flach und schnell wie ein grauer Pfeil schießt er zu Tal – die Sänger zum Schweigen gebracht? Nur eine einzige Amsel singt gegen die Kälte an.

5. April: Warten auf jede Regung des Frühlings, seien es kleinste Zeichen. Heute, an diesem sonnenverwöhnten Morgen, segelt eine Krähe mit einem Zweig im Schnabel zum Horst.

16. Mai: Es ist Mai, und die Wiesen leuchten gelb vom Löwenzahn. Das ist tagsüber so, abends dunkeln sie wieder ins Grün, wenn die Blüten sich schließen. Am Holz des Hochstandes nagt die Hornisse. Sie fliegt fort. Nach Minuten kommt sie erneut, um Späne abzuhobeln, womit sie bestimmt ein Nest klebt. ›Über dem Gemündener Weg‹ heißt mein Platz. Hinter mir die im Dunst verschwimmenden Hügel des Kellerwaldes. Rechter Hand durch die fast schnittreife Wiese bummelt mal hier, mal dort naschend ein Spießbock. Nur wenig über lauscherhoch hat er auf. Älter als ein Jahr ist er auch. Aber heute will ich genießen.

Ich denke: schwermütig, fast traurig klingt das Flöten der Misteldrossel. Wieviel Schwung, welche Ideen und Esprit hat dagegen die Singdrossel. Das Lied der Amsel besitzt beides: Ideen, Motive und getragene Feierlichkeit. Eine hochbeschlagene Ricke tritt aus der Waldnische hinter meinen Rücken. Ringsherum zähle ich weit mehr als 15 Schüsse, manche mit deutlichem Kugelschlag. Auftakt der Jagd auf den Bock!

Der Ricke folgt später ein Bock. Ein begehrenswerter: rechts ein dicker, elfenbeinblanker Spieß, links eine langvereckte, schimmernde Gabel. Ob der Bestänter mir den wohl freigibt? Wünsche blenden die Seele, sagt eine Weisheit.

Heute ein letztes Mal die dickbauchige Sonne. Wie ein Schiff zieht schwer und behäbig eine Wolke über sie hinweg. Auf dem Heimweg treffe ich am Grillplatz Herrn Hessenkämpfer. Nur ein Streifen verwachsener, von Holunder und Brombeeren durchsetzter Wald und eine blühende Wiese trennten unsere Stände. ›Da traten zwei Stücke bei mir aus: eines ein Knopfer. Das andere ein Schmalreh. Geschwister vom Vorjahr, glaube ich. Ganz sicher konnte ich die beiden so spät nicht mehr ansprechen.‹

30. Mai: Herr Hessenkämper ist abgereist, diesmal ohne Bock. Dem vermeintlichen Knopfer hat er sich nicht weiter gewidmet. Ich beziehe seinen Sitz vom 16. Mai. Das ganze Land duftet. Das In-sich-Aufnehmen, der Geruch des frischen Grases nach der Mahd, als fühle man den Duft. Später, als ein Mäher den Hang gegenüber blankrattert, kommt mir in den Sinn: Was wird da in wenigen Minuten niedergemäht! Welche Welt im kleinen wird da niedergewalzt, welches Paradies für Abertausende Spinnen, Wespen, Fliegen, Käfer und Mücken zerstört, als zerbombte man eine Stadt, eine ›Zivilisation‹ der Insekten.

Der Kuckuck ruft, der Gauch. Ich zähle bis zwölf. Dann verstummt er. Die Silhouette des Vogels in der Überhälterfichte über dem Haus meiner Eltern. Wie ein Engramm blieb sie mir im Gedächtnis. Lauter als sonst ist der Gesang der Vögel. Oder mein' ich das nur? Ist er nicht Ausdruck reinster

Lebensfreude, reinsten Wohlseins? Das Türkis des Abends verblaßt. Wie ein Tropfen darin, silbern und leuchtend der Abendstern. Weit draußen ein sich bewegender Punkt. Das starke 15fache Glas zergliedert das Grau der hereinbrechenden Nacht in Zaunpfähle, Buschinseln und einzelne Bäume und dort, ja dort bewegt sich ein Reh. Unmöglich, es jetzt noch anzusprechen.

20. Juni: Der Duft des schwarzen Holunders ist schwer und betäubend. Die Gerste reift und der Weizen. Abends folgen schon Kitze den Rehmüttern in die Wiesen. Heimlich sind die Böcke, als sammelten sie Kräfte für die Brunft, ihre Territorien sind längst abgesteckt.

10. Juli: Auf der Pürsch zum Dörrscheid. Taubeladen die Netze der Spinnen im Heidekraut. Wässriges Gewölk steht noch im Osten. Das zarte Gewebe des Nebels im Tal über Langendorf. Die Vögel sind schweigsam geworden. Von hier oben seh ich das Land rundum, wie der Mensch es verändert hat. Was wollen wir eigentlich gewinnen? Das ewige Leben? Die Unsterblichkeit? Oder die Welt? Wie weit haben wir die entschlüsselt? Ist nicht Macht und Einfluß und der Glaube an Gott nur eine Umschreibung der Angst? Das denke ich heute morgen.

1. August: Der Sommer steht im Zenit. Das Klirren und Zwitschern des Girlitz. Sein Gesang klingt wie ein quirlig plätschernder Bach. Doch das schwermütige Klagen der Misteldrossel vermisse ich und das zarte, weiche, langsam verklingende Lied des Fitis und den Triller des Zaunkönigs. Das alles ist vorbei.

Ein Gewitter rauschte herab. Gewaltig steigen die Nebel aus den Tälern. Und dann schaut die Sonne noch durch. Aus dem nassen Grün der Waldweidenrosen leuchtet die Malve. Ganz licht und hell, transparent scheint ihr Violett. Nach und nach öffnet sich Knospe nach Knospe.

6. August: Unter der ›Perle‹ wechselte im Vorjahr ein lauscherhoher Gabler. Ich schätzte ihn damals zweijährig. Und es trat dort pünktlich ein von der Trophäe her fast gleichstarker Jährling aus. Den fand der Jagdaufseher Wochen später verrottet im Straßengraben. Angefahren und verludert. Doch den Gabler würde ich vielleicht wiedersehen. Auf ihn wollte ich blatten.

Der Hochstand, umwachsen von Johanniskraut, ganz dicht. Kein Pfad führt hindurch. Niemand hat hier gesessen bisher. Was hängen an dieser Pflanze für Mythen! Namen wie Mannsteufel, Herrgottsblut, Hexen- und Sonnenwendkraut. Nur deshalb, weil sich beim Zerreiben der Blüten der Saft rot färbt?

Über die Dickung hinweg gegenüber dem Sträßchen nach Hertingshausen auf dem Gegenhang rattert ein Mähdrescher. Riesige Walzen aus Stroh, wahre Ungetüme im Gegenlicht, wie Skulpturen auf den blanken Stoppeln. Es ist erst zwei Uhr. Auf den Kitz- und den Schmalrehfiep nichts. Nach dem Angstgeschrei pflügt der Bock durch den Weizen stichgerade und rasch auf den Sitz zu, verhofft, äugt unschlüssig umher, wird gleich ins Johanniskraut tauchen, von dort in die Dickung. Nun steil nach unten, spitz von vorn. Nach dem Schuß vibrieren die Halme. Manchmal wird man beschenkt. Da geht alles zu glatt.

Ein Häher rätscht. Leise weht das Geratter des Mähers herüber. Später schaut ein Bauer nach dem Korn, zerreibt ein paar Ähren, schaut sich lange die Körner an in seiner Hand. Mich auf dem Hochstand und den Erlegten wenige Meter im Feld bemerkt er nicht.

Dem schwachen Gebäude und der nur etwas über lauscherhohen Gabel nach könnte der Bock ein Zweijähriger sein, sogar ein Jährling. Zahnabschliff und das Zementzonenverfahren beweisen dreijährig. Ein weit Unterdurchschnittlicher, einer der ewig unter dem Mittelmaß Liegenden.

12. August: Die letzte Meisenbrut des Jahres ist ausgeflogen. Die Moschusmalve verblüht. Durch die Fichten lärmt die Schar der jungen Hänflinge. Die Äcker sind fast blank. Auf der Pürsch nah dem Grillplatz nachmittags um vier unerwartet der Rücken eines Rehs im Gras. Die Wiese vor der zweiten Mahd. Ein suchender Bock? Ich geh in die Hocke. Ja, es ist ein unruhig Umherziehender mit einseitiger Gabel und einem Spieß. Den kenne ich nicht. Höchstens 40 Gänge trennen uns. Zum Komposthaufen neben dem Gemüsefeld bin ich gerobbt, habe jetzt eine Auflage. Den Grasweg hat er überquert, kommt mir grad jetzt in den Wind und geht flüchtig, ohne zu schrecken, zum Wald. 20 Minuten blatte ich vergeblich vom nahen Hochstand. Ihn lockt nichts mehr hervor.

30. August: Im Zwielicht der Dämmerung, dann erst tritt das Rot der Eberesche, das Rot ihrer Früchte aus dem Grün der Zweige und Blätter. Erst dann leuchtet das Rot, wird tief und satt, wird Kontrast. Spinnweben schon in der Luft. Wohin sie wohl fliegen? Tagsüber kommen noch Scharen von Faltern zu den ›Olandsen‹. So nennt meine Mutter die gelben Korbblütler. Ob sie wirklich so heißen? Wer weiß? Aber das Wort gefällt mir: O-Land-Sen.

Etliche Tagpfauenaugen, wenige Distelfalter. Kleine Füchse sind die häufigsten, aber kein Admiral, schon gar kein Trauermantel. Als ich ›klein war‹, da gab es sie noch.

1. September: Längs der Wege im Wald, der tief und dunkel wirkt, der sich verschließt, wartet das ›Rühr-mich-nicht-an‹ darauf, zu zerspringen. Wie Honig, ganz süß riecht der Wasserdost, die Kunigundenpflanze.

3. September: Von den Kastanien reißt der Wind heute Blätter. Sie altern schon, sind ganz runzlig geworden. Den Samen der Disteln, dick wie ein Wollknäuel, nimmt der Wind mit auf Reisen.

7. September: Mal wieder ›Über dem Gemündener Weg‹ wie zu Aufgang der Bockjagd. Es ist still geworden im Feld. Weit im Tal das Klappern der Milchkannen. Schweine quieken um Futter. Das alles ganz fern. Die Nacht weicht dem Tag, die Dämmerung dem Licht.

Ein Wildkörper, schemenhaft noch im Frühdunst, und noch einer. Als ich die Wiese ableuchte, entdecke ich einen dritten, der noch im Bett sitzt. Ricke mit Zwillingskitzen. Später stürmt ein gedrungener roter Bock auf die Fläche, treibt mal dieses, mal jenes Stück, äst nah am Hochstand, bleibt aber unruhig, nervös. Es ist der Suchende vom 12. August, genau der, den ich bis auf 30 Gänge anrobbte. Doch den ›Abschuß‹ an mehrjährigen Böcken erfüllte mittlerweile die Straße.

Als alle eingezogen sind, pürsche ich den verwachsenen Weg zwischen Dickung und Wiese entlang, vorbei an eben dem Waldstreifen, vor dem im Mai der vermeintliche Knopfer austrat. Grad im Eck äsen nur zehn Gänge vorm Kieferhochwald zwei Stücke Rehwild. Mit dem Bovist nochmal den Wind geprüft. Als feiner brauner Qualm fliegen die Sporen mir ins Gesicht. Aber beide haben mich weg, treten unruhig auf der Stelle, scheinäsen. Erst glaube ich, Ricke mit Bockkitz vor mir zu haben. Dann halte ich beide doch für gleichstark. Und ist da nicht ein Schimmer zwischen den Lauschern des einen, sind das nicht winzige Knöpfchen? Als beide langsam von mir wegziehen, erkenn ich deutlich das Kurzwildbret. Vorjährige Geschwister sind das: Knopfer und Schmalreh. Bestimmt dieselben, die Herr Hessenkämper am 16. Mai hier vorhatte.

Eine Auflage fehlt. Und ohne Hintergrund übers Dorf hinweg, darf ich nicht schießen. Zum Hochstand, der von hier nur 20 Gänge entfernt vorm Holz steht, führt kein Pürschsteig. Ohne weiter zu stören, ziehe ich mich zurück. Ich bin ganz euphorisch. Den möchte ich haben! Ich habe ein Ziel.

Am selben Nachmittag richte ich mir einen Pürschweg durch den Streifen Dickicht zum Stand, markiere ihn mit weißen Plastikstreifen und verblende die Leiter. Abends wieder die Ricke mit ihren Zwillingen. Der ›Tyrann‹ bringt Unruhe in das Trio, treibt auch zwei Stücke, die im Begriff sind auszutreten, zurück in die Deckung. Verflixt! Das waren die Gesuchten.

8. September: Um mir die Anfahrt zu ersparen, bin ich über Nacht im Revier geblieben. Viel zu früh, fast anderthalb Stunden vor dem Hellwerden, taste ich mich von Markierung zu Markierung auf dem Pürschweg zum Sitz. Nur gut, daß ich die Streifen angebracht habe. Stockfinster ist die Nacht und bezogen. Nicht die Hand vor Augen kann man erkennen. Wenn ich vom Pfad abkomme, knistert und knackt das Unterholz. Hinter dem Dorf rufen unentwegt Käuzchen. Sachte beginnt es zu regnen.

Als das Licht noch schlecht ist, hastet ein Reh unten vom Dorf kommend in die Dickung. Später tritt der bekannte Platzherr nah am Stand aus, äst darauf zu und zieht, vom heftigen Schauer vergrämt, wieder ein. Kurz vor acht ist nicht mehr viel zu erwarten. Doch vor der Buschinsel, gut 300 Gänge vis-à-vis, treten tatsächlich noch zwei Stücke aus. Sind es das fahle Schmalreh und sein Bruder, der Knopfer? Ich kann sie auf die Entfernung beim besten Willen nicht ansprechen.

Es regnet noch immer heftig. Niedrig hängen die Wolken, einige Fetzen so tief, daß sie fast den Boden berühren. Lange werden die beiden dort nicht mehr äsen. Die Bovistsporen wehen Richtung Wald. Das ist günstig. Ungesehen baume ich ab, lasse bis auf die Büchse alles zurück, pürsche im Schutz des Waldstreifens zum Weg, der längs des Hochwalds führt. Dort tiefe Pfützen, Morast. Ich erreiche die Buschinsel, robbe im pitschnassen Gras, bleibe dicht an der Deckung. Der Wind nun von vorn. Sehr gut!

Das Eiland aus Holunder, Wildkirschen, Eschen und Schwarzdorn besitzt eine Bucht. Darin standen die beiden, als ich den Sitz verließ. Vorsichtig schaue ich um den letzten äußersten Schwarzdorn. Sie sind noch da! Ich wage kaum zu atmen. Jetzt erst nehm ich rasch den Schutz vom Glas. Das Schmalreh hat mich schon weg, dreht sich mir zu, ist ganz unruhig. Der Knopfer knabbert noch am Ampfer, wirft auf, als das Reh jetzt abspringt, zieht zwei Schritte auf mich zu, steht ganz spitz und reckt den Träger. Aus dem ins Gras geduckten Wesen, aus mir wird er nicht schlau. Das alles nur Sekunden. Als er im Begriff ist abzuspringen, ziehe ich durch und weiß gar nicht, ob ich gut abgekommen bin. War das spannend! Bis zum Hals klopft mir das Herz. Als ich zum Anschuß geh, sind mir die Knie ganz weich. Und naß bin ich fast bis auf die Haut. Aber das war Jagd, echte Jagd!

Eins hab ich wohl registriert: ein seltsames, regelmäßiges Klopfen. Ein Schlegeln? Oder das Abspringen des Stücks ins Dickicht? Meine Skepsis scheint berechtigt, als ich am Anschuß keinerlei Schußzeichen finde. Wohl 10 Minuten studiere ich die blankgeäste Staude. Exakt bei ihr hatte der Bock gestanden im Schuß. Der Regen verwischt die Spuren. Soll ich den Hund holen? Einmal noch will ich nah vom Anschuß kreisen. Das tu ich wieder und wieder. Der Hund muß nun her, denke ich noch und seh das Stück tief unter die Nesseln geschoben, zieh es hervor. Tatsächlich ein Knopfer, wie er schwächer kaum sein kann sowohl im Wildbret als auch von der Trophäe. Nur linsengroße, die Decke so eben durchbrechende Knöpfe besitzt er.

Welche Freude! Und ich bin wohl auch ein wenig stolz. Halb neun zeigt die Uhr. Sonntag morgen. Das Glöckchen der Bauernschaft Hertingshausen bimmelt. Ich hab unendlich viel Zeit. Das Anstecken des Bruchs. Das Aufbrechen. Das Säubern des kleinen Jägerrechts im regennassen Gras. Nun seh ich, daß die obere Hälfte des Herzen zerfetzt ist. Der Inbesitznahme-Bruch. Das alles genieße ich. Und ich bin glücklich.

10. September: Der erste Frost in den Tälern. Schon so früh. Die Birken werden gelb und verlieren die Blätter. Auch die Pappeln lichten sich. Die Kelche des Fingerhuts dunkeln, vertrocknen, fallen den Stengel hinauf einer nach dem anderen ab. Der Wiesen-Bärenklau, cremeweiß und stolz seine Dolden, längst verliert er Blättchen nach Blättchen, verliert alle Pracht, ist fahl geworden, gelb und schmutzig. Das dunkle Preußischblau der Schwarzen Teufelskralle vergangen.

12. September: Ein Wegrain übersät mit Riesenschirmlingen. Meine Frau wird sie panieren und als Pilzschnitzel braten. Köstlicher und zarter als ein Kalbsteak!

Noch fliegen Bienen zur Glockenheide. Klar und tief ist der Tag, voller Weite.

21. September: Bis auf die letzte Beere sind die Ebereschen leergefressen. Blau leuchten die Schlehen und prall. Und die Hagebutten werden rot. Ich beziehe heute abend den Sitz, den ich so liebe, doch in diesem Jahr bisher vernachlässigte. Er liegt in einer Waldbucht. Wie ein Schirm darüber die Krone einer Eiche. Als Fred ihn mir damals zeigte, mußte ich ihn erst freischneiden. Auch heute bahn ich mir einen Weg durch fast mannshohe Nesseln und Kerbel.

Aus dem Mais zieht früh ein weibliches Stück auf den Streifen Klee. Die Hoffnung, daß es sich äsend meinem Stand nähert, erfüllt sich nicht. Dem Wald strebt es zu, der Reviergrenze. Im langsamen Ziehen verhofft es noch kurz, und ich schieße. Zu schnell. Zu überhastet. Im letzten stehengebliebenen Streifen Raps muß es liegen. Es muß dort verendet sein. Da seh ich etliche Minuten später aus den Augenwinkeln grad noch, wie es sich zwei, drei Gänge katzenbucklig fortquält ins hohe Gras. Von dort kann es ungesehen zum Wald.

Eine dreiviertel Stunde warte ich. Als das Licht schlecht wird, muß ich nachschaun. Vom Anschuß heb ich den Blick. Nur zwei Schritt weit im Gras liegt das Schmalreh im Wundbett, äugt zurück, äugt mich an. Die Kugel faßte Leber und Gescheide, das sehe ich nach dem Fangschuß beim Aufbrechen.

29. September: Wie Flaum weht der Samen der Waldweidenrosen. Mehr und mehr wie Gespinst hebt der Wind ihn zum Himmel. Die Schoten sind lang geworden, ganz lang. Und die Blüten, die letzten an der Spitze der Stengel, verwelken. Abschiede, denke ich, sind so ganz verschieden, so bunt, so verschieden wie Herbstlaub. Besteht die Bitternis des Lebens nicht im fortlaufenden Abschiednehmen?

1. Oktober: Heute finde ich einen winzigen Igel, der sich an einer dicken schwarzen Nacktschnecke zu schaffen macht. Ganz besudelt mit Schleim ist er und hat Mühe, seine Beute zu bewältigen.

Die Kastanienwipfel fast kahl. Fährt Wind durch die Bäume, dann klappern die alten Blätter. Sie sind rauh geworden, verschroben und narbig und gelb, dem nächsten Sturm nicht gewachsen. Es ist Herbst, endgültig Herbst. Zeit der Nebel, der Fröste und Hirsche.

Der Raufer, das Einhorn und der Hasenfuß

Der Hasenfuß

Vor Aufgang der Bockjagd packt mich Vorfreude und Unruhe, die mich hinaustreibt in den erwachenden April. Bleich und blank liegen nach der Schneeschmelze die Wiesen. Aus dem Bachufer bricht der Pestwurz mit Macht. Die Elstern bessern ihre Kugelnester aus, und über den Rand des Krähenhorstes ragt bereits ein schwarzer Stoß. Erwacht ist das Amsellied. Wie ich die Strophen des Sängers verschlinge!

Dann der 16. Mai, dieses magische Datum, auf das ich hinfieberte. Einen geringen Bock habe ich frei in einem Staatsrevier des Bürener Landes (Ringelsteiner Forst). Ein sonniger Maiabend. Hin und wieder streicht Wind durch die Baumkronen. Wenige Kumuluswolken wachsen zu Riesengebirgen, höher und höher, schmelzen im blauen Äther. Die Dunkelsten mögen Schauer oder Gewitter bringen, aber nicht jetzt, frühestens nach Einbruch der Dunkelheit.

Die Kanzel im Schatten eines Buchenaltholzes thront über weiträumigem Busch- und Sumpfbrachland, das sanft zu den umliegenden Dickungen abfällt. Auf der Lichtung wuchern Himbeeren, Birken und Jungbuchen, türmen sich Reisighaufen und übermannshohe Baumwurzeln. Dies macht den Flecken deckungsreich und unübersichtlich. Nach kurzem Warten leuchtet weit draußen eine Rehdecke aus dem Grün. Vielleicht ist es ein Bock, vielleicht der richtige. Mit dem Ansprechen lasse ich mir Zeit. Warum die Spannung nehmen? Daß es ein Schmalreh ist, welches nun zielstrebig auf die gegenüberliegende Waldzunge zuzieht, sehe ich früh genug. Dieses Schmalreh bleibt auch bei den nächsten Ansitzen das einzige Reh auf dieser Lichtung.

Warmer Juniregen war niedergegangen. Nun dampft die Erde. Noch prasseln die Tropfen ins Laubgehäus, übertönen das Geläute der Unken und die Melodie der Misteldrossel. Feiner Dunst legt einen Schleider auf die Lichtung. Der Himmel reißt auf. Es ist die Stunde vor dem Schwinden des Büchsenlichts, wenn ich mich tiefer und tiefer einhöre ins Gewirr der Geräusche und Stimmen. Der metallene Warnruf des Spechts hüpft wie eine Münze über die unantastbare Stille. Die kleinen Dinge: das Rascheln der Mäuse, die letzten von Blatt zu Blatt plickenden Tropfen durchbrechen sie nicht.

Das Dösen und Lauschen hat schlagartig ein Ende. Zwischen die Jungbuchen kommt Bewegung. Treibt da etwa schon ein Bock? Der Blick durchs Glas läßt mein Herz höher schlagen. Der Getriebene ist ein Bock! Nein – was sage ich – nicht irgendein Bock, sondern genau der richtige, ein geringer Bock, der nun vor einer Ricke Reißaus nimmt. Vielleicht hat sie dort ihr Kitz abgelegt und ahnt Gefahr.

Schießen? Zum Schießen und Treffen paßt alles: Auflage, Entfernung und breitstehendes Ziel. Nur ob es wirklich, so ganz 100prozentig der Richtige ist, läßt mich noch zögern. Vielleicht ist er blutjung und schonenswert? Was, wenn der helle Fleck am Stangenende eine Vereckung ist? Je länger ich beobachte, desto größer werden die Zweifel. Schließlich tut sich der Bock hinter einem umgestürzten Stamm nieder. Uns beiden bleibt eine Galgenfrist. Als die Ricke dem ›Hasenfuß‹ abermals zusetzt, muß ich handeln. Durchs achtfache Zielglas nochmaliges Ansprechen. Ja, der muß

richtig sein! Nun ist er schon fast am Dickungsrand. Ein letztes Zurückkäu-
gen. Haupt und Träger sind frei. Ich wag's. Der Trägerschuß gelingt.
Der Zweijährige hat bleistiftdünne, unterlauscherhohe Spieße. Was bin
ich glücklich! Auf solche Momente lebt man zu. Das Dazwischenliegende ist
bloßes Hingleiten auf solche Augenblicke. Dazwischen der Mörtel, dies hier
wird Stein, bleibendes Erlebnis.

Der Raufer

Auf einen weiteren Kümmerer darf ich in einem Sauerlandrevier jagen
(Usseln, Nähe Willingen). ». . . kann aber ruhig etwas mehr aufhaben«,
ermuntert mich Jupp, der Jagdaufseher und Intimus des Beständers. Einige
Knopfböcke sind schon gefallen, als ich das erste Mal mit ihm rausfahre.
    Eine Leiter führt ins Blätterdach der Wildkirsche. »Hier kam mir der
Bock vor drei Tagen passend, hat lauscherhoch auf, rechts eine Gabel, links
ein Spieß. Wird drei, vielleicht sogar vier Jahre alt sein und macht hier alles
verrückt. Ein richtiger Raufer.« Ihm soll es also gelten. Mehrere Male sitze
ich mit meiner Frau vergeblich im Kirschbaum. Wir sind vom Pech verfolgt.
Zwar bekommen wir den Gesuchten fast jeden Abend in Anblick, doch
meist erscheint er zu flott, treibt Bock oder Ricke, obwohl noch lange vor
der Rehbrunft. Sicher hat er auch den starken, jungen Sechser vergrämt,
denn wir sehen ihn nicht wieder. Nach kurzen Auftritten schluckt das
Dickicht den Unruhestifter.
    Einmal kommt er ganz spät bei schwindendem Büchsenlicht. Er muß es
jedenfalls sein, weil er häufig plätzt, sein Revier markiert. Auch die gedrungene Gestalt und seine Nervosität verraten ihn. Aber so ganz bin ich mir bei
seinem Gehörn nicht sicher, als ich den Bock schließlich auf nur 50 Schritt im
Fadenkreuz habe. Wenn nun der junge Sechser ins Gras sinkt? Nicht
auszudenken! Das Gemecker der Bekassine begleitet uns zum Wagen.
    Anderntags kommt er früh, sichert lange am Waldrand, nascht hochauf-
gereckt am Haselnuß, steht jetzt sogar breit, doch nur durchs Glas sichtbar
ragen einige Halme ins Blatt. Bange Minuten! Zieht er rechter Hand in die
Wiese, wo ich ihn freibekomme oder ins hohe Getreide? Es soll nicht sein!
Nur noch Haupt und Träger schau'n aus dem Weizen. Das Fadenkreuz saugt
sich auf der Handbreit Rehdecke fest. Schießen? Ich werde ihn wiedersehn.
    Sommer wächst ins Jahr. Aus den Wiesentälern steigt der schwere Duft
des Mädesüß. Rot leuchten die Lichtungen von Fingerhut und Feuerkraut.

Das Wetter klart auf. Sonnentag um Sonnentag. Im Feld rattern die Mähwerke. Das Grün der Wiesen macht gelben, abgeheuten Flächen Platz, von Ringeltauben und Kibitzen übersät.

Den Hochstand am Waldrand vis-à-vis zum Kirschbaum beziehe ich an diesem muckeligen Julitag zusammen mit Jupp:»In einer Stunde ist hier Ruhe«, prophezeit er. Statt dessen kommt der Werkstattwagen zu einem liegengebliebenen Trecker. Das Palavern und Gehämmere will kein Ende nehmen. Wir baumen ab zum nächstgelegenen Sitz.

Lange warten wir nicht. Keine halbe Stunde, da stößt mich Jupp an, öffnet sachte sein Seitenfenster und flüstert:»Da kommt er.«

Und wie er da kommt! Hochflüchtig preschen ein Knopfbock und sein Verfolger aus der Dickung über die gestern gemähte Wiese, den Brachacker, durch die Fichtenschonung, sind jetzt auf dem Kartoffelfeld unterhalb.

Ich bin zum Fenster gerutscht, liege in Anschlag. Längst ist der Knopfbock davon. Jupps Pfiff. Der Raufer verhofft, äugt unschlüssig. Da hat er die kleine, rasante Kugel (.243 Winchester) im Herzen, beschreibt einen weit ausladenden Bogen, stolpert, fällt und verendet im Schwarzdorn: Ein kräftiger Bock, 21 Kilo aufgebrochen. Einer, der sich trotz bescheidener Trophäe durchsetzen konnte.

Das Einhorn

Es ist spät im Jahr. Oktobersturm fegt die Felder. Nichts, was ihm Halt bietet. Die schüttere Zeile der Kiefern, die weit in die Feldflur ragt, biegt sich und ächzt (Burgwald, Nähe Frankenberg). Wolkenbruchstarker Regen prasselt nieder. Eine Waldbucht auf dem Kamm einer sanften, kahlen Anhöhe ist mein vorgeschobener Aussichtsposten. Aber warum sitze ich hier eigentlich? Ist es nicht sinnlos, hier bei diesem Sauwetter kurz vor Schluß der Bockjagd auf ein Reh zu warten, das der Bezeichnung Knopfbock gerecht würde? Natürlich ist dies sinnlos, aber dieses winzige Feuerchen Hoffnung, das mich so manches Mal zu den sinnlosesten Taten verführte, dieses Fünkchen Phantasie: wie schön es doch wäre, wenn . . . das beflügelt mich. So harre ich, wie erwartet lange vergeblich, eingemummt in Parker, Handschuhe und Pelzmütze auf dem zugigen Hochstand. Doch vor Schwinden des Büchsenlichts erscheint gegen 18.00 Uhr – es ist der 11. Oktober – am Kiefernsaum tatsächlich ein einzelnes Reh, das nun zügig ins Rapsfeld zieht und vertraut auf neunzig Schritt breit vor dem Hochstand äst.

Über den Lichtern scheint mir was Helles zu leuchten. Ich bin überzeugt, daß es ein Spießchen ist. Dann wieder kommen mir Zweifel. Wenn es nun ein Bockkitz ist, das der Beständer nicht gern geschossen sieht, oder ich mir das Spießchen nur einbilde? Als es ganz spät auf den eingesäten Acker zieht, meine ich sogar noch einen Pinsel zu erkennen. Ja, ein männliches Stück Rehwild ist es. Da bin ich mir nun sicher. Aber heute bleibt die Kugel im Lauf. Mittlerweile ist das Reh ohnehin über die Kuppe verschwunden.

Das Wetter am nächsten Tag ist noch ›sauwettriger‹, und ich wäre wohl auch nicht hinausgefahren. Doch da steht ein alter Freund vor der Tür, der sich nichts mehr wünscht, als einmal mit anzusitzen. So steige ich mit wenig Elan in die Lederhose, und bald sitzen wir hinter Autoscheiben, gegen die heftiger Regen klatscht.

Aber ich soll mich getäuscht haben. Beim Angehen stehen bereits eine Ricke mit zwei Kitzen und – etwas abseits – ein einzelnes Reh im Feld. Der Dauerregen läßt es ihnen in den Dickungen wohl zu ungemütlich werden. Da wir bis zum Hochstand ohne Deckung sind, springen alle vier ab. Das einzelne, abseits äsende Reh aber nicht in die nächste Dickung, sondern einen weiten Bogen schlagend, flüchtet es keine fünfzig Schritt von uns in die Kiefern. Offensichtlich hat es dort seinen Einstand, denn auch gestern kam es genau aus dieser Waldparzelle. Ich glaube sogar, zumindest eine geringe Stange erkannt zu haben. So besteigen wir voller Erwartung den Hochstand.

Es verstreichen keine zwanzig Minuten, da erscheint das Rehlein dort, wo es eingezogen ist, und es spielt sich alles genauso ab wie am Vortag, nur daß das Wild heute bei gutem Licht kommt. Jetzt entgeht mir nicht das leuchtende, kleine Spießchen. Nur der üppige, das Blatt verdeckende Raps läßt mich zögern. Wenn ich hoch anfasse, könnte es klappen. Noch ist ein Wust von Blättern vor dem grazilen Wildkörper. Jetzt wirft der Bock auf, tritt einen Schritt vor. Ich ziehe – eh mich Jagdfieber beutelt – ruhig den Abzug durch und sehe ›durch den Schuß‹ den Bock im Feuer zusammensinken.

Große, überschäumende Freude. Wir klopfen uns auf die Schenkel, Ferdi wünscht ›Waidmannsheil‹. Er weist mich vom Hochstand aus zum Bock. Rechts ein blankes Spießchen, links ein linsengroßer, unter dem Deckenhaar versteckter Knopf. Mächtig stolz sind wir auf unsere Tat. Mit dem Gescheide legen wir – sturmumbraust und naßgeregnet – eine Schleppe vom Waldrand zum Luderplatz. Zu Hause durchströmt uns wohlig ein heißer Grog. Und als wir uns jetzt noch einmal alle Einzelheiten der erfolgreichen (und auch sehr glücklichen) Jagd im Oktobersturm erzählen, da ist dies Erlebnis schon unvergeßliche Erinnerung.

Nordland-Oktober

Ende Mai, da war ich beschwingt wie ein Vogel. Oder ich war ein Insekt, auf- und niedertanzend im Gegenlicht vor der dunkelnden Wand der Föhren, eh der Tag versank; als die Jagd auf den Bock mich hinauszog in die Frühe des Morgens, in das Schweigen des Abends. Jedes Jahr war das so. Eine glückliche Zeit.

Jetzt ist Oktober. Klar liegt das Land und weit. Das ferne Gehöft, jener Wald nah dem Horizont, jeder Baum in der Weite der Ebene, alles ist näher gerückt, wirkt plastischer, wie gemeißelt. Alles wird zur Skulptur. Und die Tage sind still. Sie ruhen in sich selbst. Wie ein Glockenschlag, wie ein Kristall hängt der Bussardschrei über den Wipfeln. Die Stimme des Hirsches erblüht, rührt den Nebel an und erlischt. Endgültig Herbst. Schwermut und Reife der Früchte. An solchen Tagen denk ich an Schweden zurück, und ich will mich erinnern.

Kurz vor Mittag hatte uns die von Kiel kommende Fähre in Göteborg von Bord gelassen. Tausend Kilometer Landstraße immer nach Norden lagen vor uns. An uns vorbei glitt der schwedische ›Indianersommer‹: das lohende Gelb der Birken, die Röte des Ahorn, die dunkle Festung der Fichten. Helle Nester darin die Lärchen, die gleißenden Spiegel der Seen. Orte aus Häusern von buntem, verandenzierendem Holz, geruhsam, verträumt wie im Märchen.

Dann die frühe Dunkelheit. Nebel, Sprühregen längs des Bottnischen Meerbusens. Im Gegenverkehr die ›Lichterbäume‹ der Fernlastwagen. Die Durststrecke begann: Das Benzin ging uns aus. Aber wer kennt schon schwedische Geldschein-Tankautomaten und kann mit ihnen umgehen? Drei Kilometer vorm Ziel noch ein gefährlicher Schlenker auf der allerletzten Brücke. Glatteis! Auch diese Fahrt hatte ihr Ende, wir sind in Västernorrland.

Der nächste Morgen. Es ist sieben Uhr früh und sehr kalt. Nebelfahnen über dem Tal von Björna. Dunst steigt empor aus dem ›Wasserfall des Bären‹. Weiß von Reif liegen Ried und Moor. Die gedolmetschte Vorabunterweisung des Hundeführers Rolf Johannsen klingt ernüchternd: rasche Schüsse auf schnell, oft im dichten Holz streichendes Wild. Flotte Pürsch hinter dem stöbernden, manchmal spurhitzigen und weit suchenden Hund in nicht leicht begehbarem Gelände. Ein Schuß auf sitzendes Wild komme nicht vor. Entsprechend schwer seien Auer- und Birkhahn zu erlegen.

Diese Kurzinformation ist wenig ermutigend. Mir sollte das alles recht sein; besser, man kennt die Schwierigkeiten, weiß um die Herausforderung. Erst einmal brannte ich darauf, endlich hinauszukommen. Insgeheim hatte mir allerdings vorgeschwebt, der Hund würde die Hühner aufbaumen lassen und sie verbellen. Bei dieser speziellen Jagd mit dem finnischen Auerhahnverbeller, einer rötlichen Spitzart, folgt der Hund der Fährte des Vogels und verbellt den Aufgebaumten. Ulf, unser Gastgeber, besaß so einen Spezialisten, der aber leider erst jährig war. Um ihm Vertrauen zu geben, seine Fähigkeit zu festigen, wollte er selbst erst weitere Hähne vor dem Spitz erlegen. Von seinen drei Freunden, die eingearbeitete Hunde besaßen, mußte der eine seine Jagdhütte reparieren, der andere hatte mit der Elchjagd eine Menge Arbeit, und der Dritte war angeblich krank. Meine Hoffnung erfüllte sich nicht.

Wir wollen heute hinter Turbo und Zappo jagen, zwei Deutsch-Drahthaar, Stöber- und Vorstehasse, die ein Glöckchen ans Halsband bekommen, um sie in den flechtenbärtigen, teils felsig unübersichtlichen Beständen zu orten. Verstummt der helle Glockenklang, dann hat der Hund Witterung und steht vor. Eile ist geboten. Was die Beine hergeben über Stock und Stein schnell zu ihm hin, denn die Hühner halten meist nur kurz. Sie laufen davon, um erst weit vor dem Hund aufzustehen. Der Jäger kommt oft zu spät.

Häufig sind Fährten und Losung zwar frisch, das Wild ist aber längst fort. So auch an diesem sonnenverwöhnten Oktobermorgen. Später dann Anblick. Wie ein Waldgeist reitet der in der Nähe aufgebaumte Auerhahn ab. Die Schwingenspitzen der Henne verschwinden grad um die Wipfel. Ein andermal reicht die Zeit noch zum Anbacken auf den bergab streichenden Hahn. Da schlucken ihn schon die tiefhängenden Fichten. Das alles sind keine echten Chancen. Die Schrote bleiben im Lauf.

Seit sechs Stunden sind wir nun unterwegs. Das Hügelauf, Hügelab, das konzentrierte Vorantasten über glitschigen Fels, das Waten im saugenden Moor, das alles kostet Kraft. Die Schatten sind lang, die Sonne ist blaß und kalt geworden. Unter uns liegt ein See, Lappenzelte am Ufer. Kein Vogel, kein Laut, kein Windhauch verletzt seine Haut: ein schwarzes, verschlossenes Rätsel. In ihn hinab gleitet Wald, dunkel und schweigsam. Hellhörig ist die Luft, so als warte der Winter. Es sind dies Tage wie Bussarde an beiden Händen. Gedankenflüge über die Landschaft ... See, Wasser, Moor, Sumpf, Schilf und die Weite der Fjälle. Unter mir bleibt das Land, breit, baumhager, braun. Darüber hinweg und hinaus geht mein Flug ...

Aus den Träumereien reißt mich ein aus den Beeren surrender ›Schnellball‹. Der hingeworfene Schuß meines Vaters holt das blitzschnelle Huhn aus der Luft. Fast weiß verfärbt, hab ich einige der lockeren, braunen Sommerfedern in Händen. Die dicht bis zu den Nägeln befiederten Ständer muten an wie Schneeschuhe. Kurz danach explodiert ein Schneehuhnpaar aus den Zwergbirken, stürzt hangab. Ich fehle. Ein dritter Vogel saust auf mich zu, fällt zwanzig Gänge grad vor mir auf dem Felsblock ein, steht hochgereckt wie gemalt. Schießen? Im selben Moment erscheint der Hundefang in Schußrichtung genau hinter dem Hahn. Verdammt!

Zwei weitere Vögel werden hoch. Rasend schnell! Der Hahn, schon fast verdeckt, fällt in einer weißen Federwolke. Kein leichter Schuß, ›Waidmannsheil‹ meines Vaters. Hier am sonnenbeschienenen Südhang hatten sie also gelegen. Mitten in ein Schneehuhnvolk waren wir geprallt. Das war spannend!

Wie leicht und beschwingt man auf dem Teppich aus Moosen, Flechten und Beerkräutern heimgeht. Das hellgrüne Vlies des Rentiermooses, die Landkartenzeichnung der Flechten auf den Felsen, das verhaltene Blau der Heidelbeeren. Welche Fülle und wie süß die nach den ersten Frösten schmekken! Man streift mit der Hand durch die Sträucher und hat sie voller Beeren.

Anderntags ist auf dem Hochfjäll, der Sommerweide der Rene, schon Schnee gefallen. Den Winter sollen, wie Ulf meint, vier Fünftel der Rauhfußhühner nicht überleben. Vorwiegend erliegen ihm Jungvögel. Die periodischen Schwankungen der Besätze erklären sich hierdurch nicht. Daß Raubwild sich in Lemmingjahren hauptsächlich von den Nagern ernährt und deshalb mehr Gesperre heranwachsen, ist eine der Theorien, denn starke Rauhfußhuhnpopulationen scheinen mit einer Lemmingexplosion zusammenzufallen.

Siebentausend Rene bringen die Samen in die Wintereinstände. Früher getrieben, heute in zwanzig Meter lange, doppelstöckige Trucks gepfercht, läßt man sie in eingelappte Krale, die sich trichterförmig in die Wildnis öffnen. Nein, ganz so nah dürfen wir nicht an die Auslaßrampe. Zu ungestüm reagieren die Rene auf unseren Anblick. Sie könnten ausrutschen, sich die Knochen brechen.

Schneeschwanger, tief und schwer lasten die Wolken auf dem Moor. Entlang eines Sees haben Biber die Birken in Kniehöhe gefällt. Welch große, glatte Späne so ein Nagergebiß abhobelt. Wie exakt der Holzkegel aus dem Stamm geschält ist. So eine Bibersippe verändert die Landschaft, kann sie verwüsten. Hier dürfen Biber seit einigen Jahren wieder im Mai bejagt werden. Morgen schneit es auch hier. Man ›riecht‹ schon den Schnee, und die Raben verschwinden in Wolken. Wie schwermütig alles wird, was gestern in der Sonne lag: die leuchtenden Birken, die Silberspiegel der Seen, der Goldsaum des Schilfs. Jetzt steht es dunkel und leer, schwarz wie ein Ritter der Wald, unnahbar, eisern der Fels, statuengleich, uralt. Dem allem kann ich nicht entfliehn. Dem allem muß ich standhalten.

Und dann, wie so oft bei der Jagd, wird das so lange Ausgesponnene von einer Sekunde zur anderen wahr. Das Erhoffte, schier Unmögliche erfüllt sich. Dies der Augenblick, in dem der Jäger ›lebt‹, der ihn glücklich macht. Sein Glück ist aber nur Folgerung aus Enttäuschung, Anstrengung, Disziplin und Selbstüberwindung. Sein Glück setzt Mühen voraus.

Zappo steht urplötzlich wie ein Stock. Rolf, der nur schwedisch spricht, gestikuliert, zischt: »Tjäder tupp« . . . dort rennt er davon, der Auerhahn, den ich noch nicht sehe. Dann erspäh sich ihn doch, den schwarzen Kämpen . . . er hebt sich jetzt auf, wird verdeckt durch die tiefen Fichten, dies verdammt dichte Holz! Durch die Zweige mitschwingend: ›paff-paff‹ traue ich meinen Augen nicht, als er tatsächlich mit allem Gesprickel herunterprasselt. Ich sprinte gleich zu ihm, sehe entsetzt, wie er hangab läuft und versucht, Luft unter die Schwingen zu bekommen. Im Hasten lade ich nach, gehe ins Ziel auf den hochgereckten Stingel, drücke ab. Da macht es klick, nicht entsichert! Die Flinte werfe ich beiseite ins Heidekraut, hechte mich über den Hahn, der zu Fuß davonstürmt. Dann hab ich das Urwaldgeschöpf in Händen, lebendig, den Stingel hochgereckt! Was mache ich bloß mit ihm? Ein Blutsturz aus dem Schnabel, der Vogel wird schlaff, ein letztes Erzittern, er verendet augenblicklich.

Feinste Nuancen von schillerndem Blau, Schwarz und Grün. Das Weiß der Spiegel dazu im Kontrast. Ganz viel Weiß besitzen die Schaufeln im Stoß. Der stark gekrümmte Oberschnabel ist tief gerillt, und der Vogel knapp sieben (!) Kilo schwer: ein alter, ein kapitaler Hahn. Wie viele Jahre mag er hier Frühjahr für Frühjahr gebalzt haben? Wie alt wird Auerwild überhaupt in der Wildbahn? Mein Hahn ist einer, der nach Ulfs Meinung jedenfalls geschossen gehört, da er unduldsam, gehässig ist, ein die Balz nur störender Raufbold, ohne selbst noch zu treten. Wer weiß das alles? Es sind doch menschliche Relationen.

Dann ist in dieser Nacht auch hier Schnee gefallen, ganz sachte, ganz lautlos und fällt immer noch. Wie eine Wiege liegt das Land, betäubt, begraben, der Sprache beraubt. Das weiße, riesige Moor endet an den Hügeln, senkt sich sanft zu einem der unzähligen Seen. Die Berge gleiten in Wolken. Das tiefe, sonore ›korr-korr‹ der Raben; große, dem Wotan gehorchende Vögel. Ihr Ruf scheint mir unendlich alt, viel älter als alle Menschheit, unverändert und zeitlos.

Wir, die Jäger, gehen hinab zum See, schwerelos fast, beflügelt, angenehm weich in den Gliedern, erschöpft, diesen Eindrücken offen. Unten am See stößt Zappo eine einzelne Ente aus dem Ried. Sie schwimmt erst viele Meter vor dem Hundefang am Gegenufer entlang, steht dann auf, und ich kann schießen. Sehr weit ist es. Die Garben peitschen auch das Wasser, aber die Ente fällt, um zu meinem Schrecken erneut abzuheben, als sie Zappo apportieren will – diesmal über die Wipfel verschwindend.

Zu Schuß kommen wir noch auf Birkwild: Rasend schnell stürzt ein Volk hoch über die Fichten bergab mit pfeifendem Schwingenschlag. Eine Lücke im Hochwald, ein Huhn kippt zur Seite, das sehe ich noch. Später ein dumpfer Fall unten am See, doch finden wir nichts. Der Wunsch der Vater der Wahrnehmung? Soviel Pech auf einmal! Sogar die Herbstbalz führen uns einige Hühner vor. Nur ein Abglanz der Balz im Frühjahr. Auf dem Überhälter zwei Hennen, deshalb ist ein Näherkommen über den weiten, freien Kahlschlag bis auf Schrotschußdistanz unmöglich. Genau hier sollen im Frühjahr bis zu dreihundert Hähne turnieren. Eine unglaubliche Szenerie, die Fläche ›fast schwarz‹ von Birkwild! Zu seinem Recht kommt dann nur der Photograph. Den balzbetörten Hahn im Frühjahr zu bejagen, gilt in Skandinavien als unsportlich und ist verboten.

Neben der spätsommerlichen und der Herbstsaison ist auf Auer- und Birkhahn eine vierzehntägige Jagdperiode im Januar eingeräumt. Mit Schneehemd getarnt und kleiner, weitreichender Büchse bewaffnet, pürscht man auf extra breiten Tiefschneebrettern die Birkenknospen äsenden Hahnen an. Die sportliche Biathlondisziplin ist dieser Jagdart nachempfunden, die bei guter Kondition reiche Beute bringt.

Ebenfalls im Tiefschnee folgt man zu dieser Zeit dem Luchs. Ihn zu stellen, erfordert enorme Ausdauer und das Glück, eine frische, lohnende Fährte zu entdecken. Wir, die wir keinen Luchs jagen wollten (und durften), stießen natürlich gleich auf drei Fährten. »Die Renkälber der Lappen werden in den folgenden Wochen noch mehr der schönen Katzen anlocken. Zwölf bis fünfzehn Luchse treiben sich dann hier herum«, meinte Ulf nicht sehr begeistert.

Es folgen Tage mit Sturm, mit Nebel, mit Regen, der den Schnee wieder schmelzen läßt. Einen letzten, kaltklaren Frosttag dürfen wir noch erleben. Den steilen Pfad zum Gideälven hinunter kämpfen wir uns durch Gestrüpp und Ried bis zum ›Wasserfall des Bären‹. Die Kulisse ist einmalig: Über den Fluß geneigt die glühend roten Trauben der Ebereschen. Dahinter das Strichmuster der Birken. Glitzernde Abendsonne auf der brodelnden Gischt. Der Wildbach wie ein Vulkan, Licht und Sonne versprühend. Wenige bunte Blätter hingestreut auf den Fels; blank und poliert liegt er da. Auf diesem schwarzen Granit landet mein Vater jetzt einen Hecht, ›Petri Heil!‹

Wir werden gut schlafen, traumlos und tief wie ein Dachs, wie all die Nächte zuvor. Eindrücke gibt es, die nagen an der Seele, die wirbeln das Herz in die Ferne. Ich wünschte, ich wäre jetzt dort.

Bartgams

Kalt wurde die Nacht. Ich mußte zurück in die abgelegten Kleider schlüpfen. Bis zur Nase eingemummt in Strickweste, dicke Cordhose, Schal und Handschuhe, aber immer noch fröstelnd, döste ich gen Morgen, sehnlichst den Tag erwartend. Und der war trübe, grau in grau verhangen. Schneeflokken klatschten gegen die Scheiben, als ich hinterm Steuer saß Richtung Loiblpaß. Hoffentlich kam ich mit meinen Sommerreifen noch hinüber. Bodenloser Leichtsinn, sich zu dieser Jahreszeit hier auf eisfreie Straßen zu verlassen. Aber was halfen jetzt noch Selbstvorwürfe?

Aufgebrochen war ich gestern, hatte, um Zeit und Geld zu sparen, in einem Rutsch die 900 Kilometer bis zum Wörther See abgerissen, dort den Wagen auf einem Waldweg abgestellt und mich hinten im Kombi in den Schlafsack gekuschelt, bis mich die Kälte weckte. Auf der Paßhöhe dichtes Flockentreiben. Die Schneedecke wuchs. Eine lange Schlange vorm Zoll. Ungeduldig war ich. Endlich, endlich hatte ich die jugoslawische Waffeneinfuhr. Großzügig und bedenklich die Schlitterspuren der Voranfahrenden. Zentimeter für Zentimeter kroch ich den Berg hinab.

Im südlichen Vorland der Alpen, im Tal, eine ganz andere Landschaft, eine andere Stimmung. Der verhangene Himmel riß auf, eine flache, fruchtbare Ebene, verträumt und lieblich um mich herum. Darin hohe, schmale Heugestelle. Die Sonne schien, und es war warm. Das Städtchen Kamnik am Fuße der Steiner Alpen, mein Anlaufpunkt, gefiel durch Renaissance und Barock: Von schmiedeeisernen Laternen flankierte Pflasterstraßen, fünf Kirchen auf den Hügeln ringsum. Ein Kleinod am Rande des alpinen Touristenrummels.

Abends schneite es auch hier, leise und sachte, Zentimeter für Zentimeter. Dicker, schwerer, nasser Schnee fiel herab: Pappschnee. Wir schrieben den 2. November. Auf dem Forstamt erfuhr ich tags darauf die Adresse meines Jägers in einem winzigen Bergdorf, das auf keiner Karte zu finden war. Nach der Verproviantierung in einem dunklen, verwinkelten ›Tante-Emma‹-Lädchen tuckerten wir mit Peters Käfer über holprige Pfade soweit es ging den Berg hinauf, bis der Weg endete, wir mußten den Wagen zurücklassen und die Rucksäcke schultern.

Langsam, bedächtig und stetig ging es die schmalen Serpentinen höher und höher in den Bergwald. Tiefhängende Wolken hielten uns längst gefangen. Aus dem Pappschnee war lockeres Pulver geworden. Niedrige Legföhren und Zirben lösten den Hochwald ab. Wo der Teppich der

Latschen und Krüppelkiefern endete, begann der nackte Fels. Davor in eine Mulde schmiegte sich die verschneite Hütte. Wir waren am Ziel.

Bitter kalt war's darin. Vom Dachboden schnell Holz geholt und den Ofen befeuert! Bis die Wände die Wärme angenommen hatten, bis zum Dunkelwerden wollten wir noch pürschen, stiegen durch eine Felsspalte hinter der Hütte in ein weites, kiefernbewachsenes Kar. Unterhalb rauschender Hochwald, darüber aufragender Fels. Vereist war der Pfad, verwachsen, oft nur zu ahnen. Kritische Stellen prüften wir sorgsam, tasteten, sicherten uns. Manchmal brauchten wir Steigeisen.

Zu einer steilen, kahlen Rinne gelangten wir, kauerten hinter den Felsen. Ein böiger Wind ging. Vor der Wand glitt die Dohle schwerelos im Wind. Darunter im Tal die Wolken, darunter das Schweigen. Wogend stiegen die Nebel auf, hüllten Grate, Zinnen und Hänge ein, nahmen jegliche Sicht. Wie eine große graue Hexe verbargen sie den Berg. Während vier Stunden Pürschens und Wartens hatten wir keinen Anblick. Das Gebirge schien tot.

Je später im Jahr, desto schöner der Bart, der Wacherl, desto schwerer die Jagd, um so unberechenbarer das Wetter. Dann aber sollen sich die sonst verschwiegen lebenden stärksten Böcke aus ihren Einständen wagen, unvorsichtig werden und zu überlisten sein. Das Wagnis hatte begonnen.

Zurück in der Hütte war's darin mollig warm. Eine kräftige Suppe kochten wir aus geräucherter Haxe. Der heiße, mit Whisky verfeinerte Tee wärmte von innen. Vor dem Zu-Bett-Gehen öffneten wir die Tür zum Schlafraum, legten einen dicken Kloben auf, der bis zum Morgen vorhalten sollte. Wir schliefen tief. Doch als der neue Tag dämmerte, das erste trübe Licht durch die schmalen Fenster fiel, da war das Holz längst Asche und das Zimmer lausig kalt. Aus dem wohlig warmen Nest kroch ich fluchend. Welche Überwindung, in die klammen Hosen zu steigen!

Der Nebel war zu Tal gesunken, der Blick zu den Höhen frei. Noch voller Schnee hing der Himmel. Eine Weile begleitete uns der Chor der Alpendohlen mit ihrem metallischen ›schirrik-schirrik‹. Hier und da in den schneeschweren Zweigen eine einsame, aufgeplusterte Drossel. Sonst schien der Berg nach der durchschneiten Nacht noch zu schlummern.

»Der Schnee drückt die Gams jetzt vom Grat«, meinte Peter. Aber wo wir gestern herumgetapst waren, blieb die Bühne leer. Das Kar verlassend, kreuzten wir eine baumlose Lehne, aus der steile Felszinnen wuchsen. Wo eine Rinne den Hang schnitt, hatte sich eine Waldzunge gegen den Fels emporgearbeitet. Als wir die Bauminsel querten, sank der vor mir pürschende Jäger plötzlich zusammen. Mit einem Kopfnicken wies er zu Waldgrenze. Dort entdeckte auch ich jetzt die schwarze Decke der Gams im Gewirr der niedrigen Büsche. Während Peter sie ansprach, warf ich mit fliegenden Händen Mündungs- und Glasschutz und Handschuhe beiseite, ging auf dem Rucksack in Anschlag.

Aufgeregter als ich war Peter, als er zischte: »Die paßt! Ist eine Geltgeiß, keine Kitzgeiß.« Aber aus meiner Perspektive versperrte ein gestürzter Lärchenriese die Sicht auf die immer noch vertraute Gams.

Zum nächsten Baum muß ich, krieche hangauf, wobei sich Schnee auf die Optik legt, säubere eilig das Glas, recke mich und habe die Gams dankbar auf 50 Schritt im Absehen. Auf den Schuß hin explodiert der Busch. Rechts und links, zum Greifen nah, prescht ein vielköpfiges Rudel in Wirbeln von stiebendem Schnee zu Tal. Manche den Äser geöffnet, einer fehlt eine Krucke, das erkenne ich gerade noch, eh der Hochwald den Spuk schluckt.

Die Bühne ist leer. Am Anschuß nur langes, knapp bereiftes, dunkles Schnitthaar, aber davon sehr viel. Kein Schweiß. Auch beim Ausgehen der Fährte nicht. Durch das Rückenhaar hatte ich geschossen, den Körper nicht verletzt. Mag sein; die geringe Entfernung und der steile Bergauf-Schuß hätten ein Tieferhalten erfordert, zumal der Stutzen auf 170 Schritt eingeschossen war. In der Aufregung hatte ich daran nicht gedacht.

Die verpatzte Chance zu betrauern, bleibt keine Zeit. Ein einzelner starker Bock klettert die steilen Schneebretter höher und höher. Wie er pustet und keucht! Dampfender Atem quillt ihm aus dem Windfang. Als Peter das Blädern eines Brunftbocks nachahmt, da wirft der Flüchtende auf, sichert. Kohlrabenschwarz steht er gegen den Schnee. Durch den Bart streicht der Wind. Unruhig ist er, uns zugewandt. Soll ich schießen? Soll ich's lassen? Wo kann ich auflegen oder anstreichen? Auf 120 bis 150 Gänge freihändig, das trau ich mich nicht. Nun kommt wieder Leben in ihn. Er hastet bergauf in wuchtigen Fluchten, nimmt mir die Entscheidung ab.

Früher überlistete man die Böcke während der Brunft mit den Gamshauben, weiße, übers Gesicht gezogene Kappen mit Krickeln. Zeigte man sich einem suchenden Bock – immer nur kurz über dem Bergrücken auftauchend und das wiederholt –, so zog der Neugierige möglicherweise auf den Jäger zu, um eine brunftige Geiß oder einen Nebenbuhler zu finden.

Längst pürschen wir weitab des gestern bejagten Bergstocks. Hier wechseln die Gams, wie vermutet, talwärts. Einen Bock machen wir im Gegenhang aus, wo er die Fährte der vor ihm gezogenen Geiß bewindet, ihrer Witterung talwärts folgt, magisch wie an einer Schnur. Den Bart stellt er auf, wirkt dadurch recht stark. Ein, sogar zwei Wächter äugen unbeweglich, gleich Monumenten, hinab von den Felsen. Sie anzugehen fehlt uns die Deckung.

Da sinkt Peter wortlos in die Knie, deutet zu seiner Schulter. Auf ihr soll ich auflegen. Über den Graben hinweg ist auf hoher Warte ein Bock erschienen, ganz plötzlich aufgetaucht. Haupt und Träger zuerst nur frei, tritt er nun ganz hervor, aber noch spitz, will sich nicht breit stellen. Endlich! Jetzt müßte es gehen. Auf den Schuß (308 Winchester 11,7 g TIG) reißt es ihm die Vorderläufe weg. Er wird wieder hoch, wendet auf der Hinterhand, taucht hinter die Felsen. Wir sehen ihn nicht mehr.

Peter zuckt mit den Schultern, brummelt etwas wie: »Der hat Schuß« und wartet. Ich bin ungeduldig und neugierig. Der Weg zum Anschuß wird mir zu lang, alles kann nicht schnell genug gehen. Nur auf Umwegen kommen wir zur Basis der Zinne. Aber dort ist der Bock nicht durch. Oben finden wir dunklen Herzschweiß. Den Gams hat der Teufel geholt. Peter seilt sich zu den in die Felsen gekrallten Zirben ab. ›Hier hängt er im Baum‹. Mir fällt ein Stein vom Herzen. Als er mir später den Bruch reicht, bin ich ganz glücklich. Der Bock, sechsjährig und gut gehakelt, hätte schon noch ein bißchen älter werden können. Aber fremde Gäste läßt man nicht gern ohne Beute. Da es früh im Winter ist, ist der Bart recht kurz.

Eine schüttere Rinne schnitt den Hang. Darin ließen wir den Bock talwärts sausen. Unten in einer Fichte fing er sich. Quer zum Hang im Zickzack folgten wir, krallten uns in Grasbülten, griffen nach jedem sich bietenden Zweig, um nicht ins Rutschen zu kommen. Doch da war's passiert! Ich verlor den Halt. Auf dem Hosenboden – eine unendlich scheinende Rutschpartie – bekam ich richtig Fahrt, prasselte unsanft in ein Föhrengestrüpp, ohne böse Folgen.

Nach dem Ausschweißen und der Brotzeit schnallte sich Peter die Gams huckepack auf ein Gestell. Flocken, große, schwere Flocken fielen auf die Beute, verfingen sich in ihrer dunklen Decke. Eine Haube aus Schnee trugen bald Haupt und Träger. Erst leicht, dann dichter und dichter und heftig schneite es, jedes Geräusch, jeden Laut erstickend. Eine noch größere Stille hatte sich über den Berg gesenkt. Wir wollen erst morgen absteigen, heute die nasse Wäsche trocknen, die Trophäe säubern und ein wenig erzählen. Wegen der Lawinengefahr hat die Jagd ohnehin ein Ende, ist zu gefährlich geworden.

Bis zu den Hüften versanken wir tags darauf im Neuschnee, der auch im Tal bis tief in die Ebene gefallen war. Den Bergpfad verloren wir. Ein weißer, großer Hügel, aus dem gerade noch die Spitze der Antenne rausschaute, ist Peters Käfer. Frei bekamen wir ihn nicht. So stapften wir zum nächsten Bergdorf und ließen uns dort abholen.

Mit viel Glück rutschte ich zurück über den Paß und genoß abends bereits ein heißes Bad in einem Gasthaus bei Villach. Auch in Deutschland hatte ein früher Winter begonnen.

Colebrooke

Ankunft

Das Jahr ist schon herbstlich und alt, als ich mit meinem Vater am 20. Oktober aufbreche nach Rotterdam, von wo uns die Fähre über Nacht nach Kingston upon Hull bringt. Wir durchqueren ›Old Mother Britain‹ bis zum schottischen Hafen Stranraer. Im Dämmern nimmt das Schiff Kurs auf das nordirische Larne. Von hier soll Irland um 6000 v. Chr. besiedelt worden sein durch von Schottland kommende mesolithische Jäger, von den Prähistorikern eben nach dieser Stadt ›the Larnians‹ genannt.

Das Nordirland, das wir durchfahren, ist eine Kulturlandschaft mit sanften, beweideten Hügeln, gegliedert durch Bauminseln, Wäldchen und Hecken. Mäandernde Flüsse und die ruhigen Spiegel der Seen gleiten vorbei. Dieses Irland wirkt britisch, ist wohlhabender als das arme, gottverlassene Mayo der Westküste. Es entbehrt der einsamen Schäferkarren und der aus der Gischt des Atlantiks steigenden Klippen. Die sturmumbrauste Verlassenheit, die erhabene Öde der Nephin Beg Range Mayos wird man nicht finden.

Im Frühnebel tasteten wir uns von Ort zu Ort. Das letzte Städtchen Fivemiletown hinter uns lassend, ragte die Spitze der Gutskirche aus dem sich verflüchtigenden Dunst. Und der Himmel darüber war wolkenlos blau. Wir hatten Colebrooke erreicht, ein Besitz in der – wie es heißt – am meisten irischen der sechs nordirischen Grafschaften, in Fermanagh. Am hauseigenen Friedhof, an einer verlassenen Klause vorbei bis zum Anwesen, auf diesen anderthalb Kilometern sehen wir viele, viele Fasane in kleinen Trupps oder einzelne prächtige Gockel. Kaninchen sonnen sich vor den Dickungen. Ein Taubenschwarm klappert davon. Das sind gute Omen. Das stimmt uns ein.

Als wir vor das Säulenportal des Gutes rollen, ein schloßähnlicher Bau, da liegen die alten Eichen auf der Weide gegenüber noch verschwommen im Dunst. Vom dicksten Baum auf dem Hügel wird gerade die Sonne verdeckt. Einen Kranz aus Licht gibt sie ihm. Der Baum wirkt ganz dunkel, fast schwarz wie eine bizarre Skulptur.

Alan Brooke, unser Gastgeber, ist ein drahtiger Mitdreißiger. Vor dem Marmorkamin der Bibliothek fragt er nach unseren Wünschen und macht uns den Mund wäßrig. Sika- und Rothirschpürsch, getriebene Fasane, Streife auf Bekassinen: Rough Shooting und Angeln. Die Vorfreude ist längst da. Alan aber legt Torf nach und hat es nicht eilig. Doch wir möchten los, möchten gleich jagen, sind allzu ungeduldig.

Die kleinen schwarzen Hirsche

Die Brunft der Sika hatte begonnen. Jeder starke Hirsch besaß Brunftkuhlen: einige Quadratmeter große, schwarzerdige Mulden auf Freistellen im Rhododendron oder in den versumpften Birken-, Erlen- und Pappelwäldchen. So ein winziges feuchtes Gehölz suchten wir nachmittags auf. Alan kannte dort einen reifen alten Achter, dessen Brunftkuhle den fast noch ›warmen‹ Abdruck seiner Decke trug. Also hielt sich der Hirsch noch hier auf. Vom Wälzen in der morastigen Suhle mochte er wohl pechschwarz sein. So einen ›schwarzen Teufel‹ hatte ich mir erträumt.

Den Ansitz, eine heckendurchsetzte Bodenwelle, eine ehemalige Weidebegrenzung, diesen Platz wählten wir gewissenhaft und warteten trotzdem vergeblich. Bei den folgenden Kontrollen blieb diese Brunftkuhle verwaist. Der Hirsch hatte seinen eng begrenzten Einstand offensichtlich verlassen auf der Suche nach einem Brunftrudel.

Sikas wurden 1820 auf Colebrooke eingebürgert. Bis heute ist es die reinblütige, kleinwüchsige japanische Unterart *Cervus nippon nippon*, die sich hier nicht wie in anderen Teilen Irlands mit dem Rotwild vermischt hat. Das Wild findet im abwechlungsreichen, weitläufigen Revier, das einem verwilderten Park gleicht, reiche Äsung und ungestörte Deckung, einfach ideal in den Rhododendronwäldern, wo wir auf unzählige tiefausgetretene Wechsel und Brunftkuhlen stießen, wo das Wild aber nicht zu bejagen war in einem Filz aus miteinander verwobenen Zweigen, Stämmen und Stämmchen. Aber es mußte die Dickung zum Äsen verlassen.

Wir legten uns deshalb gegenüber dem Wald hinter einem Grabenwall auf die Lauer, bekamen an diesem Abend aber nur Zukunftsspießer und einen älteren Hirsch weit draußen in Anblick. Dieselben Wiesen leuchten wir im Frühlicht noch einmal ab, fanden sie leer und pürschten durch den Rhododendron, peinlich auf jedes Ästchen achtend, zu einem anderen Brunftplatz. Wir sind noch nicht dort, als nach einem Warnpfiff ein schweres Stück Wild prasselnd neben uns abspringt, vermutlich der heimliche Platzhirsch. Auf die Brunftwiese gibt der verwachsene Weg nur einen Ausschnitt frei. Tiere, Kälber, zwei Sechser, ein junger Achter und immer wieder Spießer defilieren durch den schmalen Ausblick. Als wir näher pürschen, zählen wir sieben, auch einige von der Trophäe schwache Spießer, doch kann sich Alan nicht zur Freigabe entschließen an diesem Morgen, und abends taucht keiner der ›spiker‹ hier wieder auf.

Nachtüber brunfteten die alten reifen Hirsche ringsum, daß man es vom Bett aus hörte. Wie ein ›Miauen‹ klang ihr tiefer, langgezogener Schrei.

Frühmorgens, bevor die riesigen dunklen Schwärme der Dohlen durch den Nebel geisterten, bevor ihr hundertköpfiges ›kjak–kjak‹ erscholl, vorher hatten wir nah am Gutshaus den Fluß gequert und uns hinter einer Eichenwurzel versteckt. Unter uns die weite Mulde vor dem Rhododendron, wo am Morgen zuvor eine so rege Brunft war. Um uns herum, leider auch rechter Hand im Wind, tauchen die Schemen der Sikas auf. Das Glas zergliedert die Dämmerung, bestätigt Kahlwild und Kälber und immer wieder Kahlwild. Doch ein Tier wird von einem Hirsch bedrängt, den nun die Eichen decken.

Mein Vater ist längst fertig, kann den ›stag‹ jetzt wohl ausmachen, während ich ihn aus meinem Winkel nicht sehe. Ein weiter, schwieriger Schuß. Und der Sika trollt zum Dickicht, verhofft noch kurz vor dem Überfliehen des Grabens, als das Geschoß der 8 × 57 ihn zwei Meter davonschnellen läßt. Dann ist er, Zentimeter vor dem Wasser, verendet.

An diesem glücklichen Morgen haben wir Zeit, viel Zeit. Wir wollen feines Schrot kaufen in Fivemiletown für die Bekassinenjagd. Gegenüber dem blökenden Viehmarkt ein irischer ›Supermarkt‹. Ganz hinten, ganz versteckt im Laden ein stahltürgesichertes Kämmerchen, in dem Munition und Waffen lagern.

Ja, er habe auch ein paar Flinten da, zwar gebraucht, und der Ire kramt einige Lederschachteln hervor, innen mit rotem Samt ausgeschlagen; darin gebettet Schwester- und Einzelflinten bester Londoner Büchsenmacher. Die Schäfte fein gemasert aus hartem, seltenem Vogelaugen-Ahorn. Um einen Braten zu schießen, vom Standpunkt des Zweckmässigen, gibt es weit billigere Flinten. Aber dies hier sind Preziosen mit ebenso robuster wie ausgefeilter Technik, handgearbeitet aus bestem Material. Und die Tradition fordert einen Extra-Obulus. So ein Paar ›Schwestern‹, obwohl gebraucht, kostet noch rund 120 000,– DM.

In derselben Straße ein Pub, wo sich Bauern und Händler des Marktes treffen. Irischer Whisky wird getrunken, mit Wasser verfeinert und schwarz wie das irische Moor – Guiness vom Faß, das der dicke, gemütliche Wirt mit viel Liebe zapft. Um das Torffeuer haben sich alte Männer geschart. Hell und wärmend fällt durch das Fenster dahinter die Sonne.

Tiro Fasan

Für acht Flinten hat Alan auf Fasan geladen. 3000 werden jährlich auf Colebrooke künstlich erbrütet und ausgewildert in ein ideales Biotop. Auf Schritt und Tritt begegnet man ihnen. Von nah und fern hört man tagsüber ihr Gocken. Aber an diesem strahlenden Herbstmorgen haben sie sich rar gemacht, sind von Wegen und Weiden verschwunden, als ahnten sie Gefahr.

Eine sehenswerte Treiber-, Schützen- und Hundeschar hat sich in einem der verfallenden Innenhöfe des Gutes versammelt. Man hat es nicht eilig. Abgewetzte, ölimprägnierte Jacken und Hosen trägt man, aber auch teuren britischen Tweed. Edle Flinten – the Best London Guns –, wohlverwahrt im Futteral, werden aus dem Kofferraum geholt: Purdeys, Holland & Holland und Woodwards. Dazwischen wimmeln in freudiger Erwartung Labradore, Golden Retriever und Springerspaniels.

Im vorigen Jahrhundert beauftragte man Landschaftsarchitekten Alleen und Schneisen so anzulegen, daß getriebene Vögel dem Schützen hoch und schnell, möglichst noch unerwartet kamen. Kastanien- und Lindenveteranen, die die Wege und Bäche auf Colebrooke überspannten wie Tunnel, gewährleisteten das.

Da steigen, erst noch weit weg mit ›gok-gok‹ die ersten Hähne auf. Laut und dröhnend, die Stille verletzend, trägt der Wind die Schüsse, den Lärm der Treiber, das Gejohle der Hunde herüber. Das Spektakel kommt näher. Wie Pfeile schießen zwei Hähne über die Kastanien, haben solche Fahrt, daß sie die Schwingen nicht rühren, wie steif in der Luft hängen und doch rasend schnell sind.

Charly, neben dem ich als Zuschauer hocke, holt einen über Kopf herunter, fehlt den zweiten. Dumpf schlägt der Getroffene auf. Mehr und mehr werden es. Charlys Bewegungen sind flüssig, elegant und sicher. Man beschießt nur die hohen Hähne, pardoniert die niedrigen, die leichten. Eine Symphonie aus Hundegebell, Treiberschreien, gockenden Hähnen und dem Hallen der Schüsse. Unglaublich, was dieser einzige Hang an buntschillernden Vögeln hergibt! Ein Bukett nach dem anderen. Und Charly hat sich eingeschossen, holt jetzt den fünften Hahn vom Himmel. Wie ein Stein, die Brust voran, klatscht er auf die Wiese. Und sein Labrador hat zu schleppen.

So werden der Ashbrooke Hill getrieben und der Rabbit Hill. Man drückt den Glen durch und den Betil Hill. So geht das, Treiben nach Treiben von morgens um elf bis um drei. Dann heißt es ›Hahn in Ruh‹, ohne abzublasen, ohne ein Streckelegen. Mit 124 erlegten Stück Wild, unter anderem auch einigen Rothühnern, ist Alan nicht ganz zufrieden.

Eine der verwachsenen Ecken im hessischen Wohra

Nachsuche im neuen Revier in der Booklied

Endlich wurde der Raufer mein

Den Schnepfenstrich genoß ich in Masuren

Die Treiber, hier ›beater‹ genannt, befühlen ausgiebig und gewissenhaft jeden Vogel, ob er eine ordentliche Brust hat, ob er nicht zu sehr zerschossen ist. Mit einem ›brace of pheasants‹, einem Paar Fasane, zieht jeder davon. Auch die Schützen zerstreuen sich rasch. Es gibt kein Schüsseltreiben und auch keinen Jagdkönig. All dieses Brauchtum pflegt man nicht.

Die Längsgescheitelten – Bekassinenjagd

›Raised bogs‹ sind Hochmoore; in Deutschland fast vernichtet, werden sie auch in Irland weniger. Auch dort baut man sie ab und entwässert sie, wenn möglich. Es sind dies eigenartige, unvergleichliche Landschaften, von denen eine Verlassenheit, eine Leere ausgeht, eine gefährliche Leere. Wer sich vor dem Schweigen, vor dem Alleinsein fürchtet, der wird hier erst wirklich allein sein. Oder er hört in sich Stimmen, die er längst vergessen glaubte. Er beginnt, mit sich selbst zu sprechen.

Das Hochmoor ist gleichförmig, eintönig, durch seine Monotonie erdrückend. Das ist der erste Eindruck. Schaut man genau hin, kniet man sich hinein, hat man sich eingesehen, dann wird man den blauen Teufelsabbiß entdecken und das ›bog asphodel‹ *(Narthecium ossifragum)*, mit dessen Blütensaft Frauen im Mittelalter ihr Haar färbten. Im Herbst tauchen seine Früchte das Moor für kurze Zeit in einen tief orangefarbenen Mantel.

Wir sind zu dritt. Alan führt die beiden Labrador-Hunde am Riemen. Er gibt vorab genaue Anweisungen: In einer Reihe bleiben. Nicht reden. Auf seine Handzeichen achten. Bei einer hochgemachten liegt oft eine zweite, näher abstreichende Bekassine, die günstiger zu beschießen ist. Deshalb, wenn möglich, einen Schuß reservieren.

Es ist ein diesiger Vormittag. Das Moor liegt still wie ein jahrtausendealtes Fossil. Es wirkt dunkel, fast schwarz und abweisend. Aber wir sind voller Spannung. In langsamer Streife rücken Alan, mein Vater und ich vor. Dann der erste blitzschnelle Vogel. Ein Rätschen, Auf-mich-zu-streichen. Die blitzende, helle Brust nur Bruchteile von Sekunden. Dann dreht er ab, schießt im Zickzack davon, begradigt jetzt seinen Flug, ist längst zu weit für die Schrote. Aber die Rohre sind leer. Zweimal gefehlt!

Bei einer Suche ist Nackenwind wichtig. Denn die Bekassinen steigen gegen den Wind zum Schützen hin auf, um dann mit dem Wind um so rascher abzudrehen und davonzueilen. Doch bringt das ein Quäntchen Zeit, die zu nutzen trotzdem schwer bleibt. Das Gefühl für dieses Wild, das instinktive In-Anschlag-Gehen, den Schuß hinzuwerfen, das verlangt Übung, vielleicht auch Talent. Selbst gute Schützen rechnen vier Patronen für eine Erlegte.

Dietzel sagt treffend: »Fast möchte ich diese Jagd mit einem Tonstück vergleichen, welches nur von einzelnen kunstverständigen Musikern geschätzt und vorgetragen wird, während die ungleich größere Zahl der Dilettanten dasselbe mit einer fast an Geringschätzung grenzenden Gleichgültigkeit beseitige legt. – Ob aber diese Gleichgültigkeit auch auf wirkliche Abneigung oder bloß auf ein Bewußtsein des Unvermögens gegründet sei, darüber wird wohl ebensowenig ein Zweifel obwalten können als über die Frage, ob die Trauben, die jener Fuchs in der bekannten äsopischen Fabel wegen ihrer Säure zu verschmähen versicherte, wirklich sauer waren oder bloß zu hoch für ihn hingen.«

Dieses ›Tonstück‹ sollten wir in wenigen Pürschgängen nicht erlernen, dazu fehlte die Zeit. Wir blieben Dilettanten, denen die Trauben zu hoch hingen. Zwei, drei Vögel beschieße ich in der folgenden halben Stunde. Einer streicht regelrecht durch die Garbe hindurch, ohne zu fallen. Dann ein Pulk von acht bis zehn der Längsgescheitelten, rasend schnell, die nach dem ersten Schuß fast alle zu weit draußen aufstehn. Wieder kein Waidmannsheil!

Und ein anderes Moor. Mehr und mehr habe ich ein Auge bekommen für die hellen Bentgrasinseln, für die vielen Töne des Braun, Rot und Grau, für die weißen Flocken des Wollgrases. Seine herbstlichen Stengel sind dürr, haben längst einen rötlichen Anflug. In den Binsen der Tümpel das Sirren des Windes. Ich bin ganz wach für die Dinge, sauge sie ein, fast verliere ich mich in die Stimmung. Doch da bleibt diese Spannung. Man steht ›unter Strom‹; denn schrill rätscht ein Vogel davon.

Es gibt kaum etwas Schnelleres, etwas, das quirliger ist bei so kleinem Ziel. Wo das Moor in Heide und Birken verlandet, grad dort faßt ihn die zweite Garbe. Ja, ich seh die Bekassine dort 30 Gänge weit liegen. Ich seh ihr helles Brustgefieder, will losstürmen. Aber Alan winkt ab. Der Hund soll sie finden und bringen. Doch er findet sie nicht. Ich hab den hellen Fleck auch längst aus den Augen verloren. Beide Labradore und schließlich auch wir kämmen jeden Quadratmeter durch, bestarren jedes Fleckchen Erde, erfolglos. Die Wärme, die durchkommende Sonne, die Windstille jetzt gegen Mittag, mag sein, daß die Hundenase die sich vorzüglich drückende Bekassine nicht wittert.

Warum Sumpfschnepfen bei Vollmond tagsüber auf den Mooren, bei Neumond dort viel seltener anzutreffen sind, das weiß man nicht bestimmt. Alan meint, daß die dämmerungsaktiven Vögel nachts in Wiesen und versumpften Niederungen Äsung suchen und nur bei ausreichendem Mond zurück zu den Tageseinständen, den Mooren, finden. Reicht das Licht nicht, so bleiben sie nah den Äsungsgründen, nämlich den Wiesen, auch tagsüber.

Nachmittags ein drittes ›bog‹, wo meinem Vater ein Schnappschuß gelingt, wir aber eine zweite Gestürzte wieder nicht aufspüren. Der nächste Anlauf dann ohne Alan, der uns ein Meßtischblatt des Reviers überlassen hat. Wir suchen und finden ein Hochmoor, das bereits entwässert wird, verheidet und stirbt. Die kniehohe Heide macht Gras- und Buschinseln Platz. Doch ist es immer noch ein großes Moor, soweit das Auge reicht. Noch sieht man den akrobatischen Flug des Kibitz. Noch flötet der Brachvogel melodisch, klangvoll und sanft. Wir Jäger, mein Vater und ich, genießen den Augenblick. Wir durchstreifen systematisch in schmalen Korridoren das Moor und seine Randinseln, versagen wieder furchtbar bei den Bekassinen, schießen aber eine Elster, eine Nebelkrähe, neben normalfarbenen ein schwarzes Wildkaninchen und einen Hasen, der kleiner und kurzohriger als unser Meister Lampe ist, einen rötlichen Balg hat und ein richtiger Moorhase vom Stamme der Nordischen Hasen ist. Wir rasten mitten im Moor, räkeln uns auf einem verheideten, trockenen Plateau in der noch warmen irischen Herbstsonne und sind, glaube ich, glücklich.

Finale

Es ist der vorletzte Abend, als wir ein verfallenes Cottage aufsuchen, deren Räume winzig sind und so niedrig, daß man nicht aufrecht stehen kann. Die Stiege nach oben ist schmal und verrottet. Jeder blickt von seinem Ausguck in eine andere Richtung. Wir wollen uns verständigen, wenn jemand etwas Interessantes sieht.

In mein Blickfeld schnürt jetzt ein Fuchs, der sich auf dem ›Feldherrnhügel‹ vis-à-vis auf seine Keulen setzt, sich ganz und gar nicht durch die dreiste, ihn rasch umringende Elsternschar beeindrucken läßt. Im Tal vor der Sitkadickung ist ein Achter ausgetreten, ein pechschwarzer Hirsch, der ein vielköpfiges Rudel beherrscht. Alan hält den Hirsch aber für zu jung. Unterhalb eines Hügels, der eine Kappe aus alten Bäumen trägt, machen wir obendrein zwei Hirsche aus, können sie auf die Entfernung aber nicht ansprechen. Wir rennen gegen die hereinbrechende Dämmerung, treiben, um in Deckung des Bergrückens zu kommen, den Achter samt seinem Harem in die Dickung, hasten nun den Hang hinauf, erreichen keuchend und schwitzend die Baumgruppe. Wir springen von Stamm zu Stamm.

Mein Vater, der das Manöver aus der Ferne beobachtet, denkt in diesem Moment: Warum schießt er nicht endlich? Mittlerweile trennen uns von den beiden Sikas nur noch vierzig Gänge, eher weniger. Aber Alan gibt auch diesmal kein grünes Licht. Zu jung! Auch den Sechser, über den wir auf dem Heimweg fast stolpern, befindet er für schonenswert.

Vielleicht war ich nur enttäuscht, vielleicht auch verärgert. Jedenfalls lehnte ich in meinem Zorn die Büchse barsch an die Wagentür. Welcher Leichtsinn! Und prompt schlug sie hin, so unglücklich, daß das Zielglas auf einen Stein schlug. Ich hoffte, es sei nicht verstellt, denn bis zur Frühpürsch war es nicht neu zu justieren. Doch das Absehen war doch verstellt, wie sich später herausstellen sollte.

Ein starker, reifer Hirsch trieb sich frühmorgens am Kotten herum, wo eine alte Lady täglich ein Sikarudel fütterte. Dieser ›stag‹ aber hatte nichts mit dem Rudel zu tun, wollte dem Platzhirsch wohl nur ein brunftiges Stück abspenstig machen oder ihn gar vertreiben. Der schwarze Hirsch umkreiste in weitem Abstand lauernd das Gehöft. Es wurde gerade erst hell.

Auf der Wiese liegend, beschoß ich ihn über einen Taleinschnitt hinweg und fehlte ihn zweimal, als er langsam am Gegenhang zog. Er wurde flüchtig und tauchte unter hinter ein Stangenholz. Wir spurteten, was das Zeug hielt, um ihm den Weg abzuschneiden. Tatsächlich hatte er gerade erst die äußerste Kante des Wäldchens erreicht, als wir den Bach übersprangen. Im taunassen Gras ging ich in Anschlag. Wieder zweimal links am Hirsch vorbei. Die Chance war endgültig vertan. Nach dem Frühstück schoß ich das Gewehr neu ein, mußte das Absehen 13 Clicks nach rechts korrigieren. Hätte ich dazu doch vorher Gelegenheit gehabt!

Trotz geringster Hoffnung warteten wir abends gegenüber dem Schilf, wohinein der ›Traum‹ von einem Hirsch morgens gewechselt war. Hoffnung macht blind. Denn so ein Schlaumeier trat dort nicht gleich wieder aus nach dem Kugelhagel am Morgen. Als der Sika nicht kam und das Licht vielleicht noch eine Viertelstunde halten würde, da pürschte ich mit Alan drei Hirsche an, die weit, sehr weit beim verlassenen Cottage ausgetreten waren, grad dort, wo wir am Vorabend angesessen hatten. Dies war mein letztes ›outing‹. Und ich konnte die Uhr nicht zurückdrehen.

Wir sind bei den ersten Linden. Alan bleibt jetzt zurück, läßt mich allein zum äußersten Baum robben. Die beiden außen seien Spießer, hatte er noch geflüstert. Alle drei haben wohl was bemerkt. Sie treten nervös auf der Stelle und äugen in meine Richtung. Als ich den ganz Rechten nur noch als Schemen im Glas hab, da zieh ich durch. Und der Hirsch, ein schwächlicher ›spiker‹ bleibt im Feuer. Waidmannsheil am letzten Abend im letzten Licht. Natürlich freu ich mich. Doch ein Wermutstropfen schwingt mit.

Tage auf Skibo

Vollmond war, und über den Mond strichen Gänse. Aus Island und Grönland trafen täglich neue Flüge ein, um hier im Norden Schottlands zu überwintern. Bei Mondlicht flogen sie zu Stoppelfeldern, Wiesen und Marschen, wo sie auch nachts ästen, Kraft tankten nach anstrengender Reise.

Ich aber konnte nicht schlafen. Es ging mir so viel durch den Kopf, und ich lauschte dem Schreien der Vögel. Als die Rufe landeinwärts verebbten, war die Nacht wieder still. Und irgendwann schlief ich ein.

Vorgestern hatte ich mit meinem Vater das Gardener Cottage des Skibo Estate bezogen. Ein für uns beide viel zu großes, von gelbrotem Ahorn, Rhododendron und Schneebeeren umwuchertes Anwesen mit vier Kaminen, drei Schlafräumen und einem nochmal so großen unbewohnten, verwahrlosten Trakt, der vernagelt war. Das Schloß, von dem man aufs Meer sah, wuchs efeuummauert aus knorrigen Bäumen, aus Dornen und Dickicht. Kaskaden von Teichen und Tümpeln unterhalb, die ein Teppich aus Seerosen überzog, die das Schilf und das Ried vom Rande her fraß, die verlandeten. Mit Erkern, Veranden und Türmchen darüber thronte das Castle, ganz verwunschen, ein Rapunzelgemäuer.

Alle drei großen Seen des Gutes hatten Verbindung zum Meer. Und schon immer, solange sich Roland, der Gamekeeper, erinnern konnte, rasteten und winterten hier Gänse. Sie gaben diesen Platz wohl von Generation zu Generation weiter. »They built up (Sie werden mehr und mehr)«, hörte ich ihn in diesen Tagen oft sagen mit einem Blick zum Himmel, wenn ein neuer Flug erst noch hoch im Äther über den nahen Highlands zu hören war, dann niedriger wurde, Schleifen zog über dem Schloß, um endlich, von hundertköpfigem Geschnatter begrüßt, auf einem der Seen zu wassern.

Sechshundert Greylags – Graugänse – mochten es jetzt bereits sein. Der Gamekeeper rechnete mit weiteren dreihundert, denn Frühjahr und Sommer waren in ihren Brutgebieten warm und trocken, die Bruten dort besonders erfolgreich gewesen. »Es gibt hier Güter im Norden, wo mehr als 20 000 Gänse den Winter verbringen«, erzählt uns Roland, der sich noch gut an die Zeiten erinnert, als man die Vögel vergiftete, um die Schäden an Saat und Wiesen geringer zu halten. Heute werden dort vor Ankunft der Geschwader mit Baggern Ansitzlöcher gegraben. Man wartet, bis die Gänse vertraut sind, bringt Tage vorher ›Decoys‹ – Attrappen – hinaus, um sie in Sicherheit zu wiegen. Und eines morgens beginnt die große ›Ernte‹. Weit über tausend Gänse werden auf diesen Estates jährlich erlegt.

Das Vergiften von Wild ist heute verboten. Man muß aber wissen, daß auch der Rothirsch noch vor wenigen Jahren vielerorts als ›Varmint‹, als Schädling, galt und keinen jagdlichen Schutz, keine Achtung genoß. Nicht zuletzt das Interesse ausländischer Jäger, die Wertschätzung der Trophäe machten seine Hege attraktiv. Außerhalb der riesigen Privatgüter aber liegen die Aufforstung der Highlands und jagdliche Belange nach wie vor im Widerstreit.

Es ist finster, als Rolands Wagen frühmorgens vor unser Cottage rollt, von uns ungeduldig erwartet. Eine Allee aus Ulmen, Eichen und Linden schirmt den Gänsesee ab. Zum Ufer hin wachsen dicht Rhododendron, Holunder und Erlengebüsch, nah am Wasser dann Schilf. So können wir uns unbemerkt anpürschen.

Das Schloß in unserem Rücken steht da wie eine Bastion. Zwischen ihm und dem See liegen Stoppelfelder. Mannshohe Strohballen darauf, von denen wir einige zur Hufeisenform zusammenrollen, hinter denen wir uns verschanzen. Mit Sturmhauben sind wir vermummt. Es herrscht Zwielicht. Noch ist es ganz still. Später melden Fasane und sachte einige Erpel. Das Schwingenschlagen der Gänse hebt an, erst zaghaft, vereinzelt. Das Planschen von Wasser. Enten surren zum Meer. Sind schon Gänse in der Luft? Ja, Gänse sind in der Luft! Ihr Geplauder und Rufen schwillt an. Ihr Geschrei wird zu einer ohrenbetäubenden Kakophonie. Mehr als sechshundert Gänse sind wach, sind in Aufbruchstimmung. Sie rüsten sich, brechen auf zu den Feldern und Marschen; große und kleine Flüge in Einsern, manche in breiter Front, andere hintereinander.

Die meisten Gänse sehen wir nicht. Sie streichen, durch die Bäume gedeckt, an uns vorbei oder in andere Richtung. Alle, die nicht ganz knapp über die hohen Wipfel fliegen, die keine Anstalten machen einzufallen, alle die sind zu hoch. Und ich höre Roland neben mir wieder und wieder resigniert flüstern: »Too high! Too high!« (Zu hoch! Zu hoch!).

Aber unglaublich spannend ist das, auch wenn die Schrote im Lauf bleiben. Dort der nächste Flug! Kommt er auf uns zu? Hält er die Richtung bei? Bleibt er niedrig genug? Dann schwenkt er doch noch nach rechts oder links. Oder er steilt in Bruchteilen von Sekunden himmelwärts, wenn die Leitgans einen von uns entdeckt hat. Vorher das ruhige, vertraute ›ong – ong – ong‹ der nicht beunruhigten Vögel. Augenblicklich ein Warnen. Ein Schnattern. Aufruhr! Wie ein Ballett drehen alle gleichzeitig ab. Fehlt ihnen der Wind, rudern sie sekundenlang auf der Stelle, gewinnen hastig flatternd an Höhe, werden augenblicklich unerreichbar. Gänse sind ja so wachsam!

Jetzt schießt ein Keil knapp über die Eichen, senkt sich auf meinen Stand zu, hat mich im Moment weg, versucht abzudrehen. Doch zu spät. Die Garbe wischt die Flügelgans aus der Formation. Fünfzig Gänge hinter mir stürzt eine Zweite aufs Feld. Alle weiteren Flüge kommen uns an diesem Morgen zu hoch. Zwei Schuß. Zwei Gänse. Damit ist Roland zufrieden. Damit haben wir die Vögel nicht zu sehr beunruhigt. Denn der Gamekeeper erwartet in den nächsten Wochen ein Dutzend Flugwildschützen aus verschiedenen Staaten, die des Gänsestrichs und der guten Entenjagd wegen die lange Reise in den Norden Schottlands machen.

Dieser Distrikt Sutherland ist mit 12 000 Einwohnern der am dünnsten besiedelte Landstrich des ohnehin menschenarmen Schottlands. Drei Meilen von Skibo liegt Dornoch, ein verträumter Ort, wo wir in einem ›Tante-Emma‹-Laden unsere Vorräte ergänzen. Ganz dunkel ist es darin. Und die Regale sind verstaubt. Die nette alte Dame, die ihn betreibt, kritzelt mit einem Bleistift auf einem vergilbten Block die einzelnen Waren untereinander. Und es dauert eine Ewigkeit, bis nach etlichem Verbessern und Radieren die Rechnung endgültig steht. Wobei ich bis heute nicht glaube, daß sie je ein einziges Mal richtig war.

Dornoch besitzt ein Schloß des Duke of Sutherland mit einem riesigen Gefängnis, in dem jetzt ein Geschäft ist. Es gibt zwei Kirchen aus grobem Naturstein, gepflasterte Straßen gibt es und viele alte, in der Herbstsonne strahlende Bäume und alte Mauern, Mauern mit Steinbrech und Moos bewachsen. Und es gibt das Meer. Ja, vor der Haustür Dornochs braust das Meer.

Der Gamekeeper stellt uns heute Ronny Williamson vor, einen gebürtigen Shetländer, der uns auf Rothirsch führen wird. Ein professioneller Stalker ist Ronny nicht, sondern von Beruf Fleischbeschauer bei Hausschlachtungen und in Metzgereien. Er springt für den Gamekeeper ein, der überlastet, vielleicht auch etwas demoralisiert wirkt. Denn die beiden Deutschen, die zehn Tage lang unter seiner Führung auf den Brunfthirsch jagten, bekamen keinen in den Wäldern von Skibo in Anblick, nicht einen einzigen.

So dünn waren Hirsche hier also ›gesät‹. Nicht sehr ermutigend, und die Brunft ließ nichts mehr erhoffen.

Flechtenbärtiger, betagter Eichenwald erstreckte sich oberhalb des Fjords, ein Wald, der von Nässe strotzte und steil war. Halt gab ein halbmeterdickes mit Regenwasser vollgesogenes Polster aus Moosen und vergehenden Farnen. Anderthalb Stunden bergauf, und der Laubwald lichtete sich. Häufiger waren nun Krüppelhölzer und Heide. Und gleich in der ersten, unter dem Wind gelegenen Senke stand ein Rudel Rotwild. Das konnte Ronny kaum fassen.

Das Wild ist vertraut und äst. Zwei Stücke haben sich niedergetan. Einen Sechser machen wir beim siebenköpfigen Rudel aus. Ob alt oder jung, ob reif oder schonenswert, danach fragt Ronny nicht. Hirsch ist Hirsch. Je näher er ans hochgesteckte Abschußsoll des Forstes herankommt, um so besser. Das früher zu Skibo gehörende Revier hat er vom Staat gepachtet. Und Rotwild ist wegen der Schälschäden möglichst gar nicht erwünscht.

Wir müssen näher, tauchen zurück in den Wald und verlieren das Wild aus den Augen. Auf der Sohle der Mulde angelangt, ist die Flanke, wo das Rudel vordem äste, leer. Ronny dreht sich mir zu. »Gone? (Sie sind fort)«, zuckt mit den Achseln, glaubt das selbst wohl nicht recht, als im selben Moment nur achtzig Gänge entfernt das Wild flüchtig über den Kamm geht.

Es hatte sich niedergetan, uns wohl längst eräugt. Wir waren zu ungeduldig, nicht umsichtig genug und in das Rudel getappt wie zwei Tölpel. Dasselbe Rudel bekommen wir heute noch zweimal in Anblick auf weite Distanz in den Highlands.

»Glaubt bitte nicht, daß soviel Wild beim ersten ›Outing‹ (Pürschgang) normal ist«, dämpft Ronny unsere Zuversicht. Tatsächlich sollte mein Vater in den nächsten Tagen nicht eine einzige Chance bekommen.

Frühmorgens erneut der Aufstieg in die Highlands. Der Zaunkönig schimpft. Und das Rotkehlchen singt sein Herbstlied. Je höher wir kommen, desto mehr ist jedes von Feuchte und Sumpf erstickte Bäumchen, jedes Krüppelholz von Flechten und Moos ganz bizarr überzogen.

Als das Licht es zuläßt, zieht Ronny einen Oldtimer von Spektiv aus dem Futteral, ein riesenlanges Monstrum. Bock und Ricke zeigt er uns. Aber ich habe nur Augen nach rückwärts, wo jetzt die Sonne aufgeht.

Über dem Fjord, dem ›Dornoch Firth‹ liegt Nebel, der Tiefe bekommt und plastisch wird. Dann wird er blasser und blasser, wird zart, blauviolett, transparent, ist noch ein hauchfeiner Schleier, den Sonne, Wärme und Licht aufsaugen, der jetzt gänzlich vergeht.

Und ein anderer Tag. Es hat gereift in der Nacht. Gegen Morgen sind Wolken aufgezogen. Durch sie hindurch dringt das Licht. In einem sonderbaren, ganz hellen, lichten Grün liegen die bereiften Berge. Ein Grün, das verhalten von innen strahlt wie ein Malachit und doch so fragil und zerstörbar bleibt. Denn es verlischt im Moment, als eine Wolke die Sonne verhüllt.

Wir machen mit dem Spektiv ein einzelnes Stück Kahlwild aus, das aus den offenen Highlands dem Wald, seinem Tageseinstand, zustrebt. Ungefähr auf gleicher Höhe zieht ein im Geweih schwacher Sechser genau in entgegengesetzte Richtung. Er trollt in die Highlands hinaus, taucht jetzt in eine Vertiefung.

Der Wind steht gut. So wollen wir versuchen, ihn hinter der nächsten Kuppe abzufangen. Wir müssen uns sputen. Der versumpfte, zähe Grund hält die Stiefel fest. Es wird ein Gewaltmarsch. Aber eher als erwartet bekommen wir den ›Stag‹ wieder in Anblick, doch er uns auch. Es ist ein sehr heller Hirsch in erstaunlich guter Verfassung, der da in unsere Richtung äugt. Seine hellbraune Decke kontrastiert zum viel dunkleren Hintergrund.

Während der Stalker versteinert im hüfthohen Heidekraut verharrt, die Aufmerksamkeit des Wildes auf sich zieht, robbe ich allein näher. Dauernd schaue ich zu ihm zurück. Und er winkt mich jetzt zu sich. Denn der Hirsch ist einige Meter auf ihn zugezogen. Er kann die Gefahr wohl nicht einordnen und scheint neugierig.

Von Ronnys Schulter suche ich den Hirsch im Zielfernrohr, finde ihn, uns halbspitz zugewandt. Es ist immer noch weit, entsichern, ins Ziel gehen. Dabei komme ich zu früh an den Abzug. Der Schuß bellt hinaus. Überschossen, der Hirsch flüchtet bergab.

Eine ganze Weile sehen wir ihn nicht. Dann entdecken wir ihn rund anderthalb Kilometer weit, wie er vertraut in den schütteren, grasdurchsetzten Kiefernkusseln äst. Dieser schmale Waldstreifen säumt einen See, der Ronnys Revier nach Norden hin abschließt.

Wir beobachten den Hirsch wohl eine halbe Stunde und verlieren ihn dann aus dem Blick. Entweder ist er in Deckung eines Bachbetts, einer Rinne oder Erosionskante, in den Wald gewechselt, dann wäre er für uns verloren. Oder er hat sich dort hinter der Kuppe niedergetan. Dann haben wir eine Chance.

Vorsichtig, die letzten 200 Meter behutsam Stiefel vor Stiefel, um jegliches Quatschen von Wasser zu vermeiden, pürschen wir uns bis unter die Anhöhe. Ronny bleibt jetzt zurück und läßt mich allein. Die Heidebüschel schiebe ich beiseite. Unter mir liegt eine fast kreisrunde Mulde. Und in ihrer Mitte glaube ich die Enden des Geweihs aus den Sträuchern herausschaun zu sehen. Ich werde aber nicht ganz schlau daraus, winke den Stalker heran, und der meint, es sei wohl ein Ast.

So heben wir schließlich die Köpfe ein wenig höher, recken die Hälse, als der Hirsch auch schon hochflüchtig abgeht. Verdammt. Also doch kein Ast! Ich knie augenblicklich, ziele durchs achtfache Glas und ziehe mit. Gerade vor dem schützenden Dickicht, bevor er da eintaucht, werde ich noch eine Kugel los. Der Hirsch ruckt ein wenig, stellt kurz den Wedel auf, wie ich meine. Dann ist er fort.

Wir bleiben und beobachten, entdecken den Beschossenen schließlich, als er langsam von uns wegzieht zwischen den mannshohen Kiefern. Wie lange wir gewartet haben, wer weiß das schon in solch aufregenden Momenten? Der Hirsch ist aber offensichtlich schwerkrank. Ja, er muß meine Kugel haben. Und nun geht er ins Wundbett.

Wir können nur einen Teil des Trägers und sein Haupt ausmachen. Hin und wieder legt er es nieder, hält das Haupt wieder hoch. Wir wollen ihn nicht aufmüden, ihn weiter im Auge behalten und hoffen, daß er bald verendet.

Doch bleibt er nicht in diesem Wundbett. Plötzlich sehen wir seinen Spiegel, sehen mit Entsetzen den Hirsch im Holz verschwinden. An einen Schweißhund sei nicht heranzukommen, dämpft Ronny meine Hoffnungen. Den Anschuß finden wir nicht. Es sieht auch alles so gleich aus, so einförmig. Und alles ist naß, versumpft und moorig.

Obwohl nicht auf Schweiß gearbeitet, könnten wir es ja mit seinem Labrador versuchen, lenkt der Stalker ein. Um eine Nachsuche nicht zu erschweren, folgen wir dem Kranken nicht. Aber die gut überschaubaren Lehnen oberhalb des Sees wollen wir noch ableuchten.

Ein Hügel, zwei Hügel, nichts. Als wir den Dritten umrunden, liegt da der helle Hirsch völlig frei auf der dunklen, fast schwarzen Heide und ist verendet. Sonderbar, daß der Schwerkranke sogar etwas hangauf zog anstatt bergab in den schützenden Wald.

Der Sechs- bis Siebenjährige weist ein nur daumendickes Sechsergeweihchen auf, wie ein hiesiger Hirsch vom 2. oder 3. Kopf, ein echter Highlander. Das Geschoß (.308 Winch., 11,7 g TUG) schräg von hinten durchschlug das Gescheide, verletzte auch die Aorta. So verblutete er innerlich.

Wir ziehen den Hirsch an Seilen aus dem Moor. Weder ein Pony hilft noch ein achträdriger Badewannen-Buggy, der den Vierbeiner in den Highlands längst verdrängt hat. Zurück beim Cottage munden als Lohn das Hirschherz, die Nieren und die Leber, mit Äpfeln und Zwiebeln in der Pfanne gebrutzelt, einfach köstlich. Und gar nichts schmeckt brunftig!

Spät nachmittags schlendere ich hinunter zu den Skiboschen Seen. Auf einer Landzunge verfallen einst prächtige Gebäude. Ein 50 Meter messendes Schwimmbad ist ganz aus weißem Marmor mit einer riesigen Glaskuppel überdacht. Im Bassin verrotten Fasane. Und das Glasdach darüber hat Löcher.

Man spürt hier das nahe Meer. Man riecht es, fühlt den zausenden, frischen Wind, wie er nur vom Meer kommt. Und über der Förde, die sich von hier viele Kilometer ins Land frißt, liegt schon Dunst. Der sich neigende Tag. Es wird Abend.

Auf dem Heimweg gerate ich in den Ginstertunneln längs des Gewässers mit dem Knöchel in eine Stahldrahtschlinge. Als ich tags darauf den an Rolands Scheunenwand hängenden Fuchs entdecke, der ein tiefes Schlingenmal um den roten Leib trägt, da weiß ich Bescheid.

Raubwild- und Raubzeugbejagung ist eine der wichtigsten und zeitintensivsten Aufgaben jedes Gamekeepers und die Voraussetzung für einen guten

Niederwildbesatz, wie mir Roland versichert. Zusätzlich wildert er jährlich 1200 Enten und genauso viele Fasane aus, die er vorher selbst aufzieht.

Große Hoffnung setzt er in ›seine‹ Kanadagänse, von denen er vor sieben Jahren ein halbes Dutzend in Freiheit ließ. Sie brüteten erfolgreich, sind zu einem vierzigköpfigen Flug angewachsen und anders als die Graugänse standorttreu. So hofft er, bald Flugwildschützen auch außerhalb des spätherbstlichen Strichs eine Gänsejagd bieten zu können.

Der zweite Morgen brachte uns kein Waidmannsheil auf Gänse. Wir waren wohl auch zu spät dran. Nun ein dritter Anlauf. Gestern hatte man die Strohballen, die uns vordem so gute Deckung boten, beiseite geräumt, was den Gänsen optisch eine Veränderung war und vielleicht der Grund, warum uns nicht eine anflog.

Ronny, den wir mitten auf dem Nachbarfeld postierten, um dort niedergehende Vögel zu uns umzulenken, ja Ronny hätte Gänse beschießen können, ihm kamen sie passend. Aber wir hatten abgemacht, meinen Vater die erste erlegen zu lassen.

Einige Flüge kreisten nun, besahen sich die ausgeräumte Flur, kehrten aber zum See zurück. Ein Schauspiel, wenn sie sich wirbelnd und taumelnd, die Schwingen angelegt wie ein Torpedo, dann den Sturz abbremsend, die Flügel gespreizt, wenn sie sich so aus großer Höhe zum Wasser hinabfallen ließen.

Wind kam auf. Die klare, laute Stimme der Gänse verzerrte er. Über den Rhododendron fegte er Blätter. Wie Pfeile, den Sturm im Nacken schossen die Vögel über die Wipfel. Dreimal wechselten wir den Standort, hatten trotzdem keine Chance. Und Roland schaute auf die Uhr, brummelte etwas wie: ». . . schon verdammt spät. Wird Zeit, die Fasane zu füttern.« Es war wie verhext.

Dem Vorschlag, sich mit meinem Vater dort mitten auf dem Feld flach in die Brennesselstrünke zu legen, stimmte er schließlich zu. »Okay. Fifteen minutes more. (Okay. Noch eine Viertelstunde.)« Dann machten sich die beiden zur schmalen Remise auf, die die einzige Deckung bietet auf dem Stoppelfeld und die genau der Platz ist, wo Ronny vorher etliche Graue anflogen.

Ich selbst kauere am verwachsenen Zaun zwischen den beiden Feldern, lasse die mich jetzt überfliegende Zeile der Gänse unbeschossen, sehe, wie sie sich hinter mir senkt, sachte, weit ausholend einen letzten Bogen beschreibt und an Höhe verliert. Jetzt steht mein Vater auf und schießt. Ein einziges Mal. Seine Schrote reißen eine Gans aus der schon gelockerten Landeformation. Kopfunter stürzt sie aufs Feld. Roland rennt los. Und mein Vater lacht aus vollem Herzen, als ihm Roland die Beute überreicht.

Am frühen Nachmittag holt uns Ronny, der Stalker, mit seinem ›poor mans landrover‹, seinem altersschwachen Renault R 4 ab, mit dem wir schon am Vortag den Hirsch auf abenteuerliche Weise bargen. Am Schloß vorbei über die lange Allee längs des Gänsesees erreichen wir eine Halbinsel, die vom Fjord und zur Landseite hin vom See umschlossen wird. Der Kamm des Eilands ist bewachsen mit spärlicher Heide, wenigen Büscheln Strandhafer und verfilzten Stechginsternestern – von den Schotten ›win‹ genannt – zum Wasser hin übergehend in Schilf, Binsen und Kiesstrand.

Mo und Jill, die beiden Springerspanielhündinnen stöbern, wie ich kein Gespann vorher sah. Einfach Spitze! Da gibt es kein Rufen, kein Schreien, kein Gepfeife. Wenige Handzeichen, selten leise Kommandos, und die Hunde arbeiten, dringen in die dichtesten Stechginsterverliese, bringen leise und mit Passion Kanin und Fasane in Reichweite der Flinte. Dabei bleiben sie immer nah bei uns. Sie verfolgen kein Wild, schauen dauernd zu Ronny und erwarten seine Anweisungen. Ein herrliches Jagen!

»An der Vehemenz, wie der Hund in den Busch geht, erkennst Du genau, ob er Wild in der Nase hat. Und sein Stummelschwänzchen! Achte mal drauf, auch das verrät Wild. Und was ganz wichtig ist: Der Hund darf nicht einen einzigen Laut geben. Darauf werden die Stöberer abgerichtet. Das leiseste ›wiff‹ bei der Prüfung . . . und der Kandidat fliegt aus der Wertung«, erläutert Ronny, der schon Europasieger ›machte‹ und seine jetzigen beiden Hündinnen als höchstens mittelklassig einstuft, was ich nicht glauben kann. Doch ist das seine typische Bescheidenheit, sein Understatement.

Ein heftiger Schauer geht nieder. Die Wolken hängen so tief, daß die Berge darin verschwinden. Die Wolken berühren das Meer. Dann wieder Sonne, die sich durch den Regendunst kämpft. Licht und Schatten huschen über die Flanken der Hügel. Das Land glänzt von Regen und Nässe. Darüber spannt sich ein Regenbogen. Das weißgetünchte einzelne Haus auf der anderen Seite des Sunds taucht jetzt wieder auf. Als die Sonne es erreicht, leuchtet es. Fast ein irisches Wetter, fast ein deutscher April.

Im Dämmern dann, als Mo und Jill müde sind, holt Ronny seinen Labradorrüden aus dem Wagen. Die Küste liegt spröde und abweisend. Große, rundgewaschene Kiesel bilden den Strand. In ihn sind fast mannstiefe Stände gegraben mit Brüstungen aus Meereskieseln. Von der Flut herangeschwemmt, hat sich Tang darin verfangen. Wir schöpfen das Wasser heraus und warten auf Enten.

Links ein Doppelschuß Ronnys. Sein schwarzer Hund rennt zur Küste. Mehr erkenne ich nicht. So dunkel ist es schon. Dann von fern das ›hiuhu‹ der Pfeifenenten, das rasch lauter wird, jetzt über mir ist. Aber wo streichen sie wirklich? Später ein einzelner Erpel, den ich nur höre, gar nicht erst sehe. Rechts und links von meinem Stand surren noch etliche Langschnäbel aufs offene Meer. Aber sie kommen für uns Jäger zu spät.

Das nächste Schauer lullt uns ein. Es regnet Bindfäden. Schottischer Schnürlregen. Ich friere in meinem Stand. Die nassen, tangüberzogenen Kieselwände strahlen Kälte aus. Der Spiegel des Meers ist fahl geworden, sein Schiefergrau wird schwarz. Aus dem Regen wird Schnee, Flocken treiben. Das Geschnatter der Gänse vom nahen See wird leiser und leiser, verlischt. Bis ich in den Ohren nur noch den Wind vernehme.

Nachtüber fällt Schnee. Dann klart es auf und friert. Der Morgen ist klirrend kalt. Am Himmel verblassen die Sterne, als wir gegen vier den Wagen für die Rückfahrt beladen. Die Sträßchen, oft schmal in Serpentinen durch Steinmauern hindurch, sind vereist. Der Winter in den Highlands hat begonnen. Und wir müssen reisen.

Apfelinsel

Eine abgeschiedene Kattegatt-Insel im Herbst. Was macht diese Vorstellung so anziehend? Sicherlich die Erwartung von Einsamkeit und Stille, mit heiserem Schrei übers Watt ziehende Vögel, gischtgekrönte Brandung, den Meergeschmack auf den Lippen, wenn der grollende Herbststurm die Baumkronen biegt und ihr Laub ein letztes Mal spazierenführt.

Aber es ist vielleicht noch mehr, nämlich die Möglichkeit, zu sich selbst zu finden, in sich hineinzuhorchen. Die Reize der Umgebung werden Mittel, schaffen die Voraussetzung hierzu.

Mit diesen Erwartungen fuhr ich also im Oktobernebel Richtung Norden, bog in Jütland nach Osten zur Insel Fünen und gelangte in jenes idyllisch verschlafene Städtchen, von wo aus ich den Jagdaufseher meiner ›Trauminsel‹ anrufen sollte.

Per Telefon bekam ich eine Streckenbeschreibung mit auf den Weg, denn die Straßen wurden zu Sträßchen, die Dörfer zu verstreuten Gehöften, und der verhangene, sich neigende Tag tat ein übriges, um die Orientierung zu verlieren.

Der verabredete Treffpunkt war eine ins Meer hinausführende Landzunge. In der von ihr umschlossenen Bucht dümpelten Boote, ein schmaler Kiesstrand mit angeschwemmtem Gerümpel, die Schemen zweier Gehöfte, einzelne, lautlos segelnde Möwen: Oktoberstimmung, die mich melancholisch machte.

Ich war mir nicht sicher, ob ich am richtigen Ort wartete, bis mich lauter werdendes Motorengebrumm aus den Gedanken riß. Aber das war doch kein Boot, was sich da, vom Meer kommend, dem Land näherte? Tatsächlich, das war ein Traktor! Der große Bärtige, der ihn steuerte, stellte sich als mein Gastgeber Bjarne vor. Er wies mir einen Platz auf dem Hänger. Der Pkw blieb am Strand zurück.

Auf dem ›Kamm‹ einer Sandbank eingesteckte Stäbe kennzeichneten den Fahrweg zur Insel. Nur bei Ebbe war diese Traktorpassage möglich. Links von uns, zum Greifen nah, eine fast baumlose, langgestreckte Insel; moorig, versumpft mit Wollgras und Binsen. Zu erkennen einzelne Bäume. In ihren Schutz duckten sich drei Gehöfte. »Sie stehen seit Jahren leer. Hier draußen will keiner mehr wohnen.«

Die ›Geisterinsel‹ schluckte der Nebel, eh der Sand von Aebeloe, was zu deutsch meint ›Apfelinsel‹, unter den Rädern knirschte. Wie der Panzer eine Schildkröte bedeckte der Wald sein Eiland. Steilküste wechselte mit sanft zum Meer abfallendem Strand. Eingebettet in alte, windrauschende Eichen lag das winzige, nur vom Jäger und seiner Frau bewohnte Gut.

Hier war ich gut aufgehoben. Eine Flucht von Gästezimmern stand bereit. Sie diente an den Novemberwochenenden Fasanenjägern als Bleibe. Jetzt wurde nur ein einziges Zimmer bezogen, nämlich meines.

Beim abendlichen Aufbaumen gockten rings die Fasanenhähne. Durchs offene Fenster sang mich das nie endende Rauschen der Bäume in Schlaf. Der Schrei des Käuzchens auf dem Dachfirst war mir bald vertraut. Und hinter allem brauste das Meer.

»Um sechs wecke ich Sie, wenn es Ihnen recht ist«, hatte Bjarne gesagt. Es war noch schummrig im Wald, als wir nach dem heißen Morgenkaffee aufbrachen. Die Tropfen des Nachtregens plickten ins quatschende Laub. Über die Baumkronen fegten die Wolken. Der Wind leckte die Regeninsel trocken. Nun mußte das Wild unterwegs sein.

Tatsächlich. Der Wald war voller Leben. Auf den Schneisen, bei den Schüttungen ästen Fasane. Sie purrten geräuschvoll vor uns auf oder rannten, als ginge es um ihr Leben, in tiefere Deckung. Aber sie hatten ja nichts zu befürchten, denn unsere Pürsch galt dem Damhirsch.

Es gab einen gesunden Bestand auf der knapp drei Quadratkilometer messenden Insel. Um die Jahrhundertwende hier eingebürgert, fand das Damwild in der äsungsreichen, verwilderten ›Parklandschaft‹ ideale Lebensbedingungen und lohnte dies durch manch hochkapitale Trophäe. Auch ein Rudel Muffelwild mit beeindruckenden Widdern zog hier seine Fährte.

An diesem ersten Morgen bekamen wir nach nur halbstündiger Pürsch zwei vertraut äsende Hirsche in Anblick. Der eine zu jung und gut veranlagt. Der andere ein mittelalter, schwacher Schaufler mit einseitiger tiefer Krebsschere.

»Den können Sie schießen.« Aber ich war nicht gekommen, um rasch ›etwas zu erledigen‹. Die Jagd sollte ja erst beginnen. Ich wollte sie noch genießen und auskosten. Also ließ ich den Finger gerade. Vielen führenden Tieren, etlichen gutveranlagten Spießern begegneten wir noch während der Frühpürsch. Auf einen jagdbaren Schaufler blieb es die einzige Chance.

»Acht oder neun Schaufler, die zum Abschuß in Frage kommen«, hatte der Jäger gemeint. Und einer dieser teils kapitalen, teils abschußnotwendigen Hirsche wollte erst einmal gefunden sein im deckungsreichen Gelände. Meine erste Gelegenheit zum Schuß sollte vorerst die letzte bleiben.

Abwechslungsreicher Mischwald, eingestreut betagte mächtige Buchen, Eichen, Linden und Nadelbäume, wechselte mit undurchdringlichen Schonungen und winzigen moorigen Grasflecken, die zur Inselkante in Schilf übergingen. Darin eingebettet Teiche und Tümpel, ein Paradies für Wasserwild.

Nach der dreistündigen Morgenpürsch bleibt mir Zeit, die geduckten, riedgedeckten Häuser zu erkunden. Sie liegen im Wald versteckt. Vor einem halben Jahrhundert verlassen, zeugen eine Schule, ein Lehrerhaus, Waldarbeiterkotten und die ehemalige, gischtüberspülte Hafenanlage von einer kleinen Inselgemeinde. Nun blättert die rote Farbe vom Fachwerk. In die Fenster wuchert der Ahorn. Der Brunnen im Schulhof ist mit Bohlen abgedeckt. Am Mast vor dem Eingang flattert längst keine Fahne mehr.

Die Gedanken gehen auf Reise. Welche Menschen haben hier gelebt? Was hat sie bewegt? Über was sprachen sie? Mit ein bißchen Phantasie scharen sich Kinder um den bullernden Kamin des Klassenzimmers, während draußen der Wintersturm heult. Wenn ich im Dämmern von der Veranda der Schule aufs Meer blicke, beginnen die Wände zu flüstern.

Zwei Jagdtage waren nach ergebnisloser Pürsch verstrichen, als Bjarne nachmittags an meine Zimmertür klopfte. »Kommen Sie schnell! Auf dem Weg zum Festland hab ich einen ganz starken, alten Schaufler entdeckt, ein sonst sehr heimlicher. Auf einer Lichtung hat er sich niedergetan. Das ist unsere Chance.«

Von der Seeseite gingen wir den Hirsch an, pürschten in Deckung der Steilküste am Strand entlang bis in Höhe des vermuteten Schauflers, erklommen eine sanft ansteigende Düne und reckten die Hälse. Aus dem Strandhafer schaute sein massig klobiges Geweih mit kurzer Augsprosse. Haupt und Träger verdeckt.

Kniend gehe ich in Anschlag, nicke dem Führer zu, und der schlägt, als er sieht, daß ich fertig bin, kaum hörbar, ganz leise zwei Hölzchen aneinander. Wider Erwarten jedoch kein unsicheres Orientieren oder gar behäbiges Auftun des Wildes, sondern augenblicklich, ohne zu zögern, wird der Hirsch hoch und geht hochflüchtig ab in nur Bruchteilen von Sekunden.

Was für ein Schaufler! Durch das Zielglas der Büchse bekomme ich den Flüchtenden nicht ins Absehen. Das Haupt zurückgelegt, geduckt, die langen Schaufeln zu beiden Seiten des Trägers, ist der Hirsch schon im Dickicht. Verdammt. Wäre und hätte. Wenn er doch nur einen Moment . . . Was half's? Dem würde ich wohl nicht mehr begegnen. Und trotzdem; jedesmal, wenn ich in den folgenden Tagen vorbeikam, schaute ich erwartungsvoll zu jenem Grasflecken, wo der Kapitalhirsch an besagtem Nachmittag Siesta machte.

»Haben Sie Lust, auf Enten zu jagen?« wurde ich von der Frau des Jägers am Mittagstisch gefragt. Sie selbst eine begeisterte Flugwildjägerin, lieh mir ihre Flinte. Und als sich der Herbsttag neigte, saß ich mit Bjarne an einem der birkenumstandenen Inselteiche auf dem Entenstrich.

Sein Deutsch-Drahthaar brav abgelegt, wir ins Schilf gekauert, wurde der Abend ganz still. Kein Wind ging. Der Himmel violett. Hinter dem Strichmuster der Birken die dunkelnde Wand der Fichten. Die Sonne war versunken.

Und dann kamen sie. Flüge von drei bis zehn Stockenten, die über dem Wasser kreisten, ehe sie mit einem leisen ›räb-räb‹ oder lautem Quaken niedriger wurden, und wir sie beschießen konnten.

War das eine Freude! Welchen Jäger risse das nicht mit: Jagd auf Wasserwild in dieser Landschaft mit einem tüchtigen Hund und einem Jagdkameraden, mit dem man sich versteht?

Ab jenem Abend hatte ich freie Flinte auf das Inselwasserwild. Die Mittagspausen füllte ich nicht mehr mit Lesen oder einem Nickerchen, sondern die Flinte geschultert ging es ins Watt, wo mir ein ausgedientes, alterndes Boot Deckung gab. Leider sahen die Enten, Möwen, Kormorane und Gänse in mir jetzt nicht mehr den harmlosen Spaziergänger. Und so waren meine Ausflüge auch von keinem besonderen jagdlichen Erfolg gekrönt.

Aber welche Stimmung, wenn düsterer Wolkenbruchhimmel einem Sonnenaugenblick Platz macht. Das Schilf vergoldet, und die Gischtkronen blitzen. Und dann wieder Sturm. Der schmale, blasse Festlandstreifen vom Nebel verschluckt, Regenböen. Ich ducke mich hinter die Bootsplanken.

Frühmorgens versucht Mike, einen Wapiti mit dem Brunftschrei zu reizen

Mühsames Zerwirken des Wapiti

Morgennebel über einem namenlosen kleinen See in den Rockies

Einen Weltrekordbison hatte ich in kühnsten Träumen nicht erwartet

Wie ein Papierfetzen fegt die Möwe heran, ist jetzt genau über mir. Doch die Schrote gehorchen dem Wind. Wie nutzlos ich bin und allein.

Eines Abends: Der vor mir pürschende Führer stockt. Zwischen den Buchenstämmen vor dem dunklen Band der Fichtenschonung nehme auch ich die Bewegung der Wildkörper wahr. Das Glas bestätigt einen Schaufler, der ein Tier treibt. Weitere Stücke äsen scheinbar unbeteiligt. Der Hirsch läßt nach einigen Fluchten vom Tier ab, kehrt zum Rudel zurück und beruhigt sich schließlich nach mehrmaligem, wenig melodischen ›Rollen‹.

Die Brunft ist in Gang gekommen. Der Hirsch wird jetzt von den Stämmen verdeckt. Ich schaue zu Bjarne. »Abschußhirsch. Der sollte längst fallen«, nickt er und gibt ihn frei.

Von Buche zu Buche springe ich, bin auf hundert Gänge heran. Der Schaufler noch immer gedeckt. Jetzt zeigt er mir seinen Spiegel, bange Sekunden. Oder sind es Minuten? Ich werde immer nervöser. Zielübung auf ein Damtier, absetzen, warten, tief durchatmen. Wieder Zielen, das beunruhigt erst recht. Dann endlich sind vom Hirsch Haupt, Träger und ein Teil des Blattes frei.

Ich lasse rasch, allzu rasch fliegen. Kein Zeichnen, unentschlossene Flucht. Für einen Nachschuß bleibt der Hirsch zu sehr in Bewegung. Am Anschuß und beim Ausgehen der Fährte finden sich keine Schußzeichen. Sollte ich gemuckt haben? Mein .308 Winchester Stutzen schlägt mehr, als mir lieb ist. Ganz sicher gefehlt! Die Kugel entdecken wir schließlich im Baum.

Kann man lange traurig sein über einen verpatzten, nicht mehr gut zu machenden Schuß, wenn sich auf dem Heimweg wie ein Scherenschnitt Damtier und Kalb, die auf dem Steilküstenabbruch äsen, gegen das silbern schimmernde Meer abheben. Ein unvergeßlicher Anblick! Genau wie das Flugbild des klafternden Seeadlers, der auf dem Zug hier rastet, außer ihm eine Vielzahl von Wattvögeln, Sumpfschnepfen, Seeschwalben, Gänsen und Schwänen, vom artenreichen Entenvolk ganz zu schweigen. Sogar Schneeeulen sind zu Gast.

Es blieb eine letzte Abendpürsch. Bereute ich schon, daß ich gleich am ersten Morgen die Gelegenheit auf den Hirsch mit der Krebsschere ausschlug? War mir die Trophäe schließlich doch mehr wert als das Erlebnis? Aber durfte ich mich eigentlich beklagen? Meine Chancen hatte ich ja gehabt.

Trotzdem war ich an diesem ausgehenden Jagdtag niedergeschlagen, und der verhangene, nieselnde Himmel trug dazu bei, die Stimmung zu drücken. Trotzdem klammerte ich mich an die Hoffnung der letzten Pürsch. Diese kleine Hoffnung wurde stark.

Noch einmal führte unser Weg zu all den Blößen, Lichtungen und Schneisen, die wir in den vorangegangenen Jagdtagen so manches Mal abgeleuchtet hatten; sie führte hinaus zum Leuchtturm und entlang der Fasanerie. Aber nichts. Die Schaufler blieben heimlich, hielten sich nicht an Brunftplätze. Mit zunehmendem Jagddruck wurden sie vorsichtiger, drei Schaufler waren schließlich vor meiner Ankunft bereits gefallen.

Die Dämmerung hatte es eilig und nahm schon das Licht unter den Bäumen. Der düstere Himmel verhalf ihr früh zu ihrem Recht. Nach Passieren eines Hohlweges, hinter einem Buckel, völlig unerwartet die Statue eines Hirsches, unbeweglich zu uns äugend, im Gegenlicht pechschwarz. Ich hätte ihn nicht mehr ansprechen können, mein Jäger aber: »Den kenne ich. Den dürfen Sie schießen!«

Und so kamen wir an diesem letzten Abend nach einem schnellen und glücklichen Schuß doch noch mit Hirsch und zufriedenen Gesichtern zurück. Während des gemütlichen Umtrunks führte mich Bjarne ins Jagdzimmer des Gutsbesitzers. Mehr Saal als Zimmer, hing ein Teil der Ernte dieses gepflegten Reviers an seinen Wänden: kapitale, zurückgesetzte uralte und schwache Schaufler. Eine Lehrschau in Sachen Damhirsch. Die Schüsseltreiben nach den Niederwildjagden wurden hier abgehalten; einen behaglicheren Raum mochte es hierfür kaum geben.

Am Morgen des Abschieds waren die Wolken vertrieben. In der frühen, über die Wipfel blinzelnden Sonne machte ich einige Aufnahmen vom fünfjährigen Hirsch, der zerrissene, wenig massige Schaufeln aufwies und folglich weit unter dem Hegeziel lag. Außer seinem Haupt gingen zwei gut abgehangene Enten mit auf die Heimreise.

Am selben Abend zu Hause im Sauerland wurde mir bewußt: du kommst gerade aus einer anderen Welt. Das Rauschen des Meeres, das Ächzen der Bäume, im Ried das Sirren des Windes. Das alles war jetzt noch lauter, der Flug der Kormorane über dem Watt einsamer als je zuvor. Es würde noch dauern, bis ich zurück war.

Die Ritter und das Langgesicht

Ein Juwel ist der Spielhahn: Weiß, blauschillernd schwarz, zinnoberrot seine Rosen. Ihn hatte ich schon bejagt in Nordschweden mit der Flinte hinter dem Stöberhund im Oktober 1983. Wie scheu er war, wie rasend sein Flug, durfte ich erleben, nicht aber seine Balz, das vielbeschriebene, erregende Turnier der kleinen Ritter. Damals hatte uns Rolf einen Balzplatz gezeigt, wo sich im Frühjahr bis zu dreihundert Hähne einfinden, die Lichtung fast ›schwarz‹ von ihnen. Doch ›zu Schuß‹ kommt dann nur der Photograph, da in Skandinavien die Balzjagd verpönt und verboten ist. Daß es auch schwer sein kann, den Hahn in der Balz zu erlegen, sollte ich noch erleben.

Zu dritt – Freund Jörg, mein Vater und ich – machten wir uns auf den Weg zum nordöstlichen Zipfel Polens. Durch das Herz von Masuren auf Straßen mit knöcheltiefen Schlaglöchern, vorbei an verschilften Seen, durch uralte Linden- und Ulmenalleen, durch Dörfchen aus Holzhäusern mit Storchennestern darauf, vorbei glitt der Wagen an Mooren, dunkel dahinter und finster standen die Wälder.

Traktoren, Pferdefuhrwerke, Lastwagen, alle waren sie unterwegs. Die Sträßchen so schmal, so kurvig, daß man nicht überholen konnte. Zeit blieb, sich einzusehen, einzustimmen, gefangennehmen zu lassen. Würden die Blätter erst raus sein, führe man wie durch Tunnel. Doch Idylle bedeutet hier Armut. Was wir sehen und so lieben, ist Fassade, malerische Fassade. Was weiß ich schon von diesen Menschen in ihren Holzhäusern, ob sie glücklich sind oder bedrückt? Doch das alte Masuren verschwindet Stück für Stück. Das wird es bis zum Ende des Jahrhunderts nicht mehr geben.

Allein in zweieinhalb Jahren, seit ich dieselbe Strecke zur Borker Heide erstmals fuhr, hat sich so viel verändert, am augenfälligsten die Städte. Sie verlieren ihren Charakter. Hochhaussilos in den Außenbezirken, die Wälder gerodet. Riesige Baustellen entstehen. Ölpipelines führen um die Seen herum. Die Holzbauten weichen einförmigen, immer gleichen quadratischen Mehrfamilienhäusern.

In Augustow werden wir untergebracht, treffen dort unseren Gastgeber und Führer Henryk. Von hier Richtung Osten vierzig Kilometer nur Wald, Sümpfe und Moor bis Rußland: die Puszca Augustowska. Das 9000-Hektar-Genossenschaftsrevier liegt dreißig Kilometer südöstlich, eingestreut Bauernschaften, Wiesen und Ackerland.

Elch-, Rot- und Schwarzwild sind Stand-, während Luchs und Wolf als Wechselwild vorkommen. Jeder unserer Führer hatte schon einige Grauhunde und 10 bis 15 Elchhirsche (80 % Stangenelche), meist auf Drückjagden, erlegt. Nicht selten waren Marderhund und Otter.

Flugwild bedeutete diesen Jägern wenig. Alles was Flügel hat, sei kein richtiges Wild, meinte Henryk. Und seine Jagdfreunde stimmten ihm bei. Deshalb fiel es ihnen wohl auch nicht sehr schwer, die jährlichen zwölf freigegebenen Hähne ausländischen Gästen zu überlassen. Den Gesamtbesatz schätzte Henryk auf hundert Hähne und doppelt so viele Hennen.

Vor einer Woche war die Balz in Gang gekommen. Nicht den zuerst am Balzplatz einfallenden Hahn beschießen! Wird der Haupthahn nämlich erlegt, verwaist dieser Platz. Die Sicheln der Zweijährigen seien kürzer, ab drei Jahren aufwärts ist dann kaum mehr ein Unterschied auf die Distanz zu erkennen. Lediglich kapitale sechs- bis achtjährige Platzherrn hätten ganz lange, weit nach außen gebogene Sicheln. Mit diesen und anderen Ratschlägen für den morgigen Tag versehen, krochen wir natürlich viel zu spät in die Federn, um aus dem Tiefschlaf zwei Stunden später schon wieder geweckt zu werden. Hahnennächte sind bekanntlich kurz.

Halb drei war's und draußen sehr kalt, minus sieben Grad Celsius. Ein lausiger Wind pfiff. Henryk fand die Einfahrt des Sandwegs zum Balzplatz nicht. Und als wir endlich nach einem Eilmarsch durch Sumpf und Brachland, nach dem Überspringen von vielen Entwässerungsgräben und dem Stolpern durch Weiden- und Erlengesträpp den Schirm erreichten, da strichen schon zwei Hähne ab, und tief im Moor hörten wir überall ihr Kullern.

Der Schirm am Rand einer Sumpfwildnis, mit Blick auf eine trockengelegte wohl 500 × 300 Schritt messende Wiese ist eingebaut in Wacholder, mit Kiefernzweigen verstärkt. Zwei winzige Lücken als Ausguck, man roch den würzigen Wacholder, es erinnerte an Gin.

Etwa zwanzig Schirme standen zwischen dem Fluß Biebrza und den rechter Hand längs der Straße gelegenen Höfen. Der Fluß, eingebettet in eine grund- und bodenlose Schilfwüste, wand sich durch flaches, unendlich scheinendes Moor, dem Rückzugsgebiet des Birkwilds. Nur hier und da blinkte ein Tüpfelchen seines Wassers oder eines Seitenarmes aus dem gelben Röhrichtwald. Mehr Sicht gab das Schilf nicht preis.

Lautlos war ein Hahn eingefallen, vielleicht hundert Schritte entfernt. Doch strich er gleich wieder ab, ohne sein Lied zu beginnen. Später, direkt vor dem Schirm, vis-à-vis, hüpfte ein zweiter, zeigte uns einige Sprünge, blieb aber ebenfalls stumm. Es wollte keine Stimmung aufkommen an diesem windig-kalten Morgen. Ganz hell war es mittlerweile, und bald würde die Morgenbalz vorbei sein.

Henryk drängte zum Schuß. Mir schien es für die .22 Magnum zu weit. Aber der Jäger malte die Ziffern: eins, zwo, null – einhundertzwanzig auf seine Handfläche. Anstreichen mußte ich an einem biegsamen, wie eine Peitsche wippenden Wacholder. Dreimal schoß ich. Dreimal duckte sich der Hahn. Und fort war er. Tatsächlich maß ich wie befürchtet 185 lange, zu lange Schritte bis zu ihm. Die flache, eintönige Wiese ohne Anhaltspunkt, ohne Größenvergleich machte ein Schätzen der Entfernung schwer.

Finster war es und still, als wir am nächsten Morgen in den Schirm krochen. Heute kamen wir rechtzeitig. Sterne funkelten noch. Weit im Dorf krähte der erste Hahn. Das Meckern der Bekassine klang auf. Als Schatten im keimenden Licht strich der Brachvogel in Richtung Fluß: ›tlaüh, traüih‹, der Kulik, ein hübscher Name. Er eröffnete das Morgenkonzert. Mit ›tui, tui‹ sausten Kampfläufer zu ihrem Balzplatz. Knarrend rief der Wachtelkönig, ›quiä, quiä‹ über dem Schilf die Weihe. Groß und vielstimmig der Chor vor der Kulisse des Schilfs, vor der Wildnis des Moores.

Nur die Birkhähne hörte man ringsherum von überall her, aber nicht einer fiel bei uns ein. Mal stärker, mal schwächer wehte der Wind uns von derselben Stelle nördlich die Melodie der balzenden Ritter zu. Ja, dort hinter dem Wäldchen, wohl einen Kilometer entfernt, dort tat sich was, dort hatte das Turnier begonnen. Wir pürschen uns an. Ein letzter Graben, in dem ich fast bis zu den Hüften versinke, noch ein niedriger Wall aus Holunder, die letzte Deckung, dann liegt vor uns der Balzplatz. Ein Schirm steht hier nicht.

Mein Regenschutz auf dem schwappenden Moor; flach auf den Boden gedrückt, entdecke ich sechs Hähne, die ganz am äußersten Rand vor dem Schilf turnieren. Der Morgen hält nicht, was er versprach. Rasch hat es sich bezogen. Ein eisiger Wind pfeift, treibt Nebelschwaden über die Fläche. Aber die Hähne stört das nicht. Wie Dampflokomotiven rasen zwei aufeinander zu, stoppen vor dem Zusammenprall, drehen ab, zirkeln Kreise und Bögen, geraten jetzt aneinander. Durchs Glas seh ich Federn stieben. Verbissen sind sie ineinander, drücken sich nieder. Keiner gibt nach. Und dann surrt doch einer davon, blitzschnell hinweg übers Schilf. Zurück bleibt der Sieger. Wie ein Signal weißleuchtend sein Spiel. Die Schwingen den Boden harfend. Seine Rosen aufgebläht, als wollten sie bersten.

Weiter rechts umwerben vier Hähne eine Henne. Ein Spreizen, Plustern, Drohen und Springen ist das. Aufgedunsen der Kehlsack, breit geöffnet, weitsichelig der Stoß, drehen sie sich im Kreise, nähern sich, schlagen mit den Schwingen, sind aufgeblasene Fechter. Ein Kullern und Brodeln ist das, wovon die Luft flirrt und tönt und vibriert. Eine an- und abschwellende laute, eindringliche Melodie. Bis dann unvermittelt ›szabas‹ ist: Pause! Und alle verschweigen.

Die Hähne haben ihren Balzschmuck abgelegt, wirken nun ganz schmal und bescheiden. Alle fünf Hähne äsen auf unsere Stelle zu, langsam und behutsam kommen sie näher. Zwischen ihnen hindurch stapft ein Rehjüngling. Bis zu den halben Läufen sinkt der junge Sechser immer wieder ein. Stichgerade auf uns zu zieht er. Bastfetzen in der Krone, steht er nun fünf Meter neben uns. Ich wage nicht zu atmen, presse die Stirn auf den Boden. Dann schluckt ihn das Gebüsch, ohne daß er uns eräugt oder gewittert hat.

Die Hähne haben die Richtung geändert, stolzieren quer vorbei nach links. Aber eine Distanz von 60 Gängen unterschreiten sie nicht. Für die Schrote bleibt das zu weit, denn die Büchse führt heute Freund Jörg. Abgesehen davon bin ich mittlerweile so durchgefroren, daß ich am ganzen Körper bebe. Erlaubt ist in Polen auf den Birkhahn nur der Schrotschuß. Aber überall wird die kleine Kugel toleriert, und die allerwenigsten Hähne werden mit Schrot erlegt, da sie meistens zu weit vom Schirm balzen. Das wußten wir vorher nicht, nahmen nur als Sicherheit eine einzige Büchse mit, und die ging reihum. Leider führte sie rückblickend immer der Falsche.

Froh darüber, diesen neuen Balzplatz entdeckt zu haben, befestigen wir mit Zweigen und Braken niedriges Holundergestrüpp, schafften eine provisorische Auflage, knickten die Halme und Binsen aus der Schußbahn. Einen komfortableren Schirm zu errichten, hätten uns die Hähne übelgenommen und wegen dieses Fremdkörpers den Platz womöglich verlassen. So waren alle übrigen Stände bereits im Vorjahr, und zwar behutsam Zweig für Zweig gebaut worden, um das Birkwild nach und nach an sie zu gewöhnen.

Wo aber vor zehn Jahren noch vierzig Hähne balzten, sind es heute höchstens acht. Wo man damals direkt am Stadtrand Augustows von der Straße die Balz sah, da sind nun Neubaugebiete. Auch dort schreitet die Trockenlegung der Moore rapide voran, beginnt man mit dem Abholzen des niedrigen Bewuchses. Man zieht Entwässerungsgräben, schnurgerade und im Quadrat. Wege werden aufgeschüttet, die unzugänglichen Sümpfe nach und nach erschlossen. Häufiger sind nun die Störungen. Die entstandenen Wiesen flämmt man, zerstört dadurch Gelege. Daß das Birkwild hier genau wie bei uns selten wird, ist abzusehen.

Der dritte Morgen: Ganz flach geduckt liegen wir auf den Planen, darunter zum Schutz gegen Nässe und Kälte Decken und Gummimatratzen. Trotzdem werden wir zwei Stunden später durchkühlt sein und frieren. Noch ist es dunkel und still. Da plötzlich, keine zwanzig Schritte hinter uns in den Erlen, laut, fauchen ›tschiuchch‹, der erste Hahn. Dann wieder Stille. Erneut, lauter, noch durchdringender ›tschiuchch‹. Dann purrt er über uns weg zur anderen Seite des Balzplatzes. Eine Weile wieder Stille, bis ganz zaghaft sein Kollern beginnt.

Vorsichtig schauen wir über die Deckung. Auf 300 Meter sind zwei weitere Hähne eingefallen. Lange schweigen sie. Bekassinen burren vorbei.

Ein Sumpfläufer rätscht. Der Kiebitz greift einen der Hähne an. Und dann stimmen sie sich ein: Zögernd erst noch der Platzhahn, während der Osten sich färbt, violett, später rötlich, pastellfarben, Reif glänzt, und es Licht wird. Die Sonne geht auf, verschlingt den Nebel, steigt über den Dunst empor, der über dem Fluß schwebt. Kein Wind geht. Ein herrlicher Morgen.

Zwei weitere Hähne, nun sind es fünf. Kraft hat ihre Stimme bekommen, daß es brodelt und tönt. In den Himmel schrauben sich Lerchen. Wirbelnd und trillernd steigen sie ins Blau. Von fern der peitschend knarrende Flügelschlag großer Vögel. Über uns hinweg streichen zwei wilde Schwäne.

Doch die Hähne balzen zu weit, sogar zu weit für die Kugel, die ich ohnehin nicht dabei habe. Und dann, als die Sonne höher zieht, schon etwas wärmt, dann ist plötzlich ›szabas‹ – Pause! Die Hähne verschweigen. Später wird jeder sein Lied von neuem beginnen, aber nicht so vehement, eher verhalten, ohne Interesse für den Gegner. Einer stiehlt sich mit zwei Hennen davon. Als er sich mit ihnen ins Schilf verkrümelt, sehe ich es gerade noch. Die Morgenbalz klingt aus.

Schließlich streichen sie ihr Gefieder, beginnen zu äsen. Einer nach dem anderen purrt ins Röhricht. Verwaist bleibt der Balzplatz zurück, ist nur noch eine weite, kahle, öde, versumpfte Wiese, seelen- und trostlos. Wäre da nicht noch vor wenigen Minuten ein dramatisches, erregendes Schauspiel abgelaufen, dann könnte man es für Niemandsland halten.

Etwas Unerwartetes passiert: Rasend schwirrender Flügelschlag, ein Hahn fällt 60 Gänge vom Schirm ein, ein starker, ganz knapp von einem zweiten gefolgt. In Bruchteilen von Sekunden hängen sie ineinander, sind ein Bündel aus Federn, ein Ball aus rot-, weiß- und blauschwarzen Federn, verbeißen sich, kugeln – wer ist oben, wer unten? –, steigen Brust an Brust steil empor, fallen, Flattersprünge, die Ständer weit vorgestreckt, beharken sich, sind wieder ineinander. Hin und her wogt das Gefecht. Bis einer unvermittelt und direkt über den Schirm streicht. Zurück bleibt der Sieger, balzt nun allein. Sonne flirrt auf seinem Gefieder. Wie Metall schimmert es. Die Rosen ganz groß, ja riesig. Sein Haupt eine einzige Rose. Aber die 50 Meter zum Schirm (am Vortag hatte ich kleine Zweige als Marken gesteckt) unterschreitet er nicht, bleibt somit für die Schrote unerreichbar.

Durch feuchte Wiesen und Moor, durchkühlt und ein wenig traurig, daß dieser einmalige Morgen vorbei ist, stapfen wir zum Wagen – vorbei an zwei einsamen Höfen, wo der Truthahn jetzt kollert, vorbei am frischen Riß eines Haushuhns, zurück zu den Häusern der Menschen, wo die Arbeit des Tages erst beginnt.

Weniger dramatisch die Abendbalz. Hier und da entdeckte man, meist in weiter Ferne auf dem Gelb der Brachwiesen, einen einzelnen dunklen Fleck, einen einzeln balzenden Hahn. Deckung, ihn anzupürschen, fehlte. So machten wir kleine Streifen, drückten hier einen Schilfgürtel durch, dort eine schüttere Dickung. Als mir Jörg den am Vortag gefundenen, verendeten Wolf zeigen will – wir stehen schon fast davor –, da steigt vor seinen Füßen ein Hahn auf. Bis Jörg die Situation begreift, die Flinte an der Wange hat, ist der Hahn schon zu weit. Ich, hinter ihm schlendernd, das Gewehr auf dem Rücken, hatte erst gar keine Chance.

Wir sehen viel Wild, schießen Elstern, einige Krähen und Häher, überraschen verschlafene Eulen, stoßen Tauben, Enten, häufig Rebhühner aus der Deckung. Tauchern begegnen wir, etlichem Birkwild. Die Hähne aber immer zu weit. Ein herrliches Jagen ist das. Ganz frei fühlt man sich. Gelb in der Sonne leuchtend das Schilfmeer entlang der Biebrza. In der Ebene einzelne Birken. Fast schwarz die Ansitzschirme aus Wacholder, als paßten sie da nicht hin. Ganz wenige Marken, die dem Auge Halt geben. Ein seltsames Schweigen, eine große Verlassenheit liegen über dieser Landschaft.

Unwirklich klein sind die Menschen, die sich darin bewegen. Hier pflügt ein Bauer hinter dem Pferd. Dort schiebt jemand sein Fahrrad einen Sandweg entlang. Und dann, ein Bild wie im Traum, trollt ein mächtiger Elch aus dem Birkenwäldchen ins Feld. Federnd sein Trab, passiert er auf nur zehn Schritte den Radfahrer, zieht weiter direkt auf das Dörfchen zu. Pechschwarz, groß wie ein hochläufiges Pferd wirkt das Elchtier im Gegenlicht. Zwischen den Höfen trollt es hindurch, hat die Häuser nun hinter sich, erreicht wieder freies Feld, taucht jetzt ein in das Wäldchen dahinter. Mit den Gläsern haben wir das genau verfolgt. Pan Frantischek faßt sich an die Stirn: »Der Elch muß verrückt sein, total verrückt!« Ein Bild, das sich einprägt für immer.

Flüchtig die Weile der Dämmerung, Zeit zwischen Tag und Nacht. Wie haben wir darauf gewartet! Zeit, wenn das Lied des Rotkehlchens im Abend versickert, rätschend die Amseln ins Nachtquartier streichen. Die Singdrossel hat dann noch Stimme, laut und klar wie Kristall, als sei ihre Bühne der Wald. Die Zeit, in der die Schnepfe streicht, sie, die Gefährtin der Dämmerung.

Hier, wo wir auf Schnepfen warten, klingt das Vogelkonzert ganz anders als drüben im Moor beim Balzplatz der Hähne. Weich und melodisch flötet der Pirol, ›pu-pu-pu‹ schreit der Wiedehopf, ganz blau, gräulich-lichtblau wirkt die Racke im Flug. Zwischen der Tiefe unendlich scheinender Wälder liegen riesige Lichtungen, diese Wiesen, zergliedert, unübersichtlich zerstückelt durch Haine, Gehölze, winzige Bauminseln, geprägt von der Birke. Weiß das Strichmuster ihrer Stämme und Stämmchen, dicht der Unterwuchs, schwappend der Grund. Wasser blinkt hier und da, Tümpel und Pfützen. Hier balzt und brütet das Langgesicht.

Auf dem Sandweg, der sich durch die Wäldchen und Wiesen schlängelt, haben wir uns postiert. Jeder hat Schußfeld, damit eine getroffene Schnepfe möglichst auf freie Fläche und nicht in den Dschungel der Sumpfwälder stürzt, wo es sogar für einen Hund schwer wäre, sie zu bergen. Hinter den Wäldern, die leise und gleichmäßig rauschen, trompetet der Kranich ›krürr-krürr‹. Wie weit mag es sein? Das Geläut der Unken und Frösche hebt an, noch einmal ganz laut, alles übertönend der Gesang der Drosseln. Hatte ich es überhört, das leise ›Quorr-quorr‹ der Schnepfe? Da war sie schon über mich hinweg und gleich für die Schrote zu weit.

Wo ich Jörg nur noch als dunklen Fleck sehe, den Weg hinunter, zweimal Mündungsfeuer und dann knallt der Doppelschuß. Gegen den dunklen Himmel stürzt etwas hinab. Jemand rennt in die Wiese. Dadurch entgeht mir fast der Schnepf, der längst der Birkenwipfel streicht. Wellenförmig schaukelnd sein Flug, den Stecher nach unten gerichtet. Entsprechend den Örtlichkeiten soll dieser Suchflug ja mal niedrig, mal höher sein. Das Holz, über dem die Schnepfen hier streichen, ist alt und entsprechend hoch. Auf den Schuß ändert diese ihre Flugrichtung, geht aber nicht zu Boden. Lautlos kam sie gestrichen.

Das Lied der Amseln ist verklungen. Nach und nach verstummt die Sing-, dann auch die Misteldrossel. Über den Wiesen liegt Dunst. Daraus empor ragen schwarz wie Inseln aus einem See die Kuppen riesiger Heuhaufen. Das leise, näher und näher vernehmbare ›Quorr-quorr-quorr‹ höre ich nun besser. Jetzt müßte ich sie endlich sehen, da ist sie schon. Stichgerade über dem Wäldchen streicht sie auf mich zu, ich schwinge über Kopf mit. Herunter kommt sie, streicht knapp über den Weidezaun im Schwebeflug, ist am Boden, verliert sich im Dunkel der Wiese, die Grau in Grau im Finstern daliegt. Henrys Setter wurde vor vier Wochen überfahren. Frantischeks Terrier verendete in einer Wildererschlinge. So haben wir keinen Hund, was allerdings unverzeihlich ist.

Die folgenden Abende auf dem Strich waren alle unterschiedlich, entsprechend dem wechselnden Wetter und dem jeweiligen Stand. Jeder Abend war aufregend, verschieden das Waidmannsheil. Süchtig kann man danach werden, wenn man erst noch von fern, zaghaft und leise, dann lauter und näher das ›Quorr-quorr‹ und das zarte ›Psiett‹ vernimmt, den Flug der Swonka, der Schnepfe, zu ahnen versucht, dort muß sie nun endlich kommen. Und dann schaukelt die unverwechselbare, langschnäbelige Silhouette heran. ›Paff-paff‹! Sie ändert auf den Schuß die Richtung, sackt ab, fängt sich wieder, oder sie stürzt federsprühend wie ein Stein zu Boden.

Richtig süchtig kann man danach werden, wenn der Wald nach frischem, wachsendem Grün riecht, berauscht und erfüllt ist vom Lied des erwachenden Frühlings.

Dieses Land zu öffnen, einen Zugang zu finden, braucht Zeit. Es ist schweigsam und tief, seine Wälder gewaltig, seine Moore und Sümpfe wirken fast unantastbar, sie sind immer noch weit und groß. Schwerblütig macht Masuren, wenn der Mond über den Nebeln steht, wenn dumpf und schwer ein Frühlingsregen herabrauscht, nach dem die Erde dann dampft.

Gehöfte gibt es, wohin nur Sandwege führen. Alte, ausgefahrene Wege, durch Wacholder und schlanke, schwarz in den Himmel ragende Föhren hindurch. Wege, die Generationen befuhren, immer dieselben alten, tiefgleisigen Pfade. Die Bürde des Landes, die Bürde der Völker, vergangener und gegenwärtiger, es ist, als ahne man sie.

Wir stoßen auf so ein Gehöft. Ganz einsam liegt es, von einem hohen, dunklen Zaun umgeben. Geduckt, niedrig, langgestreckt das riedgedeckte Haus aus Holz, einstöckig mit Scheunen drumherum. Im Hof ein riesiger Haufen grober, nicht behauener Kohle. Einweckgläser zum Trocknen über die Zaunlatten gestülpt. Zwei Katzen tollen herum, zwei Hunde kläffen, ein Schwarm Gänse und Hühner stürmt gackernd davon. Der Hausherr kommt an den Zaun, lehnt sich darüber. Sein Sohn steht abseits, mustert uns skeptisch. Liegt Verachtung in seinem Blick oder Mißtrauen? Staatlicher Korbflechter ist er, erzählt der Vater. Jeden Dienstag brächte man Weiden; am Dienstag darauf hole man die fertigen Körbe ab. Anbauen könne man nichts ringsherum wegen der vielen Sauen. Die fräßen ja doch alles weg. Resigniert wirkt der Mann, bedrückt, obwohl er hier idyllisch wie im Bilderbuch wohnt, traumhaft für unsere Sehnsüchte. Er denkt wohl anders darüber.

Der fünfte und letzte Morgen im Schirm. Mein Vater ist mitgekommen. Er soll den ersten Kugelschuß abgeben. Aber auch heute balzt der nächstentfernte Hahn auf 180 bis 200 Schritt. Das ist ihm zu weit. Ich will die letzte Chance nutzen. Doch das Manöver, bis ich hinter die Büchse in Schußposition gekrochen bin, bemerkt der Hahn. Er legt das Gefieder an, sichert und purrt schon ins Schilf. Als der letzte Ritter, der alte, starke Platzhahn davonstreicht, da wird es uns bewußt: die Jagd ist vorbei, endgültig ›Hahn in Ruh‹. Wie zum Spott rätscht ein Häher, fällt in die Esche neben uns ein. Wirbelnd und trillernd schrauben sich Lerchen ins Blau. Ganz fern das Flöten des Kulik, des Brachvogels. Nichts ist anders als die Tage zuvor – bis auf die erloschene Hoffnung.

Hinter unserer Unterkunft liegt ein See, umgeben von Föhren. Auf dem Wasser die breiten Bänder geflößter Stämme. Vom Schilf hebt sich weiß der brütende Schwan ab. Den Steg der Flößerei gehe ich weit hinaus in den See. Wie warm es schon ist. Die Birken haben schon Blätter, zart, feingliedrig, ganz hell ist ihr Grün, in der Sonne schimmernd wie Münzen. Hier sind meine Träume zu Hause, und ich bin nicht mehr traurig.

Wapitibrunft

Tage glühenden Herbstes in den Rocky Mountains, Tage, die weit sind, die klar sind und still. Das Fallen der Blätter ein leiser, stetiger Regen. Der winzige Punkt im Äther, ein ziehender Adler hoch über dem Tal, kann er meine Gedanken lesen? Fühlt er, wie nah ich ihm bin? Im Glück glaubt man, Flügel zu haben.

Indianersommer in der Abgeschiedenheit der Selway-Bitterroot-Wildnis Idahos. Nur der Herbst kann so sein, so tiefräumig, gläsern, ganz sphärisch. Jeder Fels, jeder Grat klar und scharf konturiert. Präzise Schatten wirft selbst der fernste Baum. Der Himmel darüber ist hoch, langgeblasen, ein All, sein Blau gar nicht faßbar. Gewicht hat die Stille.

Diese Wildnis im Nordosten Idahos bildet nach Osten die Grenze zu Montana. Sie erreicht Höhen von 3200 Metern, hat reißende Wildwasser, kristallklare Gletscherseen und unzählige steilbewaldete Canyons. Nur wenige Indianer hatten früher Sommerlager am Selway-, am Moose- oder Bear-Creek, wo sie Lachs und Steelhead-Forellen fingen. Später lebten hier im Winter einige Trapper. Hin und wieder findet man noch ihre in die Bäume geschnitzten Markierungen der Fallensteige (Traplines) oder die letzten modernen Stämme einer Blockhütte.

Der Name Selway ist abgeleitet vom Selwah der Nez-Perce-Indianer, was ruhiges, sanftes Wasser bedeutet. Bitterroot bezeichnet eine Heilpflanze (*Lewisia rediviva*), die die Landesblume des Nachbarstaates Montana ist.

Dave Petet, der Buschpilot, hatte mich mit seiner zweisitzigen Cessna in Spokane/Washington nahe der Grenze zu British-Columbien aufgelesen, war zu seinem Privatflughafen Orofino in Idaho geflogen, von wo wir mit einem Haufen Proviant, mit Ken, dem Outfitter, und zwei Helfern in einem sechssitzigen, vollbepackten Piper-Flugzeug ins Basislager am Moose-Creek starteten. Der Airstrip (die Landebahn) ist ein Grasstreifen zwischen zwei

75

Wildbächen, die sich zum Fluß vereinigten. Diese Landzunge oberhalb des reißenden Wassers verbarg unter tiefhängenden Tannen einige Zelte. Nahebei etwa 40 an Highlines angebundene Pferde und Maultiere, von denen Ken acht ganz in Ruhe beladen ließ. Die Lasten rechts und links jedes Tragtieres wurden zigmal abgewogen und geprüft. Vom Außenlager zurück kam ein Pack-string, den Kens Sohn John führte. Trophäe und Wildbret eines Zehners brachte er aus dem Gebirge. Weiß blitzten die Enden des langendigen Geweihs – welch kostbare Trophäe!

Zeit blieb, eine Forstangestellte nach den Waldschäden durch Feuer zu fragen. Vom Flugzeug war mir ein durch Brand vernichteter Landstrich aufgefallen. Während man früher die im mehrjährigen Zyklus wiederkehrenden, meist durch Blitze entfachten Buschfeuer zu löschen oder einzudämmen versuchte, sieht man sie nun als Naturgewalten, wie das ebenso Sturm, Hagel, Dürre, Eis und Schnee sind. Man läßt sie gewähren. Seit Tausenden von Jahren, erläutert mir Anne, hat Feuer die dichte Vegetation gelichtet und eine Erneuerung der Pflanzengemeinschaft begünstigt. Viele Pflanzen haben sich diesem Zyklus des wiederkehrenden Feuers angepaßt. Sie überstehen es schadlos. Andere gehen zugrunde, solange sie nicht eine bestimmte Größe haben. Doch auch von ihnen überdauern genügend zur Arterhaltung.

Schließlich beginnt der fünfstündige Ritt. Steil hinauf vom Moose-Creek, Serpentine für Serpentine. Die schnaufenden Pferde lassen wir alle hundert Meter rasten, hin und wieder aus einem Bach schlürfen. Gelb ist das Laub der Aspen: Fackeln im Dunkel des Nadelwaldes. Heller, leuchtender, fast grell das Riesenblatt des Thimbleberry. Karminrot und weit, sehr weit der rote Teppich der Huckleberries, den wir durchreiten. Trotz dieses Farbenrausches liegt ein seltsames Schweigen über allem, eine sanfte Melancholie. So als warte der Winter.

Eindrücke, Stimmungen, die ich einsauge, die wie eine Droge sind: Aus dem tiefer und tiefer unter uns brausenden Moose-Creek steigt sachte ein zarter blauvioletter Schleier, der Dunst. Die Dämmerung, als hätte sie Finger, die schwarz und finster sind, frißt den letzten Flecken Sonne, der hangauf aus dem Creek flieht. Sie frißt den Dunst und den Nebel. Sie schluckt auch uns, verwischt die Kontur des vor mir reitenden John. Das Klappern der Steine, die bergab kullernden Kiesel unter den Hufen der Pferde werden leiser, verstummen. Dann Finsternis. Die Pferde kennen den Trail, sie riechen ihn, hatte Ken gesagt, bevor wir gegen vier Uhr aufbrachen. John habe ich nun ganz aus den Augen verloren, nicht einmal mehr das Schnauben seines Pferdes vernehme ich.

Bergab plötzlich Prasseln. Wie weit vor mir, kann ich nur ahnen. Dann Rufen, Schreie; der Zug der Maultiere ist aus dem Gleichgewicht geraten, aus irgendeinem Grund in den Urwald hangab gerast. Warum weiß ich nicht. Eine halbe Stunde später ist alles wieder im Lot. Die Tiere sind zurück auf den schmalen Bergpfad gebracht. Verloren ging nur Kennys Hut.

Ein letzter abschüssiger Hang, den wir die Pferde hinunterführen, Windung nach Windung, dann sind wir im Camp. Die vier amerikanischen Jäger, deren Zeit morgen endet, kriechen gerade in ihre Schlafsäcke und sind etwas enttäuscht. Eine Woche hatte es geregnet, während einer Nacht sogar bis in die Täler hinunter geschneit. Das Ableuchten der Creeks und Hänge war durch Nebel erschwert. Kein Hirsch brunftete, aus keinem Tal drang ein Ruf, die Brunft war stumm. Trotzdem hatte Wine aus Texas eines Abends das Geweih eines fast spiegelgleichen Zehners mit ganz langen, wie Elfenbein leuchtenden Enden ins Camp gebracht. Der Hirsch kam auf den Ruf hin den Creek unter dem Perch – einem felsigen Aussichtspunkt – lautlos heraufgezogen, stand plötzlich, als sich der Schleier des Nebels sekundenlang lichtete, wie hingezaubert auf 150 Gänge. Drei der vier Jäger aber reisten heim, ohne einen Schuß abgegeben zu haben.

Doch gab es hier genügend Wapitis, davon zeugten die auf halber Höhe entlang der Creeks oft unter uralten Baumrecken gelegenen Betten, die häufige frische Losung und die ausgetretenen Wechsel. Es war nur eine Frage der Zeit, wann ich den ersten Hirsch in Anblick bekam, nach zwei Tagen, in denen ich nicht das Haar eines Stückes Wild sah. Aber diese Tage waren nicht nutzlos. Ich hatte gelernt, mich in die Landschaft einzusehen, wußte nun um die Geländebeschaffenheit, hatte gelernt, welche Dinge über Tag und beim Rückritt im Dunkeln wichtig und welche überflüssig waren. Zudem freundete ich mich mit meiner Mountain-horse-Stute Misty an. Nach den Mucken des Wallachs Skida eine Wohltat, denn der bummelte, naschte mal hier, mal dort und holte im Galopp über Stock und Stein den Abstand zum Vorreiter auf. Wehe, man war nicht auf der Hut! Wehe, ein Fels oder ein Stamm stand zu nah am Trail! Wehe, der Sattelgurt lockerte sich!

An einem dieser Regentage pürschten wir auf halber Höhe einen Creek bachabwärts. Steil hinunter bürstendichte Wildnis, umgefallene Stämme, eng verschachtelt, manchmal in mehreren Schichten übereinander wie ein Gitter. Oft war's einfacher, unten hindurchzukriechen, dann wieder gab es kein Durchkommen, und wir balancierten auf den glitschigen Stämmen bergab. Hügel, die aus der Ferne kaum bewachsen und leicht begehbar schienen, entpuppten sich als mit zähem schwer überwindbarem Cyenthonosis-Gestrüpp bewuchert. Welche Kraft kostete das hangauf! Was hab ich geflucht, als die Zweige nach und nach meinen Regenschutz durchlöcherten. Von Schweiß und Regen pitschnaß, stolperten wir im Dunkeln auf dem Grat entlang zum Camp.

Am nächsten, von Schauern unterbrochenen Tag hockten wir oberhalb des Sixtytwo-Creek, so genannt nach der von einem Trapper in einen Stamm geschnitzten Zahl, die das Jahr 1862 meint. Von einer hohen, weit sichtbaren Felsgruppe hatten wir Sicht in drei weitläufige Canyons.

So ein Tag, an dem man elf Stunden auf einem Stein hockt, hat seinen eigenen Rhythmus. Vom Morgen bis zum Mittag, vom Mittag bis zum Abend tauchen die Schatten der Wolken und die durch die Lücken blinzelnde Sonne Hänge und Schroffen in ständig wechselndes Licht. Ein Riesentheater aus Wald, Sonne, Düsternis, Wolkengebirgen, Stille und Stein. So einen Tag teilt man sich ein in bestimmte Stunden. Das unscheinbarste Geschehen, die kleinste Beobachtung prägt sich ein. Man lernt zu sehen. Da war die Stunde, als das Streifenhörnchen (chip munk) zu meinen Füßen Knospen mümmelte, sich durch nichts aus der Ruhe bringen ließ. Die Stunde, als der Falke über dem Creek jagte, schnell wie ein Pfeil. Die Stunde, in der die Raben, schwarze, dem Wotan gehorchende Vögel, mit tiefem, sonorem ›korrk‹ über dem Tal segelten, sich treiben ließen im Aufwind. Ganz klein und verloren wirkten sie über dem Riesencanyon. Als das Kieferneichhörnchen (pine squirrel) uns vom Stamm der vermodernden Ponderosakiefer aus wie ein wütender Kobold beschimpfte, da war es schon später Nachmittag. Die hintereinander gestaffelten Grate warfen Schatten, Tiefe entstand. Jeder Gebirgszug war wie gemeißelt, die Sonne verglomm. Die Fledermaus huschte lautlos im Zickzackflug vorbei wie ein Spuk. Da stiegen wir die Felsen hinunter zu den Pferden, durchkühlt und steif, und hatten nicht das Haar eines Stücks Wild gesehen. Aber ich war nicht enttäuscht.

Da Mike Lagerdienst hat, führt mich heute John. Der Neunzehnjährige beherrscht noch nicht den ausgefeilten, durch Mark und Bein gehenden Brunftschrei des Wapiti, wie ihn Mike auf seinem Zwerchfell so täuschend echt in vielen Varianten imitiert. John flötet auf einer Plastikpfeife einen hohen, fast schmerzhaft durchdringenden Laut, der mit einem noch höherem Pfiff abrupt endet. »Hin und wieder meldet darauf ein Hirsch. Man kann ihn dann lokalisieren, ihn aber nicht damit herlocken und schon gar nicht zornig machen«, sagt Mike auf meine Frage nach der Qualität der Imitation.

Den Tag über leuchten wir die Hänge rings um Dannys Hole ab, pürschen nach einigen Stunden zum nächsten Grat, bewegen uns aber wenig. Kein Hirsch meldet, obwohl es sonnig ist, die Nächte frostklar geworden sind. Als wir spätnachmittags ein schmales, abschüssiges Bachbett passieren, bummelt hangab ein Schwarzbär. »Hast Du eine Lizenz für Bär?« fragt John. Ich schüttele den Kopf.

Hinter dem nächsten Höhenrücken, nur zehn Minuten später, überschauen wir einen weiten Kessel, der schon ganz im Schatten liegt. Das Sonnenlicht flieht die Schroffen hinauf, wird die Gipfel bald erreichen, ihren Schnee heute ein letztes Mal zum Leuchten bringen. In diesem dämmrigen, buschverwachsenen Tal wirkt das Braun der beiden Wapitis ganz hell. Sie bewegen sich von uns fort. Ich entdecke jetzt einen dritten Wildkörper, beschreibe ihn John. Als er ihn mit dem Glas erfaßt, sagt er nur noch ›good bull‹ und rennt schon den Grat hinab voran, rennt und rennt, achtet auf nichts mehr, wartet nicht, schaut sich nicht einmal um. Ich haste ihm nach, stolpere, kann kaum folgen, schlage mit dem Gewehr vor der Brust lang hin, rappele mich auf: hinterher, hinterher!

Eine Lücke im Busch bestätigt es: Der Hirsch steht noch unter uns. Wir haben fast seine Höhe erreicht, müssen aber viel näher. Also weiter, hasten, schwitzen, sich durchzwängen durch Dickicht, so zäh wie ein Alptraum. Endlich sind wir über dem Wild in Reichweite der Büchse. »Nur zweihundertfünfzig Yards (circa 230 Meter)«, John drängt zum Schuß von einem mannshohen Stumpf aus, an dem ich anstreichen soll. Von der rechten, von der linken Seite des Stubbens suche ich das Ziel. Vor dem Lauf aber Zweige, Gesträuch. »Schieß, schieß!« John wird immer nervöser, ungeduldiger.

Obwohl ausgepumpt, schwitzend mit beschlagener Brille, habe ich mich soweit unter Kontrolle, die Zweige vor der Mündung abzubrechen, die Brille zu wischen und einen festen Stand zu suchen. Dann lasse ich stehend angestrichen fliegen, muß mich dabei hoch recken, denn die Büsche stören noch sehr.

Zweimal fehle ich den Hirsch, der im langsamen Ziehen ist. Flüchtig geht er ab, verhofft aber wieder auf 400 Gänge. Oder sind es weniger, vielleicht sogar mehr? Höher muß ich halten, hämmere ich mir ein. Halte höher, sagt mir das pochende Hirn. Und ich jage drei weitere Kugeln zu ihm hinüber. Nichts, absolut nichts! Keine Wirkung, als hätte ich Platzpatronen geladen. Nie vorher habe ich mich verleiten lassen, unter so ungünstigen Bedingungen auf eine so irre Entfernung Wild zu beschießen. Aber es ist wie im Rausch. Während ich schieße, hat John begonnen, mit seiner .270 Winchester unaufgefordert loszulegen. Während ich fünf, hat er neun Geschosse in Richtung Wapiti gesandt. Meine Patronen sind verbraucht, ihm sind noch zwei geblieben. Da er auch eine Lizenz besitzt, verabschiedet er sich mit den Worten: »Den muß ich haben!« Und ist schon fort.

Er will versuchen, den Kessel umrundend, näher zu kommen. Was sich jetzt abspielt, sehe ich von hier oben wie von der Tribüne eines Theaters. Der Hirsch folgt seinen Tieren, zieht nach rechts, mals nach links, zieht auf mich zu. Ich hätte längst noch einmal schießen können. Jetzt, wo ich Zeit habe und zur Ruhe gekommen bin. John sehe ich, wie er entlang der

Hügelkante pürscht, jede Deckung nutzt, von Busch zu Busch springt. Das Kahlwild trollt direkt auf ihn zu den sandigen Hang hinauf, näher und näher. Doch kann er es noch nicht sehen. Es ist zu tief unter ihm. Ich versuche, ihm Zeichen zu geben, darf ihm nichts zurufen. Er schaut nicht zurück.

Bleibt der Wind günstig, muß sich der Weg der Tiere und Johns Pürsch fast auf den Meter genau treffen. Und der Hirsch folgt seinem Kahlwild die Rinne hinauf gerade auf den hinter einem Busch kauernden John zu. Nun muß er den Hirsch endlich sehen. Warum schießt er nicht? »Schieß John! Schieß! Schieß!« möchte ich schreien. Zwischen ihm und dem Hirsch noch vierzig, noch dreißig, nur noch zwanzig Gänge. Und der Riesenhirsch steht da wie ein Monument, völlig frei und majestätisch. Ein herrliches Tier!

Johns Schuß klingt leise und dumpf. Die Wände des hohen Kessels schlucken den Schall. Auch die zweite Kugel läßt den Wapiti nicht zeichnen. Der schaukelt hangab, folgt dem Kahlwild, hat es nicht eilig, beschreibt einen weiten Bogen. Manchmal decken ihn Büsche, dann tritt er wieder ins Freie und äst sogar.

Krachend und knackend nähert sich John und ist dem Heulen nah. »Das Weiße in seinen Lichtern, jedes Haar seiner Decke konnte ich sehen, jedes Ende des regelmäßigen starken Zwölfergeweihs bewundern. Er füllte das ganze Glas aus. Und dann zweimal vorbei!« Aber ich hatte das ja alles gesehen, erinnerte mich an eine diesjährige Blattzeitsituation, als der Bock plötzlich so nah, so überrumpelnd schnell am Stand war, daß ich ihn zweimal fehlte. Im nachhinein konnte ich auch nicht mehr sagen, wie es möglich war, auf eine solche Nähe vorbeizuschießen. Das ließ sich gar nicht mehr nachvollziehen. Und die Schuld lag bestimmt nicht beim Gewehr. Wir würden uns diesem Hirsch nochmals widmen, wenn nicht morgen, dann übermorgen. Einen Tag Ruhe wollten wir ihm gönnen.

In den Schluchten nistet der Nebel. Der Nebel ist eine Hexe, die ein Kleid hat aus Watte, denke ich, als ich hinter Mike im Hellwerden den Hang hinter dem Camp emporreite. Vier kleiner werdende helle Kleckse, so liegen die Zelte im Schatten des Waldes, das Camp geschützt wie ein Nest zwischen den Wänden des Kessels. Bis es Sonne erreicht, die eben den Osten gelb färbt, werden noch Stunden vergehen.

Zu Mike habe ich großes Vertrauen. Er ist ein Waldläufertyp, der Fauna und Flora genau kennt. Mit vierzehn Jahren streckte er seinen ersten Wapiti, hat seitdem jedes Jahr auf Elk – wie sie in der Landesprache den Wapiti nennen – gejagt, meist für die eigene Küche. Wenn nicht in Jagdcamps, arbeitet er als Holzfäller. Zweimal von einem Hirsch angenommen, schleuderte ihn ein angebleites Tier durch die Luft, und dabei brachen ihm drei Rippen.

Auf dem Ritt zum Meeker Creek rechter Hand unter uns der Ruf eines Hirsches. Das erste Mal, daß ich das höre, endlich! Mike antwortet. Der Hirsch schreit zurück. »Es wird ein ›bachelor‹ sein, ein suchender Einzelgänger, ein Junggeselle, sonst würde er nicht so prompt und auf solche Distanz antworten. Platzhirsche stehen fast nie auf den Ruf zu, antworten meist nur, wenn man nah ist«, erklärt Mike, der ein zweites Mal ruft, um ihn zu lokalisieren. Eine weitere halbe Stunde reiten wir bis zum tiefsten Punkt des Trails, lassen die Pferde zurück. Gesicht, Arme und Hosen reiben wir mit dem Sekret der Brunftdrüsen ein. »Nur noch durch Zeichen verständigen«, flüstert Mike. Das Halbdunkel des Urwalds nimmt uns auf.

Der Brunftschrei des Wapiti klingt wie ein gepreßtes, hohes, fast an ein Pfeifen erinnerndes Orgeln, das ruckartig endet. Ihm folgt ein mehrfaches tieferes Grunzen und Gurgeln. Die Stimme ist nicht so imponierend, so kraftvoll und weithin schallend wie die des Rothirsches. Mike konzentriert sich, holt ganz tief Luft, setzt zum dritten Mal das biegsame Plastikrohr an die Lippen. Es dient als Verstärker, vergrößert die Resonanz des auf dem Zwerchfell erzeugten Rufes. Prompt antwortet der Hirsch aus dem Gegenhang, wohl noch einen Kilometer entfernt. Der Wind ist nach wie vor ideal, nun wird es ernst.

In immer kürzeren Abständen Mikes Ruf und die Antwort von drüben. Er schreit nun unaufhaltsam, fordert uns heraus. Sein Schrei wirkt tiefer, entschlossener. Häufiger wird das Grunzen und Schluchzen nach dem langgezogenen Orgeln. Zorniger wird er – und kommt näher.

Mike bearbeitet mit einem Ast einen jungen Baum, schrappt von oben nach unten die Zweige ab, schlägt heftig darauf ein, bis das Weiße blankliegt. Wieder und wieder, in rascher Folge schreit der Hirsch. Er fühlt sich stark, ist nun richtig wütend, bis zum äußersten gereizt, kampfbereit. »He is really mad«. Durch Mark und Bein geht sein Zorn. Fieberhaft suchen wir eine einigermaßen übersichtliche Stelle, wo wir den Hirsch erwarten können, um wenigstens 20 Meter Sicht und Schußfeld zu haben. Kein Platz eignet sich so recht. Also weiter hinunter in den Creek, näher zum Hirsch, und der zieht rasch auf uns zu.

Ein letztes Mal ruft Mike: zögernd, verhalten, so als habe er Angst bekommen, als sei er unschlüssig geworden, als Gegner längst eingeschüchtert. Nun wird er gleich kommen. Hinter einer mächtigen Weißtanne liege ich in Deckung. Mike wenige Meter hinter mir. Sicht- und Schußbereich vielleicht 20 Gänge, eher weniger. Der Urwald dahinter dicht wie eine Wand.

Der nächste Schrei des Hirsches geht mir mitten ins Herz, so als träfe mich ein Pfeil. Dann Krachen und Knacken. Er kommt! Innerhalb von

Sekunden ist er da. Sein mächtiges, endenblitzendes Geweih wogt über dem Thimbleberry, näher und näher. Der Wildkörper wird sichtbar. Dreizehn Gänge entfernt (die Entfernung habe ich später abgeschritten) verhofft er hinter einem Busch, bearbeitet ihn mit aller Wut wie ein Berserker, tobt, ist außer sich, bis zum äußersten erregt, kommt aber nicht hervor. Ätzender Brunftgeruch schlägt mir entgegen. Jeden Moment kann er mich eräugen. Was, wenn der Wind dreht?

Ich muß handeln, muß durch das Gesträuch schießen, bin auf dem Trägeransatz. Ganz ruhig ziehe ich durch. Doch bricht der Hirsch nicht zusammen, prasselt ohne zu zeichnen bergab, verhofft dreißig Gänge entfernt. Nur die Enden der massigen Krone, wie die Finger einer Schwurhand sehe ich, wie sie sich mal nach rechts, mal nach links bewegen. Der Hirsch ist nervös, äugt umher. In Deckung des Thimbleberry taste ich mich hangab, robbe, muß eine Lücke finden, den Körper freibekommen. Da steht er! . . . eben schiebe ich den Lauf der .375 ins Freie, habe die Büchse noch nicht an der Wange, da dreht er das Haupt, äugt mich an, bricht wie der Blitz davon.

Noch ist er in der Nähe, hat uns umschlagen. In unserem Rücken sein mehrmaliges, kurzes Knören. Nochmal pürsche ich darauf zu, bekomme ihn aber nicht mehr zu Gesicht. Auf Mikes Ruf keine Antwort; er hat sich heimlich davongestohlen. Leer und ausgepumpt sitzen wir da. Lichtflecken tanzen auf dem modrig weichen Urwaldboden. Wenige Sonnenstrahlen erhellen das Halbdunkel. Ärger oder Niedergeschlagenheit fühle ich nicht. Dafür war alles zu erregend. Benommen von der Dramatik des Erlebten bin ich sogar glücklich. Und das trotz meiner Glücklosigkeit.

Was war geschehen? Den bestimmt dicksten Ast des Busches, den der Hirsch bearbeitete, hatte ich durchschossen, glatt abgehackt. Die Kugel (.375 H & H 19,4 g Kegelspitz) zum Himmel reflektiert, durchschlug einen fast gleichstarken Zweig einen Meter oberhalb. Zentimeter tiefer wäre alles perfekt gewesen. Wie oft habe ich das später ausgesponnen. Zurück bei den Pferden begrüßt mich Misty mit einem leisen, fast zärtlichen Wiehern, wie nur sie es hervorbringt, als wollte sie trösten.

Seit einer Woche hause ich nun mit den Guides Mike, Bob und John allein im Camp. Seit uns Elisabeth, die Frau des Outfitters, zusammen mit den amerikanischen Jägern verlassen hat, sind die Pfannkuchen, die abwechselnd einer der drei brät, fast einen Zentimeter dick. Auf dem Tisch stapeln sich dicht an dicht Ketchup-, Sirup- und Marmeladengläser, Aschenbecher und Geschirr. Die Ecken des Zeltes vollgestopft mit einem Sammelsurium aus Gewehren, Kartons, Halftern und Schlafsäcken, wird es jetzt erst richtig gemütlich.

»Viele Jäger, besonders die aus den amerikanischen Riesenstädten, halten dies hier für einen Traumjob. In der Wildnis zu leben, sei die Erfüllung ihres Jugendtraumes«, sinniert Mike. Dabei sind die drei nicht zu beneiden: Aufstehen um vier, Pferde versorgen, Feuer machen, das Frühstück herrichten, den ganzen Tag Jagdführung, Rückkehr im Dunkeln. Dann wieder Pferde füttern, mitgebrachtes Wild versorgen, Abendessen richten. Reihum führt einer zweimal in der Woche einen Maultierzug zum Basislager, um Nachschub für das Camp und Heu zu holen. Acht Stunden Ritt hin und zurück. Mit dem Auf- und Abladen sind das zwölf Stunden. Ein Job rund um die Uhr. Vor Mitternacht kriecht keiner der drei in den Schlafsack, das heißt täglich nur vier, höchstens fünf Stunden Schlaf, auch an den Wochenenden. Während der Wapitisaison kommen sie ein Vierteljahr nicht aus dem Camp. Mike sieht seine Familie dann erst Ende November wieder. Wahrhaftig kein Traumjob.

Heute am letzten Jagdtag muß Mike im Camp bleiben. Bob, der mich erstmals führt, beherrscht den Ruf nicht so ausgefeilt und variantenreich. Aber oberhalb des Log-Creek schreien gleich zwei Hirsche. Eine der Stimmen ist tief und herrisch, antwortet prompt, entfernt sich jedoch. »Das wird der Platzhirsch sein. Der verhielt sich vergangene Woche, als ich mit einem der Texaner hier war, genauso. Auch damals bekamen wir ihn nicht zu Gesicht«, mutmaßt Bob. Der andere meldet nur kurz, wie abgehackt, wird rasch lauter, zieht offensichtlich den Creek hinauf flott auf uns zu.

Die Auflage hinter einem Felsbuckel ist ideal. Gut sechzig Gänge bergab habe ich freies Schußfeld. Jeden Moment muß der Wapiti aus dem halbhohen Nadelwald ins Freie treten. Ich konzentriere mich auf die Stelle, von wo er gerade meldet. Im selben Moment spüren wir beide den sanften Windhauch im Nacken, den Wind, der talab streicht.

Kein Knacken, kein Schrei. Nicht einmal mehr ein Trenzen auf Bobs Ruf. Geräuschlos wie ein Gespenst, ohne noch einmal zu antworten, hat sich der Hirsch davongeschlichen, leise wie eine Katze. Wir waren so nah am Erfolg.

Der blauschwarz schillernde Blue Jay schreit, als wir durch flechtenbärtigen Urwald in ein Seitental des Moose-Creek pürschen, zu einer kahlen, vegetationslosen Felskuppe, von wo wir die nach zwei Seiten gut einsehbaren Canyons ableuchten, dort warten und Mittag machen wollen. Läßt sich während der Brunft auf den Ruf hin kein Hirsch lokalisieren oder steht kein ›bachelor‹ zu, so lohnt es sich, von einem Aussichtspunkt ein Gebiet abzuleuchten. Besonders morgens und ab dem späten Nachmittag sind die Chancen gut, auf den Freiflächen äsende Wapitis auszumachen. Wir hatten den Aussichtshorst noch nicht erreicht, als Bob stoppte und mit unbewaffnetem Auge vier Wapitis über das Tal hinweg im Gegenhang sah: Zwei Tiere, ein Kalb und einen Spießer.

Lange sprachen wir das Rudel an. Der Spießer ist sicher ein Schneider, hofften wir. Ein stärkerer Hirsch muß dabeisein. Eine halbe Stunde verging, eine ganze Stunde. Der Spießer äste. Das Kahlwild äste. Eine friedvolle Idylle. Kein Monstrum von Platzhirsch trat aus irgendeiner Senke, aus einem Creek, hinter einem Felsen hervor, wo er vielleicht faul und brunftmüde geruht hatte.

Dies war mein letzter Jagdtag. Und diese Chance auf den Spießer, das wurde mir klar, das war meine letzte, auf einen Wapiti zu Schuß zu kommen. Als Bob mich fragte: »Willst Du's versuchen?« Da hatte ich meinen Entschluß längst gefaßt. Über die Rinne hinweg, die hinab zum Moose-Creek führte, dessen Dröhnen rechter Hand aus dem Canyon drang, darüber hinweg auf einer abschüssigen Lehne äste der Hirsch. Vierhundert Gänge mochten es sein, schwer zu schätzen. Jedenfalls war der große Wildkörper verdammt klein im Glas. Der Zielstachel deckte ihn fast ganz. Das schwere, wenig rasante Geschoß der .375 würde bis dort sicher fallen. Also hielt ich einiges über die Rückenlinie.

Auf die ersten beiden Schüsse zeichnete der Wapiti nicht, zog aber ins Gebüsch der unter ihm liegenden Rinne. Nach zwanzig Minuten fand ich ihn endlich im Spektiv, anfangs nur seine hellen Spieße, dann auch das Haupt. Der Körper blieb verdeckt. Er hatte sich niedergetan. War er im Wundbett? Welche Hoffnung! Eine volle Stunde verstrich. Die Wand, in der wir wie die Mauersegler hingen, bot kaum Halt. Krüppelholz krallte sich darin fest. Die wenigen Felsbrocken boten nur geringe Sicherheit. Hinter einem hatte ich meinen Rucksack als Auflage gerichtet, die kleinen piekenden Steine beiseite geräumt. Aber so ganz paßte das alles nicht. Die Wand war einfach zu steil, wie halsbrecherisch steil, wurde mir erst bewußt, als ich sie am nächsten Tag von der gegenüberliegenden Talseite sah.

Als Bob sich entschlossen hatte, zum Hirsch abzusteigen – ich sollte ihn von hier aus einweisen –, da tut er sich auf und tritt ins Freie, beginnt sogar zu äsen. Offensichtlich ist er gesund, jedenfalls nicht ernsthaft krankgeschossen. Nochmals verbessere ich die Auflage. Reiß dich zusammen, deine letzte Chance! Jetzt oder nie! Auf den Schuß knickt der Hirsch hinten ein, gewinnt die Balance zurück, flüchtet bergab ins Gebüsch. Das Kahlwild äst unbeeindruckt weiter.

Bob will allein absteigen. Zurück bei den Pferden, wird mir das Warten zu lang. Einen Gebirgssattel merke ich mir. Auf den reite ich zu. Unterhalb muß das Camp liegen. Als Bob vier Stunden später heimkehrt, legt er die Grandeln auf den Tisch und lacht. Kein Spießer sei es, wie von uns aus der

Ferne angesprochen, sondern ein Sechser. Je zwei krumme, gewundene Enden wüchsen aus den Rosenstöcken. Eine abnorme Trophäe. Wie wir uns freuen! Und so jung sei er gar nicht. Sollte er sich mit seinen Dolchen durchgesetzt haben, er der Platzhirsch gewesen sein?

Für zwei Mulis schlagen wir am nächsten Morgen eine Schneise in den Creek. Zigmal rutschen wir beim Aus-der-Decke-Schlagen hinab in den Bach. Abschüssig und glatt, ganz haltlos, wo der Hirsch liegt. Mit der Axt wird das Rückgrat gespalten, der Wapiti in vier Teile zerlegt. Der Marsch zurück ein Inferno. Die Mulis scheuen vor Baumstämmen. Die Last verschiebt sich fast alle zehn Meter. Von sieben bis sieben – längst funkelt der Abendstern bei der Rückkunft – sind wir unterwegs. Dann aber schlemmen wir wie die Kaiser Wapitifilet, das auf der Zunge zergeht, jeder soviel er will. Was kann das Leben doch schön sein!

Ein Puma vom Mt. Nebo

Die Wasatch-Range gehört zu den südlichen Gebirgsketten der Rocky Mountains. Von der Millionenstadt Salt Lake City ist es ein Katzensprung zu den von unzähligen Canyons zerschnittenen Drei- und Dreieinhalbtausendern. Für die sich wie ein Krebsgeschwür ausbreitende Stadt bildet das Gebirge eine natürliche Barriere. Wo die Siedlungen enden, ragt es drohend und abweisend in den Himmel.

Mein Guide Jesse Caswell holte mich mit einem amerikanischen Jäger vom Flughafen ab. Nach mehrstündiger Fahrt hatte man Highways, Lärm und Benzingestank weit hinter sich gelassen. Und die herrliche Einsamkeit der bis in die tiefsten Creeks verschneiten Rockies umgab uns. Fast vierzig Stunden auf den Beinen, war ich eigentlich mehr aufgekratzt als müde und fand noch längst keinen Schlaf, als wir schließlich in die Kojen seines Wohnwagens kletterten, der bei der kleinsten Bewegung wie ein Schiff schaukelte.

Wir hatten Ende Februar, und ich war gekommen, um hier mit Jesse Pumas zu jagen. Dieser Guide besaß für diese Jagd trainierte Hundegespanne. Im Winter galt es dem Berglöwen, im Frühjahr und Herbst dem Bären, und in der Zwischenzeit jagte er Wapitis. So war er jahrum in verschiedenen Staaten Amerikas und Kanadas unterwegs. Er führte ein Vagabundenleben. Die Ausbildung und Zucht der Hunde, die Jagd mit ihnen, war Familientradition. Jesse hatte vom Vater gelernt, und sein Sohn trat in seine Fußstapfen. Es sollte sich zeigen, daß dies eine Garantie war für exzellente Hunde und einen unvergleichlichen Jagdinstinkt.

Die Farmen im Schatten der Bergriesen lebten überwiegend von der Schafzucht. Und obwohl sich nur ausnahmsweise ein Puma am Vieh vergriff, gab es hin und wieder Spezialisten, die regelmäßig die Herden aufsuchten. War es gar eine Katze, so erzog sie ihren Nachwuchs zu Viehtötern. Auf solche Killer setzten die Farmer damals hohe Prämien.

Auch Altmeister Brehm hielt den Kuguar, wie er im Englischen heißt, für einen blutrünstigen, grausamen Räuber. Ein Zitat: ». . . das Blut liebt er weit mehr als das Fleisch, und deshalb begnügt er sich nicht, ein einziges Tier zu erlegen, wenn er anderer habhaft werden kann. Diese Blutgier macht ihn zu einem außerordentlich schädlichen Feinde der Hirten. Ein Kuguar tötete in einer Meierei achtzehn Schafe in einer Nacht und fraß von ihrem Fleische auch nicht einen einzigen Bissen, sondern riß bloß den Hals auf und trank ihr Blut.« Zitatende.

Daß Menschen, die oft jahrzehntelang im Jagdgebiet des Pumas wohnen, ihn nie zu Gesicht bekommen, ja von seiner Existenz nicht einmal wissen, trifft wohl eher die Mentalität der großen Katze, die scheu und zurückgezogen, menschliche Siedlungen meidet, die heimlich bleibt.

In Texas lernte ich später Mike, einen früheren Professional kennen, der mehr als 500 Silberlöwen streckte. Heute werden jährlich nur eine Handvoll Lizenzen vergeben. Aus dem Schädling, einem ›Varmint‹, wurde ein jagdbares Wild, was sein bester Schutz ist. Denn die Katzen nehmen seitdem ständig zu.

Um fünf Uhr morgens war die Nacht vorbei, der Schlaf zu kurz gewesen. Heißer Kaffee, bacon and eggs (Eier mit Speck) weckten die Lebensgeister und füllten den Magen. Denn das Frühstück mußte bis zum Abend vorhalten. Der Amerikaner wurde von Dave Thompson, dem Partner Jesses, geführt. So trennten sich jetzt bereits unsere Wege.

Mit Jesse begann ich im Morgengrauen den Einstieg in einen tief in den Berg geschnittenen Canyon des Nebo-Massivs. Seine beiden Bracken Piet und Pardener begleiteten uns. Wir folgten einem Bach die Hänge hinauf, den dicht wucherndes Gestrüpp schützte, abgelöst von spärlicher werdenden Zedern, Ahorn und wenigen Erlen. Bald stießen wir auf frische Fährten von Maultierhirschen, begegneten später einem Wapititier und fanden schließlich die erhoffte Pumaspur, die unsere Führungshündin Piet schon längst aufgenommen hatte.

Ihrem steten Geläut folgend, stiegen wir tiefer und tiefer in den Canyon; aber es war noch kein Hetzlaut, noch kein Standlaut, noch nichts Aufregendes. Die Spur konnte längst kalt, der Berglöwe hinter dem nächsten Felsbukkel, aber ebenso dreißig Kilometer weit gewandert sein. Der zweite Hund wurde nachgeschickt. Mal schienen die Bracken ganz nah, dann wieder Meilen entfernt. Das in den Einschnitten des Berges vielfach zurückgeworfene, verzerrte Echo erschwerte eine Ortung. Und dann, wie elektrisierend, konzentrierte sich das Gebell. Wir horchten, gingen ein Stück und lauschten wieder. Kein Zweifel, es kam konstant von ein und derselben Stelle und konnte nicht weit sein.

»Sie haben ihn!« meinte Jesse. Und dann polterten wir über vereiste Hänge, durch Gestrüpp und kaltes Gebirgswasser in Richtung des wütenden Hundegebells. Die Bracken standen unterhalb eines steil aufragenden Felsens, den ein schmaler Spalt als Nachtquartier der Großkatze auswies. Ihr süßlich-beißender Uringeruch strömte aus der Öffnung im Stein, und davor lag frische Losung. Aber der Puma war längst fort.

Nur widerwillig ließen sich die Hunde von der Höhle zerren. Heftiger Schneefall hatte eingesetzt, später übergehend in Regen. Nebelfetzen trieben über die Hänge und hüllten die Gipfel ein. Mit den angeleinten Hunden, die genauso müde, durchnäßt und deprimiert wie wir selbst schienen, stolperten wir zu Tal.

Am folgenden Tag sollte es demselben Puma im Summer-Range-Canyon gelten, nur wollten wir noch tiefer hinein und die Hunde erst spät freigeben, damit sie nicht zum zweiten Mal die leere Höhle der Katze verbellten. Unseren Weg kreuzte ein Baumstachler, der die Bracken in helle Aufregung versetzte. Jesse schien nicht so begeistert: »Diese Mistdinger bringen eine Menge Kitze um. Wenn die sich nämlich aus Neugier eine Nase voll Stacheln einfangen, läßt sie die Mutter nicht mehr säugen, und sie müssen verhungern.«

Nach dreistündigem Marsch stießen wir auf mehrere Pumaspuren; auf ganz frische und andere, die, bereits zugeschneit, tassengroße Mulden im Schnee bildeten. Jesse blies die lockeren Flocken aus den Tritten, um deren Größe zu beurteilen. »Hier treibt sich eine komplette Katzensippe rum, müssen nur den Richtigen finden«, war sein Kommentar.

Der Canyon weitete sich zu einem Kessel mit bizarren Felszinnen und lichten, ausgedehnten Cottonwoodbeständen. In dieser Abgeschiedenheit stießen wir auf Spuren von Rotluchs, Fuchs und Marder, beobachteten bis zu 50 Stück zählende Hirschrudel, die der Schnee in die Täler drückte, und sahen mehrere Adler.

Die Hunde hatten wir geschnallt und bald aus den Augen verloren.

Endlich ihr wie Musik in unseren Ohren klingender Ball. Wie weit mochte es sein? Später lauter, wütender wurde er Standlaut, so daß wir hoffen konnten, diesmal hätten sie ihn. Piet, die zierliche Hündin, kam uns entgegen, während der kräftige Pardener, ein Plottrüde, die Stellung unter dem aufgebaumten Puma hielt.

Erstaunlich, daß ein Berglöwe vor einem einzelnen Hund floh und sich stellen ließ, hätte er doch leicht mit einem einzigen Prankenhieb gleich mehrere Verfolger abwehren, ja, sogar töten können. Doch geschieht das nur selten. Wenige alte Kuder waren es nur, die diesen und jenen Hund Jesses schlugen. Der Puma zeigt wenig Kampfbereitschaft, weniger als der kleinere Luchs. Er bleibt passiv. Seinem Charakter entspricht die leise, unbemerkt heimliche Flucht.

Als wir die Katze in der Astgabel des mächtigen Cottonwoodbaumes sahen, sank unsere Stimmung von himmelhochjauchzend augenblicklich auf Null. Denn auch diesmal sollten alle Anstrengungen vergebens sein: der Puma war zu klein! Die Seher zu schmalen Schlitzen geschlossen, die Gehöre ›spöttisch‹ zurückgelegt, musterte uns die schöne Katze. Nur die Schwanzspitze zuckte nervös, und ihr Kopf folgte im Zeitlupentempo unseren Bewegungen. Jesse leinte die Hunde an und brachte den Puma mit Steinwürfen zum Abbaumen. Wie ein dunkler Schatten fegte er durch den Schnee und verschwand unter dem Gejohle der Bracken hinaus im an den Fels geschmiegten Bergwald.

Einen zweiten Puma brachten die fleißigen Bracken heute noch zum Aufbaumen. Wieder Hoffen, Jagdfieber, Hasten und Stolpern durch manchmal hüfthohen Schnee zum Standort der Hunde. Und wieder die bodenlose Enttäuschung, das augenblickliche Zusammenbrechen des beinahe erfüllten Traumes, als die Katze auch diesmal zu jung, also noch nicht jagdbar war. Sie hätten Geschwister sein können, die etwa jährigen, bereits selbständigen Pumas, aber wo steckten ihre Eltern? Für heute gaben wir auf. Auf dem Weg zum Wagen zurück würde es dunkel geworden sein.

Nach den Strapazen wollten wir es bequemer haben. Jedenfalls hatten wir das gehofft. Mit dem Vierrad buddelten wir uns heute, soweit es eben ging, die tief verschneiten Gebirgspfade hinauf, in der Hoffnung, vom Wagen eine kreuzende Spur zu entdecken und dieser dann mit den Hunden zu folgen. Der amerikanische Jäger war gleich am zweiten Tag erfolgreich gewesen und bereits abgereist.

Geradezu tollkühn lenkte Jesse an umgestürzten Baumriesen vorbei, durch vom Fels hinabbrausende Bäche und unglaubliche Schneewehen. Aber in höheren Regionen war der Untergrund vereist und der Schnee zu hoch. Nach wenigen Kilometern mußten wir regelmäßig umkehren, bis wir uns schließlich in einer Felsrinne festfuhren. Die an die Seilwinde angeschlossene Batterie war ruckzuck ›leergeorgelt‹, ohne den Wagen in die Spur zu bekommen. Nun standen wir da, ziemlich genau fünfzig Kilometer von der nächsten Ortschaft auf einem vereisten Bergpfad, der so breit war, wie ein Auto lang ist. Talwärts der Abgrund, hingen wir wie Mauersegler im Fels. Auf dem schmalen Sims wollte der schwere Wagen mit seinem Aufbau an Hundeboxen um genau 180 Grad gewendet sein. Und dieses Wenden kostete uns Schweiß. Mit dem Wagenheber hebelten wir den Ford Zentimeter für Zentimeter um seine Hinterachse. Eine Arbeit von vier Stunden, bis er in einer freigeschaufelten Rinne bergab tatsächlich ansprang. Verschwitzt, durchnäßt, die Moral auf der Talsohle, schlitterten wir Richtung Wohnwagen. Nicht einmal an den vielköpfigen Wapiti- und Maultierhirschrudeln unten im Tal konnte ich mich noch freuen.

Der folgende Tag schien nach achtstündiger Fährtensuche ebenso erfolglos zu enden wie der vorangegangene. Müde und gebeutelt hatte ich die Schuhe gerade ausgezogen, als Dave die beflügelnde Nachricht bringt, er habe einen Puma fest. Während wir uns vergeblich nach einer Spur abrackerten, ist er mit seinen drei Plotts gepürscht, hat in einer Schlucht die Katze zum Aufbaumen gebracht und seine Hunde unter der Zeder zurückgelassen.

Wegen der nahen Dämmerung ist Eile geboten. So tief wie möglich fahren wir deshalb in den Canyon. Die Rucksäcke und Waffen auf dem Rücken, mit Stablampen ausgerüstet, beginnt ein Wettlauf mit der hereinbrechenden Nacht. Über matschige Geröllfelder, durch ein vereistes, zedernbewachsenes Kar schlägt Dave ein höllisches Tempo an. Ich verliere ihn bald aus den Augen und folge seinen Tritten im Schnee. Am Bach endet seine Spur. Also muß er dem Bett des Rinnsals gefolgt sein. Längst sind die Schuhe durchweicht, die Beine bis Kniehöhe naß, und der Schweiß rinnt mir aus allen Poren.

Steil, schroff und abweisend wird das Bachbett, ein Ausstieg ganz schwierig. In der Ferne jetzt das wütende heisere Gebell der Hunde, durch das Echo im Canyon verzerrt und vielfach zurückgeworfen. Daves Tritte habe ich nun endgültig verloren, finde sie später erneut am matschigen Ufer. An einer in den Fels gekrallten Zirbe ist er aus dem Bachbett gehangelt. Über den glatten rutschigen Hang stolpere ich ihm nach, wurschtele mich durch verflixt dichtes Unterholz, daß die Zweige mir ins Gesicht schlagen, und erreiche schließlich ausgepumpt, verschwitzt und mit beschlagener Brille die riesige Zeder, unter der vom Schnee nichts mehr zu sehen ist, so haben die Hunde dort gewütet.

Die Sonne ist bereits versunken. Gegen den dunkelnden Himmel versuche ich, Einblick in den Dom der Stämme, Äste und Zweige zu bekommen.

Nach und nach entschlüsseln meine Augen ihr grauschwarzes Gewirr. Die Katze sitzt auf halber Baumhöhe. Ein konturloser, an den Stamm geschmiegter Klumpen. Ich habe mich eingesehn, kann jetzt Einzelheiten erkennen. Da ungefähr ist das Haupt. Dort sind die Pranken. Ihre Brust ist mir zugewandt.

Die Hunde haben sich heiser gebellt. Damit sie der herabstürzende, möglicherweise noch reaktionsfähige Puma nicht verletzt, werden sie angeleint. Ich suche mir am glitschigen Hang einen festen Stand und ziele mit der .350 Rem.Magnum mitten auf die Brust. Der Puma prasselt zu Boden, schlägt hart auf, versucht nochmal hochzukommen. Dave hat mir seinen Revolver gereicht: »Gib ihm den Fangschuß in den Kopf!« Meine Hände zittern. Eh ich durchziehe, kippt die große schöne Katze zur Seite. Ihre Pranken greifen ins Leere. Die Krallen im Todeskampf ausgestreckt, spannt sich ein letztes Mal ihr sehnig geschmeidiger Körper und fällt kraftlos in den Schnee.

»Du brauchst nicht mehr zu schießen.« Aber das sehe ich selbst. Die Hunde werden herangelassen, reagieren ihre Wut am verendeten ›Löwen‹ so ab, daß man fürchtet, sie reißen ihn in Stücke. »Der Balg hält das aus«, tröstet mich Dave, als er mein besorgtes Gesicht sieht. Wir schleifen die Beute zu einer flachen Anhöhe und beginnen gleich mit dem Aus-der-Decke-Schlagen. Bis wir damit fertig sind, ist es stockfinstere, mond- und sternenlose Nacht. Die Hunde werden genossengemacht, die Decke im Rucksack verstaut. Und unser gespenstischer, von Lampen erhellter Rückmarsch kann beginnen.

Tags darauf schlafen wir aus, zeigen die Decke mit dem ›tag‹, dem Wildursprungszeichen daran, wie es Pflicht ist, dem Wildhüter und haben Zeit für so schöne Dinge wie Auskochen des Schädels, in der Sonne dösen und einen Brief nach Hause zu schreiben.

Eine unvergeßliche Pumajagd in den Rocky Mountains ist zu Ende; es sollte meine erste und letzte bleiben.

Indianerbüffel

Der Flug nach Texas war ›unter Dach und Fach‹. Die Buchung zum Holidaytarif hatte gerade noch geklappt. Eigentlich zu überstürzt. In vier Wochen sollte es losgehen. Und ich hatte ein wenig Angst. Aber ich mußte mal wieder raus. Und da gab es so eine Träumerei, der ich nachhing, nämlich, einen Bison zu jagen. Doch in den Träumen blieb es behaglich, da war alles leicht. Jetzt, da ich im Begriff war, ›Nägel mit Köpfen zu machen‹, bekam ich Bedenken.

Der Wunsch, einen Bison zu erlegen, war allerdings keine Schnapsidee. Er fand wohl seinen Anfang in der Erinnerung an Karl-May-Romantik, in Angelesenem über die Beinahe-Ausrottung im vorigen Jahrhundert, und war verwurzelt in der Faszination, den Wisente im polnischen Urwald auf mich machten, als ich als Austauschstudent vor Jahren in Bialystok hospitierte.

Heute mögen auf dem nordamerikanischen Kontinent wieder mehr als 30 000 Büffel ihre Fährten ziehen. Ihr Bestand ist somit längst gesichert, eine Wildbewirtschaftung sogar notwendig, was der Hungertod einer Herde in den Nordwestterritorien Kanadas beweist, eine Herde, die zu stark angewachsen war und nicht mehr genug Äsung fand. Einigen Indianerstämmen ist dieses Wild wieder wichtige Nahrungsquelle.

Nach strapaziösen Flügen mit einem Tag Verspätung war ich endlich in San Antonio. Es war Ende Februar und tagsüber schon so warm, daß man in kurzen Hosen und Hemd nicht fror. Klima, Ortsnamen und Menschenschlag verrieten das nahe Mittelamerika.

Über einen Kontaktmann der in Deutschland stationierten US-Streitkräfte hatte ich bei einem texanischen Outfitter gebucht. Doch war der wohl nicht informiert, und es brauchte viel Geduld und Nerven, in die Geheimnisse des amerikanischen Auskunfts- und Telefonsystems einzudringen. Bis mich gegen Abend dann doch jemand auflas.

Die Großstadt San Antonio hinter uns lassend, führte der Highway durch dünnbesiedeltes, hügeliges Land des ›Hill Country‹. Aus dem Braungrün der das ganze Jahr blättertragenden Lebenseichen und Zedern lugte nur hier und da ein weißgetünchtes Haus, ein Windrad oder eine Farm. Die 2000 bis 6000 Hektar großen Besitze (es gab natürlich viel ausgedehntere) lebten von der Viehzucht. Dem Wild waren die Zäune kein Hindernis. Ein Wapiti beispielsweise überfiel sie aus dem Stand.

Man lud mich im feudalen, sehr teuren, direkt an der Hauptstraße des

Distriktstädtchens Kerrville gelegenen Hotel ab, was sicher bequem war. Doch hatte man da meinen Geldbeutel weit überschätzt. So schaffte man mich verärgert zu einem abgelegenen, alten Cottage am Johnson River, seit langem zwar nicht bewohnt und verwahrlost, aber ich war hier mein eigener Herr. Und ich fühlte mich frei, trotz der spartanischen Kost, die von der gnädigen Misses des Chefs Tag für Tag gebracht wurde: immer nur Eier und Brot.

Warum ich das alles erzähle? Weil es hinlenkt auf einen Zufall, auf einen sehr glücklichen Zufall, auf das Treffen mit Hans, meinem Freund und Waidgenossen über viele folgende Jahre. Dieser ›Zufall‹ aber entsprang letztendlich dem Bedürfnis, amerikanischen Jagdpraktiken, wie ich sie dort erlebte, den Rücken zu kehren.

Diese Praxis war so: Vom angeblichen Spitzenguide – sein Spitzname war ›Catfish‹ – wurde ich am ersten Jagdmorgen abgeholt. Eine Stunde nach vereinbarter Zeit. Probeschüsse, das Vertrautwerden mit dem Leihgewehr, dafür war keine Zeit mehr. Es mußte irgendwie gehen.

Catfish trug leuchtendblaue Hosen, einen hellen, strahlenden Texashut und hochhackige Stiefel mit Sporen. Trotz dieser Handicaps brachte er mich im steinpolternden, steilen Gelände an ein Rudel Corsikans; das sind Bastarde zwischen Mufflon und westindischen Barbadosschafen, die ein enorm rasches Schneckenwachstum aufweisen.

Aber solche Kreuzungen waren für mich tabu. Ich sah in ihnen kein Wild. Später hätte ich um ein Haar ein feistes, von der Trophäe ›kapitales‹ Merinoschaf auf die dicke Wolle gelegt. Als wir auf dem Grat liegen, zog es am bewachsenen Hang auf uns zu, immer nur für Sekundenbruchteile sichtbar. Und ich war mir noch gar nicht klar, was da nun bald ins Freie treten würde.

»Good ram, Fritz, shoot! Shoot! (Guter Widder, Fritz, schieß! Schieß!)« Den Finger längst am Abzug, durchfuhr es mich im allerletzten Moment: »Das ist ja ein Merino.«

»Ja, natürlich ein Merino, aber ein ganz kapitaler«, tat Catfish selbstverständlich. Auf solch eine Trophäe seien andere Jäger ganz scharf. »Schau Dir mal die vielen Windungen an!« Nachmittags, mein Guide hatte über Mittag ausgiebig Billard gespielt, war endlich Zeit für einen Probeschuß mit meiner Leihbüchse. Sie schoß zunächst ganz und gar daneben. Ich justierte sie exakt.

Und das war gut so, denn wir machten einen einzelnen Widder aus, ein offenbar artreines Mufflon mit heller Schabracke. Er bummelte durchs Stangenholz, äugte jetzt in unsere Richtung. Der Unterwuchs so dicht, daß das Blatt nie ganz frei wurde. An einem wackeligen Strauch anstreichend, gelang mir ein Schnappschuß auf den Träger. Ein gewagter Schuß. Ich wußte, so soll man nicht schießen, so übereilt und riskant. Aber darüber dachte ich jetzt nicht nach. Ich war einfach stolz. Auch Catfish schien ganz und gar angetan.

Dieser Abschluß des Tages versöhnte mich etwas, obwohl mich nachdenklich stimmte, daß Catfish mit dieser .270 Winchester mit mir auf Büffeljagd wollte. Das sei schon das richtige Kaliber für einen Bison, beschwichtigte er mich. Ich könne ja mehrmals schießen. Sie hätten da so einen Alten im Gatter.

Die Dinge wollte ich erst einmal auf mich zukommen lassen. Am nächsten Morgen wurde ich nicht vom Masterguide Catfish, sondern von Robby, einem Aushilfsführer, abgeholt. Catfish hatte heute Amerikaner, also die besseren Jäger, zu führen.

Robby war Polizist, kam gerade von der Nachtschicht, war entsprechend müde, schlecht gelaunt und wortkarg. Ähnlich grell wie Catfish gekleidet, eilte er anfangs mit einem unglaublichen Tempo den ersten Hang empor, um rasch und sehr ausgiebig zu rasten. Seine Kondition war miserabel, ich war das dauernde Warten auf ihn schließlich leid und schlug vor, mich zum Cottage zurückzubringen. Das war Robby sehr recht.

Am selben Nachmittag hielt ein Jeep neben mir, als ich entlang des Johnson River bummelte. Ein kleiner, drahtiger Mittvierziger mit einem verwegenem Hut saß am Steuer und lud mich ein zu einer Revierfahrt. So lernte ich Hans Jaggi kennen, einen gebürtigen Schweizer, den es nach verschiedenen Lebensstationen hierher verschlagen hatte, wo er so etwas wie ein Professional Hunter, also ein Berufsjäger, war.

Im Hill Country, rund 100 Meilen nördlich von San Antonio, besaß er das alleinige Jagdrecht auf einer riesigen Farm. Darüber hinaus führte er in Revieren befreundeter Farmer. Seine Stammranch gehörte einem alternden Spediteur, einem Multimillionär, für den über hundert Sattelschlepper unterwegs waren. Ein Mann, der sich mal geizig und mal sehr großzügig zeigte, der langsam schrullig wurde, aber mich sehr mochte.

Ja, der alte Querner war ein Original. Jeden Sonntag brauste er von San Antonio mit seinem klapprigen, rostigen Ford ins Hill Country, um Hans zu besuchen und sich von ihm über die Farm berichten zu lassen. Er trug immer denselben abgewetzten Anzug und ebenso alte Schuhe. Er war das Klischee des geizigen, neureichen und doch auch sehr warmherzigen, offenen Texaners. Hans bekam von ihm alles, was er wollte. Ich glaube, Mister Querner war vor allem ein sehr einsamer Mann.

»Wir sollten die verwilderten Schafe auf der Farm ausschießen, Mr. Querner. Sie stören nur das Wild und kreuzen sich mit ihm.« Und Mister Querner stimmte zu. So schossen Hans und ich verwilderte Schafe aus und später Ziegen; noch später dann Ponys und verwahrloste Schweine. Mister Querner war mit allem einverstanden. Doch ich habe weit vorgegriffen.

Heute zeigte mir Hans erst einmal sein Revier, das teils macchiadicht mit Chinook, Nadelbäumen und Eichen bewachsen war, das vom nagenden Wind und Wasser tief ausgewaschene Canyons aufwies und am Boden der Canyons Flüsse, die sich brachen an Felsquadern, groß wie eine Kapelle, mit denen ein Riese gespielt haben könnte.

Und es gab viel Wild. Wir hatten Anblick von Dam-, Weißwedel- und Axishirschen, pürschten uns bei günstigem Wind an drei reife Widder. Und zum ersten Mal sah ich die prächtigen, scheuen Wildtruthähne, die bei einer Fluchtdistanz von 300 Metern bereits abstrichen oder rennend zwischen Büschen und Felsen verschwanden, waren es doch echte Schnelläufer.

Truthahn, Wapiti, Weißwedelhirsch und Bison sind bodenständiges Wild. Eingebürgert hat man neben Muffel-, Dam- und Axiswild das Mähnenschaf, Sikas, Wildziegen und die asiatische Hirschziegenantilope; auf einigen Farmen sogar Roan (Pferdeantilope), Impala und Oryx, also Vertreter·der afrikanischen Fauna.

Vor rund sechzig Jahren begonnen, übertreffen manche Bestände des ›exotischen‹ Schalenwilds mittlerweile die ihrer Ursprungsländer. Ja, man hat sogar die in Indien bedrohte Hirschzieген- und Nilgauantilope nach Asien rückgeführt.

Das private Territorium der Farmen haben die Mähnenschafe, Mufflons, Sikas, Axis- und Damwild längst verlassen und sich in staatlichen Forsten und auf nicht befriedetem Gebiet verbreitet, ja sogar die Grenzen des Staates Texas überschritten.

Einen Eindruck vom Wildreichtum des Reviers und seiner Ursprünglichkeit hatte ich bekommen. Ich beglich meine Schulden bei den Amerikanern, zog aus dem Cottage aus und in das Landhaus von Hans. Für die Büffeljagd blieb noch Zeit. Mich reizte so ein starker Muffelwidder, einer von der Güte, die ich heute sah.

Der folgende Tag brachte zwar Anblick. Im deckungsreichen Chinook bekamen wir die Schafe aber nicht auf Schußdistanz. Uns entschädigte die Begegnung mit Büffeln. Eine Herde von Kühen mit einem jagdbaren Bullen.

Sie ästen im offenen Gelände. Gegen den hellen Hintergrund wirkten die dunklen Kolosse wie Denkmäler, jetzt in der Winterdecke sicher noch massiger. Bis auf 80 Gänge fuhren wir heran. Dann wurden die Büffel unruhig. In der nächsten Nacht träumte ich von ihnen.

Der dritte Jagdtag mit Hans: Bei gutem Wind pürschen wir durchs weglose, übermannshohe Dickicht, mehr kriechend und robbend. Lichtun-

gen darin eingestreut, wo wir hoffen, einem Widder zu begegnen. Denn nur
hier auf den Freistellen sind ein Ansprechen und ein Schuß möglich.

Sieben Widder machen wir mit dem Glas gegen Mittag auf einer Blöße
aus. Sie sitzen sehr weit auf einer entfernten Hügellehne, haben sich niedergetan zur Siesta. Die Deckung nutzend, bleiben schließlich noch gut hundert
Meter zum vermutetem Wild. Doch der im Tal küselnde Wind verrät uns
den Schafen, die uns förmlich erwarten. Es bleibt keine Zeit zum Ansprech-
chen, schon gar nicht zum Schuß. Ein Schnauben, und alle sind fort wie ein
Spuk.

Wir geben nicht auf. Als die Schatten zum Abend hin länger werden,
stoßen wir auf Schafe mit Lämmern; bei ihnen zwei, nein drei Widder. Und
der dritte ist der Richtige. Wir kriechen, zwängen uns durchs dornig
stachlige Gestrüpp bis zur Lichtung; noch wenige Meter, höchste Vorsicht!

Ein Schaf des vielköpfigen Rudels hat uns eräugt, ein zweites wird
aufmerksam. Die Widderparade wirft auf. Sie machen große Lichter, werden sichtlich unruhig. Wir im Mittelpunkt ihres Interesses, aber sie springen
nicht ab, ihre Neugier kommt uns zugute.

»Der ganz rechts. Gefällt er Dir?« Und ob. Full curl mit starker Basis.
Gerne hätte ich irgendwo aufgelegt oder angestrichen. Aber es gab nichts.

Der Widder steht halbspitz, stampft mit dem Vorderlauf, unverwandt zu
uns äugend, kann augenblicklich abspringen. Auf den Schuß ruckt er,
schlägt aus und folgt dem Rudel als letzter: ›katzbucklig‹, schwerkrank. Um
nachzuschießen bleibt er zu verdeckt.

Weidwund? Wir wollen ihm Zeit lassen, krank zu werden. Später dann
am Anschuß kein Schweiß. Dreißig Gänge weiter vorgedauter Panseninhalt,
richtig dicke Brocken. Ins Dickicht hinein schließlich dunkelrote Spritzer.
Nach weiteren Metern verlieren wir die Fährte.

»Brauchen wir einen Hund?« fragte ich Hans. »Nein, Shortie, den
Mexikaner.« Ich blieb beim Anschuß. Als die beiden zurück sind, waren am
Himmel bereits zwei Geier.

Shortie heftete sich an die Fährte, bestätigte ein Wundbett, ein zweites.
Nur einen Steinwurf weiter stand er bereits vor dem Widder, der vom Tod
überrascht mit eingeknickten Vorderläufen an einem Busch ›lehnte‹. Das
Rudel war ihm davongezogen. Die etwas tiefe Kugel (7×65R) hatte die
Herzspitze gefaßt und den Weidsack durchschlagen, bevor sie auf der
Gegenseite vor dem Hinterlauf austrat. –

Warme Strumpfhose und Parker sollte ich nicht umsonst mitgenommen
haben. Eine von Norden kommende Kaltfront brachte schneidenden Wind
und auch tagsüber Temperaturen unter Null.

Der scheuen, grazilen Hirschziegenantilope, von den Indern fast zärtlich

›Sasin‹ genannt, hatten wir bisher vergeblich nachgestellt. Auf etlichen Farmen in Texas gibt es große Sprünge. Ihre Sinne überaus scharf, blieb ihre Fluchtdistanz groß. Zugute kam ihnen offenes, übersichtliches Gelände, wo sie bevorzugt standen.

Der heutige Tag begann vielversprechend. Wir entdeckten zwei kämpfende Böcke. Weithin hallte das Aufeinanderprallen ihrer Schraubengehörne. Unerbittlich heftig wogte der Kampf. Beide Kämpen waren kapital, beide pechschwarz, ein Zeichen alter, reifer Böcke. Nur auf sich konzentriert, ließen sie sich anpürschen.

Zur letzten Baumgruppe ein kurzer, geduckter Sprint. Die Arena, eine flache Senke, lag unter uns. Wie Fechter teilten sie blitzschnelle Hiebe aus, verkeilten die Stirnwaffen, schoben einander so schnell, daß es einem den Atem verschlug, wendeten unglaublich behende, bemüht, die Flanke des Gegners frei zu bekommen.

An einem Bäumchen angestrichen, wartete ich auf einen Moment der Erschöpfung, auf ein kurzes Verschnaufen der Rivalen. Denn ihr rasantes Duell ließ keinen Schuß ohne Gefährdung des anderen zu. Momente höchster Spannung und Konzentration. Dann augenblicklich und unerwartet die Ernüchterung. Ein Bock gab sich geschlagen. Vom Gegner verfolgt, tauchten beide ins nahe Holz. Der Kampfplatz war leer. Uns Jäger hatten sie erst gar nicht bemerkt.

Wir wechselten den Revierteil. Ein von Wind und Wetter mitgenommener Bretterverschlag diente als Bodenansitz. Vor uns eine Bodenvertiefung, die ein Engpaß, fast ein Zwangswechsel zwischen zwei Hügeln war. Weißwedel, Mähnenschafe und ein Sprung weiblicher Antilopen bewiesen, daß wir hier richtig saßen. Und es erschien schließlich ein Bock, und gar kein schlechter.

Zwar war seine Decke nicht schwarz, sondern braun. Aber manche alte Böcke bleiben zeitlebens kaffeebraun, sie werden nie tiefschwarz. Also fertigmachen. Nicht nur vom Jagdfieber, auch vom erbärmlich kalten Wind geschüttelt, tanzte der Zielstachel auf dem Wild. »Unmöglich, ich zittere wie Espenlaub«, sagte ich zu Hans gewandt.

»Das schaffst du! Setz noch mal ab. Beiß dir auf die Lippen!« Ein Rat, den mein Onkel auch praktizierte bei seinen ›dicken Hirschen‹, wenn ihn die Aufregung beutelte.

Also wie befohlen: Absetzen, tief durchatmen, ins Ziel wackeln. Auf die Lippen gebissen, daß es furchtbar weh tat. Ein Augenblick höchster Konzentration. Und die Kugel war draußen. ›Durch den Schuß‹ sah ich den Bock im Feuer zusammensinken.

Das Gehörn mit dreieinhalb Windungen war knuffig, im Stirnansatz

Sichernde Wasserbüffelkuh im nordaustralischen Outback

Pürsch im Regenwald auf Büffel und Keiler

In die Bauchhöhle des Murmelbären stopfte Hubert Gras

Die Moaalm am Eingang ins Tiroler Habachtal

stark, das Wild mit seiner oben braunen, unten schneeweißen Decke auch jetzt noch schön, wenngleich ich gerade seine Grazie, die Eleganz der Bewegung an ihm besonders liebe.

Nach dem Versorgen wollten wir noch einige Höhlen der Klapperschlangen kontrollieren. Die ersten warmen Sonnentage locken die Reptilien ins Freie nach langer Winterruhe, die sie in den oft riesigen Labyrinthen unterirdischer Bachbetten hielten. Meist führen nur winzige Öffnungen ans Tageslicht. Manche der Verliese beherbergen mehr als einhundert Schlangen.

Der Kriechspur zweier Schlangen folgten wir im Sand. Nah am nur untertassengroßen Höhleneingang war das noch einfach. Eine der beiden fanden wir, wie sie sich zusammengerollt, offensichtlich arglos sonnte. Nun keinen Fehler machen! Das Tier sollte den Jäger möglichst nicht bemerken, nicht zum Angriff gereizt werden.

Aus einiger Distanz trifft Hans das Reptil mit der Hornet genau hinter den Kopf. Es ist tödlich verwundet, wird sich aber wegen der langlebigen Nerven des Schlangenkörpers noch viele Stunden winden und krümmen. Und die Giftzähne sind auch noch zu fürchten. Deshalb behutsames Bugsieren in einen Sack. Mit Astgabeln bleiben wir auf Distanz.

Später sah ich viel dickere Schlangen, manche dicker als ein Unterarm, fast zwei Meter lang und wunderschön gezeichnet. Eine solche Trophäe, auf Filz genäht, war sehr ansprechend. Bei einer Jubiläumsfeier der Y. O. Ranch reichte man gegrillte Klapperschlangen als Delikatesse.

Hans jedenfalls fieberte der Frühjahrsjagd auf sie regelrecht entgegen. Er freute sich darauf wie andere auf herbstliche Niederwildjagden oder auf den Aufgang der Böcke. Seine Passion, der Nervenkitzel dieser Jagd, steckte wirklich an.

Ein verkarstetes, schütter mit Zedern bewachsenes Hochplateau, dort hatten wir vor Tagen eine Büffelherde bestätigt. Ein sechsköpfiger Bullenverband, ein ›Herrenclub‹, von ihnen drei hochjagdbar. Den zwar nicht im Gebäude, aber von der Trophäe bei weitem stärksten merkten wir uns an einer handlangen Narbe des linken Oberschenkels. Auch sonst wies seine dichte Winterdecke die Zeichen früherer Verletzungen auf. Als blanke, haarlose Stellen waren sie durchs Glas sichtbar.

Diesem bestimmt sehr alten, hochkapitalen Bullen sollte es also gelten. Seit unserer ersten Begegnung ließ er mich nicht mehr los. Wie magnetisiert kehrten meine Gedanken immer wieder zu ihm zurück. Die Erfüllung meines Traumes wurde greifbar.

Dreimal waren wir den Büffeln bisher begegnet. Heute, am 29. Februar, sollte es ernst werden, vorausgesetzt wir fanden das Wild.

Nach morgendlicher Bewölkung klarte es auf. Die Sonne setzte sich durch. Es wurde drückend schwül. Hans lieh mir seine .458 Winchester ohne Glas. Mit ihr hatte ich mich schon vertraut gemacht.

Wir stießen auf die kleine Herde in der Nähe ihres letzten Einstandes vor zwei Tagen. Sie war gottlob nicht weit gezogen und im halbwegs offenen Gelände geblieben. Sie im Dickbusch anzugehen und den Gesuchten herauszufinden, war weit schwieriger. Wir hätten ganz nah heran gemußt. Die Situation wurde dadurch kaum mehr kalkulierbar.

Es ging bereits auf Mittag zu. Die Bullen hatten sich zwischen die schattigen Zedern geschoben, ein Büffel stehend, die anderen niedergetan. War das ›mein Bulle‹, der da als einziger auf den Läufen war?

Der Wind blies uns in den Nacken. Sein mächtiges, dunkles Haupt wandte uns der Büffel jetzt zu, im Zeitlupentempo. Durchs Glas sah ich das Weiß seiner Lichter. Die Herde wurde unruhig. Die Ruhenden standen auf. Ihre Körper verschoben sich. Aber wer war der Richtige? Wer der Gesuchte mit der Narbe? Ein Ansprechen schier unmöglich.

Die Bisons wendeten, traten aus dem Baumschatten in die Mittagssonne. Sie zogen bedächtig, aber stetig von uns fort. In gebührendem Abstand, die spärliche Deckung nutzend, folgten wir, dabei einen Bogen beschreibend. Wir wollten sie breit bekommen, ihnen den Weg abschneiden.

Eine wie eine Allee wirkende Zedernzeile gab uns Sichtschutz, eine Auflage bot sie nicht. Die Büffel standen nun breit, etwas auseinandergezogen. Wir konnten sie ansprechen. Aber sie waren nicht vertraut. Sie witterten uns.

»Der zweite von rechts. Mach' Dich fertig.« Aus dem Schutz des Busches robbte ich ins Freie, suchte, wie auf dem Präsentierteller liegend, über Kimme und Korn mein Ziel.

»Vorsicht! Der Kleine schiebt sich davor«, zischte Hans. Einen Augenblick später: »Jetzt kannst du. Er steht wieder frei. Nein, halt! Warte! . . . noch zu spitz.« Und dann nach einer Unendlichkeit: »Jetzt geht's!«

Am Vorderlauf hochfahrend, ein wenig nach hinten und ja nicht zu hoch wegen des mächtigen Buckels, lasse ich fliegen. Der Bulle schlingert, knickt in der Hinterhand ein, droht zu fallen. Doch nur einen Moment. Dann prescht er los. Ein zottiges, uriges Kraftpaket flüchtet die letzten Meter seines Lebens, verlangsamt nach rund fünfzig Gängen, schwankt, kippt staubaufwirbelnd zur Seite und liegt.

Die übrigen Büffel, dem Getroffenen in voller Fahrt folgend, bis zum äußersten gereizt, umkreisen unter Schnauben und Scharren den gefallenen Leitbullen. Die Wedel steil aufgerichtet als Ausdruck von Panik und Wut, versuchen sie den Verendeten mit ihren Häuptern aufzumüden, ein ergreifendes Schauspiel.

Nach dem Schuß hatte ich mich sofort in Deckung gebracht, Hans die durchrepetierte ›Elefantenbüchse‹ gereicht, und er mir seine schwächere Waffe, wie abgemacht. Aber ein Nachschuß war überflüssig.

Beim Jeep zurück, löste sich die Spannung. Eine halbe Stunde später umringten den Büffel noch immer seine Gefährten. Ein Warnschuß beeindruckte sie nicht. Hupend, gestikulierend rasten wir wieder und wieder auf sie zu und an ihnen vorbei. Da erst trotteten sie widerwillig in den Busch.

Das 33 Gramm schwere Geschoß hatte das Herz zerfetzt, erzeugte aber keinen Ausschuß. Der Bulle mochte 18 bis 20 Jahre alt sein, vielleicht älter. Ein drahtiger, schwarzer Haarwust zierte seine Stirn, ließ das Haupt noch wuchtiger erscheinen. 45 Zentimeter mißt die Hornbasis. Das Horn selbst von Schrunden und Rissen ›verschönt‹.

Dieser mächtige alte Büffel ist mehr, als ich zu träumen gewagt hatte.

Zimtbär

In seinem Buch ›Über die Jagd‹ schreibt der spanische Philosoph Ortega y Gasset: »Der Bärenkult mit seinen mannigfachen Zeremonien erstreckt sich vom nördlichen Europa über Nordasien bis nach Nordamerika hinein.

Hohe Verehrung genießt der Bär in allen diesen Ländern. Beileibe darf man ihn nicht mit seinem Tiernamen nennen, sondern man spricht von ihm als Großvater, Altvater, Pelzvater oder – wie im finnischen Nationalepos Kalewala – gar von Süßfuß und goldenem Kuckuck des Waldes. Den getöteten Bären aber umgeben reiche Zeremonien.

Schon wenn das Tier gestellt ist, besonders aber nach seiner Erlegung, werden ihm von den Jägern die ausgesuchtesten Entschuldigungen dargebracht. Bei den Korjaken (altsibirisches Naturvolk) wird der verendete Bär im Lager mit Tänzen und geschwungenen Feuerbränden empfangen. Eine der Frauen setzt sich den Bärenkopf auf, hüllt sich in das abgezogene Fell und tanzt in dieser Maskierung, wobei sie dem Bären zuspricht, doch nicht böse und traurig zu sein. Das Bärenfell mit dem Kopf daran wird alsdann auf einem Ehrenplatz ausgebreitet. Der Bär ist Gast bei seinem eigenen Male. Bei anderen Stämmen wird der Bär, während die Frauen wie um einen lieben Toten weinen und klagen, festlich geschmückt auf eine Matte gesetzt und mit Speise und Trank versehen. Man opfert ihm, hält ihm Reden und wird immer ausgelassener, bis endlich das Tier zerlegt, sein Blut getrunken und sein Wildbret unter den Anwesenden verteilt wird.

Der letzte Akt des Zeremoniells ist die Niederlegung des Schädels an heiliger Stätte oder seine feierliche Beisetzung, wobei meist auch die übrigen Knochen mitbestattet werden. Bei den Tungusen und Jakuten darf von den Schmausenden kein Knochen zerbrochen werden. Sie werden in Birkenrinde gewickelt und danach auf einen Baum gelegt. Die Lappen aber bereiten dem Bären ein Erdgrab, das sie mit Birkenreisern auspolstern. Dahinein legen sie alle Knochen in anatomischer Reihenfolge, wobei die Rückenwirbel auf eine Gerte gezogen werden. Windfang, Kurzwildbret und Pürzel werden dann ebenfalls an den gehörigen Platz gelegt und das Ganze schließlich mit Zweigen und Erde zugedeckt. Wenn in dieser Weise der Bär von den Menschen würdig behandelt worden ist, wird nach dem Glauben dieser Völker der Waldgeist im nächsten Jahr den Jägern einen neuen Bären schicken, oder es werden sich die Knochen wieder mit Fleisch und Pelz umgeben, und der Bär wird sich den Jägern erneut zur Beute stellen.«

Jesse, der amerikanische Berufsjäger, sieht Bärenjagd vergleichsweise nüchtern, wie er überhaupt die Dinge wenig poetisch, sondern rein sachlich betrachtet. Ihn auf die gelben Fackeln der Aspen aufmerksam machend, meint er nur: »Wenn Herbst und Kälte so früh kommen, ist das ganz schlecht. Die Bären wandern dann nicht, suchen sich zeitig ihr Winterquartier.« Auf das Gefieder des Haselhahnes angesprochen, den ich mit der Flinte erlegte: »Der schmeckt gut in der Pfanne.« Womit er recht hatte, aber nicht meine Bewunderung für die Nuancen des braun-grau-weiß schillernden Gefieders teilte.

Aber ich wußte ja um seine Wortkargheit, hatte ihn vier Jahre zuvor bei der Jagd auf Puma erlebt. Auch mir war nicht danach, viel zu reden, zu berauschend war dieses Land, war dieser Indianersommer. Worüber es keinen Zweifel gab, daß wir wie damals im entscheidenden Moment das Richtige tun, daß wir uns aufeinander verlassen konnten, ein Team sein würden wie damals. Dieses der menschliche ›Faktor‹; blieb das Entscheidende die Arbeit der Hunde. Ihnen mußten wir vertrauen. Wenn sie keine frische Spur witterten, wenn sie die gefundene nicht halten, den aufgespürten Bär nicht stellen oder zum Aufbaumen zwingen konnten, wenn sie ihn erst im nur fünf Kilometer entfernten Kanada, in Britisch-Kolumbien, aufbaumen ließen, dann gingen wir leer aus.

Letzteres war an meinem Ankunftstag passiert. Die Bracken banden einen Petz über der Grenze. Jesse hatte die Waffen an der Grenze abzugeben; er war nach stundenlangem Orten erst gegen Mitternacht zu den Hunden gestoßen. Auf dem Rückmarsch durch stockfinstere Nacht rannten die in einen zweiten Bären, den sie direkt neben der Hauptstraße in einen Baum trieben. Fix und fertig kam Jesse frühmorgens zurück. Dabei war der Tag schon aufregend genug gewesen, hatte doch an diesem Vormittag der alte Corbet endlich seinen ›Blacky‹ bekommen.

Corbet ist jemand, den man sofort ins Herz schließt. Er redet zwar wie ein Wasserfall und schnarcht lauter als ein Grisly, daß selbst Oropax nicht hilft. Aber er ist so herzerfrischend liebenswert. Wenn er sich freut, muß man sich einfach mitfreuen. Jesse hatte er genug Kopfzerbrechen bereitet, war Corbet doch über siebzig und nicht bester Kondition. Für ihn kam deshalb nur ein ›close to the road bear‹ (ein Bär nahe der Straße) in Frage. Und der wollte erst einmal gefunden sein. Daß es am fünften und letzten Jagdtag klappte, war wirklicher Dusel. Einfach ideal führte vom Holzabfuhrweg eine Schneise 30 Meter bergab zum aufgebaumten Petz. In der Aufregung zieht Corbet die Büchse nicht fest genug in die Schulter, und das Zielglas rammt sich beim Rückstoß in die Augenbraue.

Die Kugel zerschmetterte das Blatt des Bären, ohne die Kammer zu verletzen. Ehe Corbet nachschießen konnte, baumt der Bär ab, flüchtete hinunter in den Urwald, erklomm eine Fichte 200 Meter unterhalb. Dabei umklammerte er mit der unverletzten Pranke einen Ast, schlug sein Gebiß in den nächsthöheren und zog sich daran hoch. Ein unglaublicher Lebenswille steckte in ihm. Trotzdem das erbärmliche Bild einer gehetzten Kreatur in höchster Not. Ray, der 30 Jahre jüngere Freund Corbets, ließ den Bär nach einem Halsschuß zu Boden fallen. Eh' er ihn berührte, war er verendet.

Auf dem Weg ins Camp begegnet uns Becky, Jesses Frau. Sie kümmerte sich darum, daß Corbets Braue im nächsten Ort genäht wurde. Wir, von Spokane im US-Staat Washington kommend, waren dort frühmorgens bei herrlichstem Indianersommerwetter Richtung Norden gestartet, hatten 110 Kilometer nördlich von Colville bei einem Schlachthof Abfälle für die Luderplätze eingepackt und nach weiteren 60 Kilometern, z. T. auf Schotterpisten, das Jagdlager erreicht. Malerisch in einer buschbewucherten Senke lag es direkt am Sheep-Creek. Seinem Murmeln und Rauschen lauschte ich Abend für Abend, auf dem Feldbett im Zelt liegend, bis mich der Schlaf einfing.

Der letzte Ort, bevor wir abbogen in das Wirrwarr der Holzrückwege, hieß Northport, am mächtigen, behäbig wie die Donau dahinfließenden Columbia-River gelegen. Hier begann es zu regnen. Ein kleines, ärmliches, am Ende der Welt gelegenes Nest vor der Grenze zu Kanada. Verfallen und verwahrlost viele der holzschindelgedeckten Häuser mit ihren aufgebockten verrosteten Oldies – ausgedienten Autos – drumherum war es trotzdem oder gerade deswegen ein idyllischer Ort an einem schweigenden, großen Fluß, fast so, als hätte die Zeit ihn vergessen.

Die knorrigen Bäume längs der Dorfstraße strahlten Ewigkeit aus, so unverrückbar, so unantastbar wirkten sie in ihrer herbstlichen Schönheit, so hell war ihr Gelb, so tief ihr Rot. Ganz makellos schön waren sie. Das Verfallen, das Neigen des Jahres zum Winter, die Endlichkeit hat ihre Symbole. Melancholie ist Besinnung darauf, ist Gewißheit darüber.

Die Jagd hatte ich mir einfach vorgestellt, viel zu einfach eingedenk meines Freundes Fred, der Jahre zuvor hier in einer Woche vier Bären erlegte. »Zwei Tage sind längst genug. Ihr bringt täglich einen Bären zum Aufbaumen«, waren seine Worte gewesen. Darüber hinaus glaubte ich aufgrund eines Briefwechsels mit Jesse, daß die Saison auf Bär am 1. Oktober aufging, also kurz vor meiner Ankunft, was die Chance enorm erhöht hätte. Das aber war ein Mißverständnis, denn die Bärenjagd begann einen Monat zuvor am 1. September und endete bereits wenige Tage, nachdem ich angekommen war.

Vierzehn Bären hatte man erlegt, ich war fast der letzte Jäger der Saison. Mitte Oktober wollte Jesse das Camp schon nach Utah verlegen, wo im November die Pumajagd begann. Und heute reiste der enttäuschte Garry ab, der in fünf Jagdtagen nicht einen Petz aufgebaumt antraf.

Diese entmutigenden Nachrichten ließen mich nach dem Beziehen des Zeltes rasch in warme Ansitzsachen schlüpfen. Später Nachmittag war es. Zwanzig Minuten nach dem Eintreffen im Lager saß ich schon im Wagen, der mich zum Bärenluder brachte. Vorbei an stubbenübersäten, wüsten ›Clearcuts‹ (Kahlschlägen) endete der Holzabfuhrweg. Man stieg ein Tal hinab. In vier Metern Höhe war eine Plattform gezimmert. Wenige Schritte unterhalb stinkende, fliegenumsummte Knochen. »Um neun hol' ich Dich ab. Beschießt Du einen Bär, geh ihm unter keinen Umständen nach«, beschwor mich Jesse.

Auf diesem tristen Holzbrett mußte ich also die nächsten Stunden verbringen. Spechte kamen, flogen davon, kamen zurück. Sie schienen die Knochen zu belecken, ihre herausschnellende Zunge, die auf dem Abfall krabbelnden Insekten zu fangen. Ruckartig das Wenden des Kopfes; aufmerksam waren sie und scheu. Die Laute der Raben ganz verschieden; welche Nuancen ihre Stimme doch hatte: Ein Glucksen, Knorren und Gurgeln, das tief im Kehlkopf entstand, so variantenreich, so vieltönig, als sprächen sie miteinander, als unterhielten sie sich.

Der Vollmond ist der kleine Bruder der Sonne und der Geliebte der Nacht. Ihr gibt er ein Kleid, ein grauviolettes Kleid. Durch ihn bekommt die Nacht Augen. Ich träume und träume. Als der Wagen weit unten langsam näher rumpelt, lauter und lauter, da weiß ich, diese erste kleine Hoffnung ist dahin. Zwei volle Tage bleiben jetzt noch. Würde das reichen? Auch tagsüber war es gestern kalt gewesen, nachts weit unter Null. Die Bären wandern dann kaum. Frische Fährten sind schwer zu finden. Man hat Chris mit seiner Meute hinzugerufen. Er durchkämmt ein Gebiet östlich des Sheep-Creek, Bob – der seit Jahren Jesses Partner ist – einen Höhenzug südwärts. Die Chance ist somit verdreifacht. Drei erfahrene Meuten, drei ebensogute Guides. Ich bin voller Hoffnung.

Jesse läßt Boomer, den alten erfahrenen, mittlerweile rheumageplagten, fröstelnden Kämpen heraus, kettet den Walker auf der Plattform des Wagenkühlers an. Boomer reckt und streckt sich, schüttelt die schweren Behänge, gähnt. Langsam kommt Leben in ihn. Er hält die Nase in den Wind, ist nun ganz konzentriert. Als die kalte, frühe Oktobersonne die Aspen gelb färbt, den Reif weiß glänzen läßt, da ist er hellwach, da tänzelt er hin und her, wird nervös, ist voll da. Und das Jaulen der zurückbleibenden Hunde in den Boxen stachelt ihn an.

Canyon nach Canyon fahren wir ab. Über den Bergseen liegt Dunst. Die schwarzen Tannen spiegeln sich im Schatten. Das Abbild im Wasser ist schärfer als der Wald selbst, die Vision realer als die Wirklichkeit. Zum Greifen nah die Gipfel der kanadischen Rockies. Davor fällt breit und wuchtig wie ein Wasserfall der Nebel zu Tal. Die Hügel, die Felsen zu unseren Füßen wärmt schon die Sonne; wie goldene Inseln in einem Meer aus Stille ragen sie über der Tiefe. Aus dem Funk das Geheul von Bobs Meute. Verheißungsvoll klingt das! Also kehrt und hin zu ihm. Wie ein Wolfsrudel, tief und widerhallend in der Schlucht, der Spurlaut der beiden Leithunde. Einen dritten läßt Jesse frei. Die anderen bleiben in den Boxen, toben darin, jaulen, sind außer Rand und Band.

Aber was da zu uns herüberklingt ist kein Hetzlaut, ist kein Standlaut, nicht der geifernde, sich überschlagende, feurige Ball von Bracken, die dem Wild auf den Fersen sind, die nah am Ziel sind. Die Fährte ist kalt, eine alte, vielleicht eine Nacht lang erkaltete Spur. Ohne Chance, sie zu halten, an den Bär zu kommen. Doch die Hunde sind erst einmal auf und davon.

Rufen, hupen, orten mit der Antenne. Den Berg umfahren, erneutes Orten. Jeder Hund ist anhand eines bestimmten Funksignals zu identifizieren, die Entfernung zu ihm und die Richtung durch Stärke des Signals kalkulierbar. Irgendwoher kramen Bob und Jesse immer neue, größere Antennen hervor. Nach fast drei Stunden sind die Hunde gefunden.

Die Entscheidung des Jagdführers, ob er auf einen ›Strike‹ (das Anschlagen der Hunde) Bracken zur Fährte legt, ob nur den Leithund, ob eine Koppel oder gar die Meute, dies zu entscheiden, verlangt Fingerspitzengefühl, ist schwerwiegend in Anbetracht der kurzen Herbsttage. Sind die Hunde erst einmal unterwegs, haben sie Wittrung, dann hält sie nichts mehr, dann leiten sie nur noch Jagdtrieb und Instinkt. Nur ihnen gehorchen sie, als gäbe es keinen Führer. Er ist Luft für sie. Bis tief in die Nacht dauert oft das Orten, Suchen und Finden der zerstreuten Meute.

Heute kurven wir mit dem Vierrad noch einige Stunden durch die Rockies. Tiefe Wunden haben etliche Bäume, wenn Bären versucht haben, den unter der Epidermis gelegenen weißen, süßen Bast zu erreichen. Einen ›Strike‹ bekommen wir nicht mehr. Die Meute, diese Bracken, die auf Laut, auf Stimme gezüchtet sind, sie bleiben den ganzen Nachmittag über still, mucksmäuschenstill. Dabei sind alle ausgesuchte ›Krachmacher‹; ein Hund ohne Stimme ist wertlos. Bei gutem Wind kann Jesse sie über Meilen daran unterscheiden, sogar einzelne Bracken aus dem Konzert der Meute heraushören.

Nach der Stimme selektiert der Mensch, nach Jagdeignung und Vorsicht die Praxis. Blindwütige Draufgänger werden bei ihren ersten Einsätzen vom Bär geschlagen. Er zerbeißt in einer Sekunde ihr Rückgrat, schleudert sie mit einem Prankenhieb meterweit durch die Luft.

Ergebnislos ist auch der nächste und letzte Jagdtag; eine Höhle, in der Jesse mit einem Bogenschützen vor einer Woche einen Bären antraf, dieses Verlies liegt heute verwaist. Dem Jäger war der Schuß zwischen die blinkenden Lichter des zornigen Bären zu gefährlich gewesen. Eine andere Möglichkeit, ihn zu töten, gab es aber nicht. Die Hunde konnten ihn nicht aus seinem Felsenversteck zwingen.

Hoffnung noch mal auf dem Weg zum Luderplatz, als wir Chris treffen, dem vor einer knappen halben Stunde ein Bär über den Weg lief. Fünf Hunde auf der Fährte, hat sich ihr Ball längst über den Berggrat entfernt. Dumpf klingt er, schon ganz weit, wird leiser und leiser. Falls er aufbaumen wird, will Jesse mich gleich vom Luder holen. So lausche ich auf jedes verheißungsvolle Brummen eines Motors unten im Tal. Kommt es näher? Entfernt es sich? Jedes Fahrzeug wird irgendwann leiser. Niemand, der die Serpentinen den Berg hinauffährt, um mich abzuholen, die beflügelnde Nachricht bringt: »Der Bär ist aufgebaumt!«

Still und zäh fließen die Stunden dahin. Das Wispern der Blätter. Das Rascheln des Bodengetiers. Der Wind, der die Zweige rascheln läßt. Nur ein Hauch streicht talab zum Luder. Es wird kein Bär kommen. Als mich Jesse zur verabredeten Zeit aufliest, weiß ich, daß er sagen wird: »Unpossible, to tree him« (unmöglich, ihn aufbaumen zu lassen). Mag sein, er war zu jung. Gerade die Halbwüchsigen lassen sich nur schwer zum Aufbaumen zwingen. Sie laufen und laufen, Meile nach Meile. Ob sie noch nichts von der trügerischen Sicherheit eines Baumes wissen? Ob sie noch nicht faul genug sind, einen Stamm zu erklettern? Einen einjährigen Bär zu erlegen, hatte ich ohnehin keine Lust. Meine Jagd war damit vorbei und die Kosten, unabhängig vom Erfolg, natürlich dieselben. Von der Telefonzelle in Northport buchte ich die Flüge um. So hatte ich wenigstens einen Jagdtag mehr. Das war besser, als morgen ohne Bär abzureisen. Wenigstens diese kleine Hoffnung blieb.

Auch wenn noch so viele eine Jagd vorher erprobende Jäger den Erfolg prophezeien, man soll sich nicht darauf verlassen. Und in zu kurzer Zeit darf man sich nicht zuviel vornehmen. Um diese Erfahrungen war ich jedenfalls reicher. Bei der vorangegangenen Wapitijagd in Idaho kam ich auch erst am letzten Tag zum Erfolg. Dabei hatte ich gerade hier im Bewußtsein des schwierigen Geländes und des feinsinnigen Wildes keine großen Erwartungen. Das Unerwartete, das Unvorhersehbare, ist eine der Faszinationen der Jagd.

Dachte ich drei Tage zurück, so hatte ich viel gesehen. Trotz der Erschließung durch Holzrückwege war der Wald rechts und links dicht wie ein Regenwald, war naturbelassen. Ein flinker Vierbeiner wünschte man zu sein, um unter den Barrieren des Fallholzes durchzuschlüpfen. Eingestreut waren Lichtungen mit riesigen Überhältern. Wie edel und schön so ein Baum ist, ein Lebewesen, ein Individuum wie ein Tier oder ein Mensch, dachte ich. Vorbei fuhren wir an Bergseen, von gilbendem Schilf gesäumt. Blauschillernd die Libellen darüber: schnelle, viergeflügelte Jäger, deren Zeit nun bald um war. Hochgerecht stolzierten über die Wege oft ›Grouse‹, Haselhühner, fast ohne Fluchtdistanz. Jeden Abend brachten wir einige mit ins Lager.

Jenseits der Straße nach Kanada, gut 20 Kilometer vom Camp, wollten Jesse und ich heute jagen. Am Vorabend waren die letzten beiden Jäger der Saison eingetroffen. Um sie kümmerten sich Bob und Chris. Somit konnte ich nicht mehr mit einem ›Strike‹-Ruf aus dem Funk rechnen. Wir sind auf uns allein gestellt. Unser Ziel ist noch längst nicht erreicht, da kurbelt Jesse nur drei Kilometer hinterm Camp die Scheibe herunter, steigt aus, studiert eine Bärenfährte, die von links nach rechts kreuzt. Nur Wischer im Kies. Nicht eine einzige Kralle läßt sich entziffern. »Die Fährte ist eine Nacht alt. Gestern nach dem Dunkelwerden hat der Bär gekreuzt«, brummelt Jesse.

Es wird gerade erst hell. Die Hunde sind nicht interessiert. Selbst der gesetzte, alte Boomer bummelt lustlos den Weg entlang, schlägt sich wie die anderen drei Walker schließlich in die Büsche, gibt aber keinerlei Laut. Ganz unerwartet dann doch plötzlich Standlaut von Micky und Pardener. Konstant von einer Stelle. Irgendwas ist gestellt. Als Andy mit zerbissenem, blutigem Fang und entsetzlich stinkend eintrudelt – ganz verschämt schielt er zu uns hoch und kneift den Schwanz ein –, da ahnen wir, was da verbellt wird. Der Skunk kämpft mit dem Rücken zur Wand, hat sich unter einen Dornbusch geschoben. Gegen die Hunde gerichtet, faucht der Marder, hopst und kreischt. Die Verbeller halten Abstand. Ganz brutal, daß er es sein Lebtag nicht mehr vergißt, züchtigt Jesse Andy.

Jesse läßt von dieser Fährte nicht ab. Er kalkuliert den Weg des Raubtieres, sucht konsequent ostwärts Canyon für Canyon, Tal für Tal. Daß dieser Mann neben seiner jahrzehntelangen Erfahrung einen Instinkt hat, ein Tier aufzuspüren, weiß ich. Urplötzlich heult Boomer auf, und die Boxen der Hunde scheinen gleich zu explodieren. Blitzschnell hat sich die schlanke, zierliche Mara durch den schmalen Luftschacht gezwängt, ist auf und davon, eh ihr Jesse das Funksenderhalsband anlegen kann. Zwei weitere Hunde stieben davon, entziehen sich Jesses Kontrolle. Auch sie sind der Fährte nach in die falsche Richtung. Es ist zum Verzweifeln! Jesses Schreie verhallen im Wind.

Die drei verbliebenen Hunde legt er sorgfältig einen nach dem anderen richtig zur Fährte, führt sie ein Stück ins Dickicht. Diese drei rennen nicht in die Irre. Böse und voller Groll klingt bald ihr Geheul aus der Schlucht, von Echos verzerrt mal tief und dunkel, mal ganz schwach und verhallend, leiser, verebbend. Ist es Standlaut? Kommt es von einem Fleck? Die Hatz entfernt sich. Aber sie sind am Bär. Das ist gewiß. Die drei sind am Bär! Aber können sie ihn auch binden? Die Regel ist: Je mehr Hunde am Bär, desto größer die Chance, ihn zu stellen, günstigenfalls einen Stamm erklettern zu lassen. Es gibt Ausnahmen, manchmal baumt ein starker Bär vor einem einzigen Hund auf. Manchmal können fünfzehn einen Jüngling nicht dazu zwingen. So verschieden sind die Reaktionen dieses Wildes.

Statt dem Geläut der Bracken zu folgen, staubt Jesse zurück, dorthin, wo er die Irrläufer vermutet. Er braucht nun jeden Hund. Einer bleibt verschollen, die beiden anderen schickt er zum Bären.

Eine Holzrückschneise parallel zum Sheep-Creek, dort lauschen wir steil hinauf zum Hang. Sind nun fünf Hunde am Bär? »Er läuft noch. Er läuft! Sie binden ihn nicht. Sie schaffen es nicht!« Jesse schüttelt den Kopf. Mal näher, mal entfernter das Geläut der Hunde, das das Blut in den Adern pochen läßt. Doch mögen die Wände des bewaldeten Kessels die Laute verzerren, vielleicht ist der Bär längst gestellt, vielleicht sogar aufgebaumt?

Zäh und bleiern und voller Ungewißheit verrinnen die Minuten. Ich will nicht mehr warten, will wissen, was da oben am Berg vorgeht, im Urwald, der schwarz und verschlossen wie ein Geheimnis tiefen Wassers daliegt. »Laß uns nachschauen, Jesse!«

Jesse lädt seine .44 Magnum, Bill seinen .357 Revolver. Die kurze handliche .350 Remington geschultert, steigen wir den Berg hinauf. Meter für Meter wühlen wir uns mal kriechend, mal auf den gestürzten Stämmen balancierend hangauf. Mehrstöckig, ineinander verfilzt sind die Haufen aus Fallholz. Ein Wust modernder Stämme, aus dem sich neue Bäume und Bäumchen recken: Wachsen und Vergehen miteinander verwoben auf engstem Raum. Zäh wie ein Teig, fast klebrig dieser zweimannshoch geschichtete Urwald. Als blieben wir auf der Stelle. Ein einziger Gedanke beherrscht uns. Der Bär muß aufgebaumt sein. Dieses Dickicht läßt keinen Schuß auf einen am Boden gestellten Bären ohne Gefährdung der Hunde zu. Sie wären – das Raubtier umtanzend – auch gar nicht zu fassen und anzubinden. Vor dem Schuß aber müssen sie angeleint werden im Gesträuch ringsum, da der möglicherweise nur krankgeschossene Bär sie schlagen könnte.

Keuchend, schwitzend, mit einem Grinsen zu mir gewandt, stößt Jesse hervor: »He is treed!« (Er ist aufgebaumt!) Drei Worte, eine Erlösung.

Ich sehe noch gar nichts. Die Augen vom Dämmer gefangen. Durch den Schirm der verfilzten Zweige führt ein starker, mächtiger Stamm hoch in den Himmel. Und der Himmel ist blau. Die Kiefer steil, fast unnahbar, glatt wie ein Leuchtturm. Wenige Nester Gezweig baumauf. Darin hängt der Bär, äugt zu uns herunter. Der Bär, dieses mystische, sagenumwobene Tier, ist gefangen, ist in der Falle, vollkommen wehrlos. Unter ihm das Inferno der tobenden Meute, die den Baum umtanzt, hinaufspringt, sich darin festkrallt, hineinbeißt, überpassioniert.

Stoisch, fast gelassen, gleichgültig der Bär. Doch das täuscht. Das Weiße seiner nach unten schielenden Lichter sehe ich. Ihr Funkeln ist nicht gelassen, Erregung verraten sie – Angst? Mag sein, mir wird das alles erst später bewußt. Aber ich habe das so gesehen, das alles so empfunden. Momentan betäubt mich der Eindruck der Szene, das Gefangensein im Augenblick. Ich spüre kein Mitleid, bin viel zu sehr Jäger. Eine ›Ewigkeit‹ später fällt der Bär von zwei meiner Kugeln getroffen rücklings herab, eine dritte faßt ihn im Sturz. Mausetot schlägt er auf.

Das Zausen der Hunde, ihre Wut. Genossenmachen mit der Leber, ihr Triumph, mein Glücklichsein. Der Moschusgeruch des starken alten Zimtbären. Sein Pelz dicht wie der eines Merinoschafes, umbrafarben. Sein Fang ein viel helleres Braun.

Ich bleibe zurück, lasse auf den Revolverschuß die heulende Meute zu Tal. Bis Verstärkung da ist, bis wir den Bär später zu fünft unter Aufwendung aller Kräfte hinabzerren, bis dahin bleibt mir viel Zeit.

Gelbe Blätter der Aspen sind auf den Bären gefallen. Auf dem Braun seiner Decke das bunte Laub. Das alles zu fassen: Das Waidmannsheil im letzten Moment. Ein Funken keimender Trauer ist da, Gedanken an Tod und Vergänglichkeit. Der Herbst nimmt gefangen. Schnee wird bald das Land für Monate decken, und der einsame alte ›Billy'‹, die Schneeziege, die ich gestern als weißen winzigen Punkt weit im Gegenhang sah, wird dann unsichtbar. Dann schlafen die Bären längst. Mit meinen Gedanken bleibe ich allein.

Im Schatten des Almanzor

Der Keim eines Wunsches wird manchmal Jahre vorher gelegt. Viele, oft winzige Funken entfachen plötzlich ein Feuer. Hier und da las ich etwas über ›die Krone des spanischen Hochwilds‹, den Iberischen Steinbock. Ein weitgereister Jäger erzählte mir begeistert von seinen Erlebnissen während der Brunft, und als im Film ›Fauna iberica‹ die Steinbockgehörne aufeinanderschmetterten, da war mir dieses Wild bereits so ins Bewußtsein gerückt, daß ich nichts sehnlicher wünschte, als es hier im grandiosen, unberührten Gebirge der Sierra de Gredos einmal auf einen solchen Bock zu versuchen.

Dieses Wild lebt ausschließlich auf der Iberischen Halbinsel und hat anders als der verwandte Alpensteinbock eine zunächst elegant nach hinten, dann schließlich wieder nach vorn schwingende Trophäe. Bejagt werden kann es in den Gredos und in verschiedenen staatlichen und privaten Schutzgebieten, z. B. Sierra Nevada und de Ronda, Beiceite, Cazorla. Um die Jahrhundertwende fast vernichtet, sollen nun wieder circa 32 000 Stück Steinwild in Spanien ihre Fährte ziehen. Eine Unterart, *Capra hispanica lusitanica*, die in den westlichen Bergen von Galicien und Portugal lebte, wurde allerdings völlig ausgerottet.

Ein faszinierendes Wild zu bejagen, besitzt für mich etwas Magisches. Ich bin ein Eindringling in eine Landschaft, in ein Naturgefüge, das meiner eigentlich nicht bedarf, das meine Welt nicht ist. Sie mir zu eigen zu machen, indem ich einen ihrer ›Könige‹ an mich reiße, bedeutet, in sie einzutauchen, sich mir ihr auseinanderzusetzen. Dieser Weg der Annäherung ist vielleicht brutal und egoistisch, da er den Tod des verfolgten Wildes zum Ziel hat. Aber nicht immer bleibe ich Sieger.

Mit einem weiteren Jäger und seiner Frau lande ich Anfang April in

Madrid. Das Verkehrsgewühl hinter uns lassend, wird das Land langsam hügelig. Rechter Hand im Glast des sonnigen Nachmittags begleiten unsere Fahrt bereits die Ausläufer der Gredos. Auf sie nehmen wir Richtung. Vorher die aus dem Winterschlaf erwachende, graubraune, eintönige Feldflur, jetzt im Vorland des Südhanges sprudelnde Bäche, saftige, blumenübersäte Wiesen und blühende Obstbäume. Darüber thronen die Schneezinnen der Gredos. Paradiesisch!

Unsere Pension liegt in einer Schlucht, in die sich das Sträßchen auf engen Serpentinen hinabwindet. Alles übertönt ein vom Fels stürzender Wasserfall. Der Fluß fängt sich in tief ausgewaschenen Kolken. Hier im stillen, klaren Wasser stehen breitrückige, armlange Fische.

Unsere künftigen Führer, der rothaarige José, dessen Urgroßmutter Schottin war, und Daniel, der in dritter Generation Jagdaufseher ist, kommen spät von der Erkundungspürsch zurück. Wie wir Josés Englischbrocken entnehmen, stehen die stärkeren Böcke jetzt auf der Nordseite des Gebirges, und dort zu pürschen, sei wegen neuerlicher Schneefälle kaum möglich und gefährlich. Einen wirklich Kapitalen erjage man in dem 40 000 Hektar messenden Revier zu dieser Jahreszeit jedenfalls ungleich schwieriger als während der Brunft im November/Dezember, wenn nämlich die Stärksten, recht standorttreu, begrenzte Areale kontrollieren und dann bereits von Wildhütern bestätigt sind. Wir wollen es trotzdem morgen auf der noch winterlichen Nordseite versuchen.

Der Südhang der Gredos hat uns mit weißleuchtenden Jarablüten und flammenden Ginsterhängen verwöhnt. Der Norden ist karg, bis weit in die Täler noch schneebedeckt, vegetationsarm. Und doch gibt es hier und da Farbtupfer: zartviolette Krokusse und ganze Felder wilder Narzissen. Eine Landschaft von herbschönem Reiz. Rothühner surren immer wieder aus dem Krüppelholz. Dort hinein schmiegt sich eine Rundhütte, jene steinerne Befestigung, die den Jägern im fortgeschrittenen Jahr als Bleibe dient. Auf festgesintertem Schnee steigen wir zum Grat, müssen höllisch aufpassen, wo Schmelzwasser den Packschnee ausgehöhlt und unterspült hat. Vom Kamm leuchten wir den schneefreien Südhang ab. Nur durchs Glas sichtbare, braune, winzige Punkte auf Felsvorsprüngen weit unter uns: sich sonnendes Scharwild. Ein Bock ist nicht dabei. Bei der Pürsch entlang des Bergrückens bekommen wir noch einige Rudel in Anblick. Doch stehen sie alle zu weit. Ein Anpürschen über den deckungslosen Granit ist unmöglich.

»Im Sommer verläßt fast alles Steinwild den Südhang, weil es ihm zu warm wird. Auf der Nordseite sind auch die Brunftplätze, wo die Platzböcke schon jetzt die Territorien abgrenzen. Dorthin aufzusteigen ist mir wegen der tückischen Schneebrüche zu riskant«, meint José enttäuscht. Die blitzenden weißen Hänge hinter uns lassend, stapfen wir mit sinkender Sonne heim. Wir wollen uns der Südseite widmen. Durch Latschen- und Wacholderfilz, über Geröll, über glatte, abfallende Felsspalten erreichen wir eine Schlucht, durch die ein Wildbach braust. Der diesseitige Hang wird zerschnitten von Gräben, Rinnen, Karen und schütter bewachsenen Matten. Über allem majestätisch, schneebedeckt der Almanzor, 2592 m hoch.

Zigmal kramt Daniel das Fernglas, seinen kostbarsten Schatz, aus dem Futteral, und es dauert ewig, bis auch wir dann endlich nach seiner Beschreibung das Wild entdecken. Zu sehr verschmilzt das Braunschwarz seiner Decke mit dem unruhigen Mosaik des Geröll- und Felsenwirrwarrs. Was hat dieser Mensch nur für Adleraugen! Und seine fast sechzig Lenze sieht man ihm nicht an. Gewandt, ausdauernd und mit der Kondition eines Landstreckenläufers wuchs er in den Bergen auf, hat sie nie verlassen. Bis vor kurzem verbrachte er noch die Hälfte des Jahres hier oben in den Steinhütten, schlief im Sommer meist unter freiem Himmel. Wenn wir abends totmüde in die Betten fallen, spielt er noch bis drei Uhr nachts Karten, ohne daß man ihm am nächsten Morgen eine Spur Müdigkeit anmerkt.

José winkt uns heran. Ducken, ducken, ganz tief, mahnt er uns. Platt wie die Schollen liegen wir auf der Felsbrüstung, schieben unsere Gläser sachte über den Rand. Im Gegenhang äst mit einigen Geißen ein kapitaler Bock. »Der Stärkste, dem ich in den letzten zehn Wochen begegnet bin«, staunt José. Die Entfernung über den steilen Graben hinweg gut 450 Meter. Wir bleiben auf der Lauer, hoffen, daß er auf uns zuzieht, statt dessen entfernt er sich, äst ein Weilchen, bewegt sich weiter und weiter in die falsche Richtung. Die Rechnung geht nicht auf.

Uns bleibt Zeit, den klafternden Flug der Geier, Adler und Kolkraben zu beobachten. Hin und wieder sollen hier Wölfe auftauchen. Muffel- und Schwarzwild zieht in den tiefergelegenen Pinien- und Kieferbeständen seine Fährte. Gamswild gibt es hier nicht, soll aber zahlreich sein in den Montes de Toledo, die als blasse Silhouette am Horizont sichtbar sind. Länger zu warten, scheint zwecklos. Wir treten den Rückweg an, schleichen in Deckung der Ginsterwildnis, umschlagen den Geröllgraben und tasten uns am Hang, an dem der Bock vordem äste, von Felsbrocken zu Felsbrocken. Vorausgesetzt, das Wild hat keinen Wind bekommen, nichts Verdächtiges eräugt oder vernommen, dies alles vorausgesetzt, müßten wir den Bock jetzt überriegelt haben.

Daniel und Udo schleichen zur Kante. Wie beschlossen, soll mein Jagdfreund die erste Chance nutzen. Mit José pürsche ich weiter zum nächsten Kar. Vielleicht stoßen wir dort auf einen weiteren Bock, was fast ein Wunder wäre.

Plötzlich, unvermutet, zieht mich José in die Hocke, springt katzengleich hinter den nächsten Felsblock, schiebt sich behutsam, ganz sachte über den Rand. Das mach' ich ihm nach, brauche viel zu lange, mich zu orientieren und sehe gerade noch die Häupter zweier Böcke im Geröllgraben verschwinden. Verdammt! Ziehen sie der Rinne folgend talwärts, so müßten wir nach. Sollten sie am Gegenhang auftauchen, ist dieser Platz richtig.

Die Entscheidung wird uns abgenommen. Drei Schüsse bellen durch die Schlucht, drei Schüsse Udos. Hochflüchtig preschen die Böcke, zwei, fünf, zehn, fünfzehn – es werden immer mehr – den Gegenhang empor. Ein verwirrendes Durcheinander aus Steinbockleibern und Gehörnen.

José ist vollkommen ›aus dem Häuschen‹. Er gestikuliert, er zischt: »Den ganz rechten, nein, den zweiten von links. Besser den vorderen.« Zu rasch verschieben sich die Körper. Jetzt nur die Nerven behalten, ja nicht zum überhasteten Schuß verleiten lassen!

So schnell und unverhofft wie sie erschienen, sind die Gehörnten in der nächsten Senke verschwunden. Doch da fährt es uns in die Glieder: den schwarzen, den alten Nachzügler, den hatten wir ganz übersehen. Einem Monument gleich, unbeweglich zu uns herabäugend, verhofft er im Fels. Zu ihm ist es verflixt weit, wohl 240 Gänge. Obendrein steht er fast spitz, nur eine Idee gedreht, und die Felssplitter pieken mir in den Bauch. Hoffentlich springt er bald ab. Ich will nicht schießen, nicht heute und jetzt, wo das Wild so ungünstig steht, und ich noch einige Jagdtage vor mir habe.

Aber der Bock bleibt dort wie versteinert, während das Rudel davonzieht. Zum dritten oder vierten Mal nehme ich ihn ins Glas. Seine pechschwarzen Läufe hochfahrend, versuche ich mich auf dem Stich festzusaugen, doch ich bin nicht mein eigener Herr. Jagdfieber beutelt mich, läßt mich zittern, hält mich in seinem Bann.

Und dann mach ich's doch! Ich handele wie unter Zwang. Als ich ihn jetzt im Absehen habe, verwächst der Zielstachel mit dem schwarzbraunen Körper. Nur nicht mucken, ruhig durchziehn. Nur nicht mucken, hämmere ich mir ein. Da ist der Schuß auch schon draußen. Durch die Schlucht rollt sein Echo (.308 Winchester, 11,7 g TUG). Der Beschossene keilt mit dem Hinterlauf. Bedächtig – er hat es nicht eilig – wendet er sich zur Flucht. Längst habe ich repetiert, als sein Horn bereits in den Graben taucht.

José deutet auf seinen Oberschenkel, dann korrigiert er mit zweifelnder Miene, weist auf seine Flanke. Was soll ich davon halten? Ein wenig zur Seite gerutscht ist mir der Schuß, das weiß ich. Hoffentlich hat er Leben gefaßt. Statt zum Anschuß tritt José den Rückmarsch an. Daß dies meine erste und einzige Chance auf einen jagdbaren Bock bleiben sollte, konnte ich noch nicht ahnen.

Achselzucken als wir Udo treffen. Der Bock habe bei keinem seiner drei Schüsse gezeichnet, obgleich er bei dem auf rund 90 Gänge breitstehenden Wild gut abgekommen sei. Sonst ein sicherer Kugelschütze, kann er das alles nicht fassen. Daniel bringt einen Fetzen Wildbret, der das Rätsel nicht löst. Da es auf den Abend zugeht und der Abstieg drei Stunden dauern wird, sollen die beiden Böcke erst am nächsten Tag von mehreren Wildhütern nachgesucht werden. Meinen Anschuß hätte ich mir trotzdem zu gern angesehen!

Lang sind die Schatten. Rot und warm ruht die Abendglut auf den Hängen. Mit müden Gliedern, die Zunge klebt trocken am Gaumen, klettern wir in den Lada. Weiter unten sprudelt eine Quelle aus dem Fels. Welche Erfrischung!

Zurück im Hotel, treffen wir einen Chirurgen aus Valencia, der ungeduldig, nervös nach langer Autofahrt seinen Führer erwartet, zumal ihm nur zwei Jagdtage zur Verfügung stehen. 20 Jahre habe er auf die Steinbocklizenz gehofft, sie nun endlich erhalten. Es wird verabredet, daß er am folgenden Tag die Südseite, wir dagegen den Nordhang eines vorgelagerten Höhenzuges bejagen werden, um uns nicht gegenseitig zu stören.

In aller Frühe brechen am nächsten Morgen drei Wildhüter zur Nachsuche auf. Unsere Bitte, dabeisein zu dürfen, wird abgeschlagen, da wir den Treffpunkt der drei nicht finden würden, und abholen könnten sie uns nicht. Wir wollen uns deshalb der Erlegung einer alten Steingeiß widmen. An einem der Vortage sahen wir in den Karen des Gebirgszuges zahlreiche Scharwildrudel. Sie ästen ziemlich vertraut in Schußentfernung, so daß wir uns der Erbeutung je einer Geiß fast sicher sind. Ein Spaziergang wird das, und wir freuen uns darauf. Im Sinne Josés ist diese Aktion auch, da er alle zwei Jahre aus seinem 4000 Stück zählendem Bestand 200 Kitze und Geißen ausdünnen muß, was für ihn harte Arbeit bedeutet.

Über eine Felsbrüstung haben wir Einblick in ein vielversprechendes Kar. Hier tollten drei Tage zuvor Kitze und äste nur 80 Schritt unterhalb ein vielköpfiges Geißenrudel. Heute kein einziges Stück. Auch die folgenden Kare, Rinnen und Matten, die wir aus guter Deckung ableuchten, bringen keinen Anblick. Sollten vom Kamm stürzende Windböen dem Wild die Witterung zugetragen haben? Dann völlig überraschend zwei Schüsse! Ihr Urheber kann nur der Chirurg aus Valencia sein. Wie wir später von Daniel erfahren, hat er ihn nicht davon abhalten können, trotz der vorherigen Abmachung auf unserer Seite zu jagen.

Wir geben nicht auf. Am Spätnachmittag entdeckt José tief in der Schlucht oberhalb des tosenden Wildbachs, wohl fast einen Kilometer entfernt, einige Geißen, die sich langsam bergan auf den Grat zubewegen.

Mit dem Hausboot unterwegs zum Norden des riesigen Baikalsees

Der einsame Flecken Savarotny in der Wildnis am Baikalsee

Nach dem Morgenstrich auf Bläßgänse in den Niederlanden

Und dort beziehen wir Stellung. Es wird ein Wettlauf mit der Zeit. Von Osten zieht tiefes, grauschwarzes Gewölk heran, verhüllt die Bergkuppen. Der Wind ist erwacht, ein kalter, böiger, der durch die Pullover fährt und uns frösteln macht. Doch die Geißen lassen sich Zeit. Manchmal schöpfen wir Hoffnung, wenn sie einige Meter bergauf klettern. Dann wieder äsen sie eine Ewigkeit auf der Stelle oder ziehen gar wieder hangab, als hätten sie längst ›beschlossen‹, nicht bis zu uns aufzusteigen, sondern unten zu bleiben im windgeschützten Graben. Wir haben das Nachsehen. Zu lang ist unser Rückweg. Und das Unwetter droht.

Einsiedlerhöfe, wenige Obst- und Olivenplantagen säumen den staubigen Bergpfad. Am Fuß des Gebirges ein Dorf, wo alt und jung im Sonntagsstaat auf den Straßen flanieren. Alle sind sie draußen an Tischen, auf Bänken, auf Decken unter den Bäumen. Man lacht, trinkt, plaudert, macht Musik und singt. Auf dem winzigen Dorfplatz dreht sich ein noch winzigeres Karussell. Es ist der Abend des Ostersonntags.

Wie nah und wie fern hier doch die Welt der Berge ist, diese steinerne, freie, beglückende Welt mit dem Geruch der Myrte und des wilden Lavendels, den sich in den Lüften wiegenden Geiern und dem schmucklosen Lied des Schmätzers, das die Stille ins Licht hebt. Dort, wo sich der Kreis des Steinbocks schließt, wenn die Wölfe den Alten jagen, wenn über die Gipfel der Gredos der Wintersturm fegt, wo der Adlerhorst thront über weißgekälkter Wand, und die Viper bewegungslos lauert im Sommer . . . Von alledem habe ich eine Ahnung bekommen, die Kruste der Rätsel angekratzt.

Zurück im Hotel brodelt ein Kessel mit zwei Trophäen. Beide Böcke sind gefunden. Jubel, Triumph, Erleichterung! Wie sich später herausstellt, schoß Udos Büchse tief links. Deshalb der Wildbretschuß des Vorschlags. Meine Kugel verletzte Leber und Pansen. Als die Wildhüter die beiden zehnjährigen Böcke fanden, kreisten bereits die Geier.

Ein Wunsch war in Erfüllung gegangen. Das Mystische, das Geheimnis, verlor an Glanz. Vielleicht ist die Sehnsucht so schön wie die Erfüllung.

Pechsträhne

5. Januar 1987: Eine starke, getigerte Katze hatte ich an einem Dezembermorgen einmal in Anblick. Damals ging für einen Schuß alles zu schnell. Und dieselbe Katze spüre ich jetzt im Schnee oft längs des Baches unterm Silberberg in der Booklied. Um den Schwanenhals mit dem Döbelkopf als Köder macht sie aber regelmäßig einen Bogen. Und einmal ist die Falle zu, der Fischkopf weg, und das Spurenbild läßt vermuten: Sie hat wohl mit der Pfote den Abzug ausgelöst, ist aber nicht verletzt oder gar gefangen worden. So mag das vielleicht gewesen sein. Dieser Kuder ist jedenfalls gerissen und übervorsichtig.

Und dann heute, als ich die Falle wieder einmal kontrolliere: der Alptraum! Schon von weitem seh ich das Tier sich wehren und reißen und schreien. Eine Katze hängt nur mit dem Vorderlauf im Eisen, was vorher nie passiert war. Denn bisher saßen die Fangbügel immer sofort tötend im Genick oder um den Brustkorb.

Es ist übrigens nicht der gesuchte starke Kater. Nein, eine andere Katze im dicken, dichten Winterbalg, der man ansieht, daß sie keinen warmen Ofen hat, hinter dem sie sich abends verkriecht; eine von denen, die draußen geboren werden, dort draußen auch immer bleiben und dort auch irgendwann enden.

Ich aber sammle noch am selben Tag meine Abzugeisen und Schwanenhälse ein. So sehr ist mir das unter die Haut gegangen. Ob ich sie je wieder fängisch stelle? Bin ich zu sentimental? Vielleicht ist es gut, daß ich nie ganz fertig werde mit der Auseinandersetzung des Tötens von Lebewesen, daß dieser Konflikt in mir wach bleibt.

13. Januar: Es ist sehr kalt geworden, so um die fünfzehn Grad minus, hier im Wind mag es sogar noch kälter sein. Aber es ist klar und sonnig.

Aus der Alme empor, dem Fluß, der die Reviergrenze bildet, steigt warmer Dampf. Das Wasser dampft in klare, klirrende Winterluft. Der mäandernde Lauf des Flusses läßt sich dadurch weit ins Schneefeld hinein verfolgen. Wo man den Fluß nicht sieht, ahnt man seine Schleifen durch die Dunstfahnen darüber. In die Dämmerung hinein verblaßt dann dieser Kontrast nach und nach. Der Nebel über dem Fluß verschmilzt mit dem Violett der dunkelnden Schneefarben, wird dann eins mit dem Grau der lichtlosen Schatten und erlischt schließlich ganz.

Ein Reiher ist eingefallen, hockt fast neben mir, nicht weit von der Erle, an die ich mich schmiege. Bewegungslos lauernd, wartet der Vogel auf Beute; genau wie ich leider vergeblich.

14. Januar: Verdammt kalt ist es auf der offenen zugigen Leiter. Die Kälte kriecht rasch unter den fellgefütterten, schweren Mantel. Ich erwische noch einen Hasen mit der kleinen Kugel. Nach dem Schuß preschen fünf Rehe an mir vorbei. Hätte ich doch etwas mehr Geduld gehabt!

29. Januar: Noch so ein herrlicher Wintertag, ohne den leisesten Windhauch, still und sonnig. Ein Tag, der in sich selbst ruht. Lärmende Girlitz- und Zeisigscharen wimmeln durch die Baumkronen. Die Eiskristalle der Zweige sind wie Diamanten.

Eigentlich ein Tag, wo der Fuchs sich gern den Balg wärmt in der Wintersonne und seinen Bau verläßt, ein Tag für einen Fuchsriegler. Doch wir sind zu wenig Schützen, und wir hatten für heute eine kleine Baujagd geplant, sind deshalb mit Herrn Misch und seinem Rauhhaarzwergdackel-Gespann unterwegs zum Fuchsbau. Wie befürchtet, ist die Burg des Roten leider leer.

30. Januar: Letzter Ansitz auf Sauen in Wohra. Um den Mond, ganz zart wie ein Regenbogen, liegt ein feiner Kreis aus gedämpften Licht und darin das helle Gestirn.

Es kommt nur Rehwild in Anblick und das auch nur als Schemen, mehr zu ahnen. Wäre heute Schwarzwild erschienen, ich hätte es, ehrlich gesagt, kaum ansprechen können.

24. Februar: Es gibt Tage, da sollte man draußen sein und nur horchen und riechen und fühlen. Da sollte man nicht jagen. Dies ist so ein Tag, und es ist ohnehin die stille, jagdlose Zeit; so ein Tag, an dem der Schnee harschig ist, das Laub trocken und gefroren. Und ich höre mich ein in den Wald: Wechselt da ein Stück Rehwild, hoppelt dort ein Hase, knackt ein Ast unter den Schalen von Schwarzwild?

Ich bin einfach zu gern draußen. Und der Winter hat sicher die längste Zeit gewährt. In zwei, drei Wochen singen die ersten Amselhähne.

28. Februar: »Einer Leidenschaft verfallen, ist oft schlimmer als in Gefangen-schaft geraten . . .«, so Dostojewski. Vielleicht sollte ich mir das zu Herzen nehmen, wenigstens bezogen auf meine Passion.

Aber ist nicht jeder gefangen, versklavt durch seinen Körper, seine nimmermüden Wünsche und sein unberechenbares Herz? Sind Tiere vielleicht grad deshalb glücklicher? Ist *unser* Glück nur ein Ausspannen, nur der Gegenpol zur menschlichen Unrast und der nie wunschlos glücklichen Seele? – Während meiner Ansitze habe ich viel Zeit zu träumen, zu denken, zu spinnen.

30. April: Die Mauersegler sind wieder da. Ihr schriller Schrei jagt um die Häuser. Später seh' ich sie hoch am Firmament, wie sie rasend schnell das Blau des Himmels durchmessen. Sie bringen den Frühling und werden doch nur so kurze Zeit bleiben.

19. Mai: Mein erster Versuch auf den Bock, am Gattern in Wohra. Vom erhöhten Ausguck seh' ich heute gleich zweimal einen Knopfspießer unter dem Erlensitz weit unten im Tal. Wenn ich dort jetzt bloß wäre! Da zieht er schon wieder ein, ein nervöses Böckchen mit sicher üblen Erfahrungen durch den Platzherrn, denke ich mir.

28. Mai: Bei den zurückliegenden Ansitzen blieb die Bühne dort leer. Deshalb gebe ich den Bock erstmal auf, probiere es heute auf dem Dörrscheid. Das sind Luftlinie nur rund 300 Meter zum Erlensitz. Aber die weit in die Feldflur ragende Waldzunge teilt diesen Bezirk. Es sind dies auch Territorien ganz verschiedener Böcke.

Der Mai war bisher kalt gewesen und verregnet. Doch heute balzen die Turteltauben, und die Grasmücke schmettert ihr Lied hinter mir in der Eiche. Eine ganz bestimmte Singdrossel hat eine so charakteristische Strophe, daß ich sie aus Tausenden erkennen würde. Drei Amselhähne zanken, und ein Hauch von Lindenduft weht zu mir.

Bei noch gutem Licht schnürt Reineke plötzlich aus den Wacholderkusseln ins Feld, verhofft vor dem letzten Busch, um die Lage zu sondieren, bleibt da sekundenlang ganz nah und scheibenbreit. Aber erst als er weiterzieht, kurz verdeckt wird, kann ich in Anschlag gehen. Da kommt er wieder hervor, verhofft nochmal wie versteinert, ganz lange, eine kleine Ewigkeit . . . und ich überschieße ihn trotzdem, ich weiß nicht einmal warum. Der Fuchs fegt davon wie ein roter Blitz.

2. Juni: Das Pech nimmt seinen Fortgang, so als zeuge eine Niederlage die nächste. Denn heute abend, als ich's mal wieder am Erlensitz versuche, tritt tatsächlich 70 bis 80 Gänge weit der gesuchte Knopfspießer aus, zieht im strömenden Regen in die pitschnasse Wiese. Und ich fehle erneut. Geduckt, wie von der Tarantel gestochen, flüchtet er zurück in den Wald. Keinerlei Schußzeichen. Die Nachsuche mit dem Deutschdrahthaar bringt nichts.

Wohl wieder überschossen. Aber warum? Ich war mir des guten Abkommens sicher. Viermal wartete ich in den nächsten Tagen noch auf den Beschossenen, obwohl ich eigentlich wußte, wie utopisch mein Wunsch war, der Bock würde nochmal zurückkommen, dieser stille Traum, der meine Passion und Geduld wachhielt. Aber der Jüngling blieb natürlich ganz und gar vergrämt, war sicher längst abgewandert. Es ließ sich nichts mehr gutmachen.

8. Juni: Auf dem Schießstand der DEVA in Buke muß ich, wie befürchtet, feststellen, daß die .308 Winchester 21 Zentimeter Hochschuß hat, dabei wurde sie vor Aufgang der Bockjagd gewissenhaft eingeschossen. Vielleicht hatte sie doch einen Knacks bekommen auf einem der Transporte? Jedenfalls erklärte das meine Fehlschüsse.

10. Juni: Weiße, federleichte Samen der Weiden schweben in der Luft, Unmengen davon, die weich sind wie Flaum. Der leiseste Windhauch hebt neue und immer neue in die Luft und schickt sie auf die Reise.

25. Juni: Das Pech verfolgt mich weiter, auch ins andere Revier. In der Booklied standen treu und zuverlässig unter den Altbuchen ein Jährlingsbock und seine Schwester, ein Schmalreh. Zwillinge vom Vorjahr. Der unter lauscherhohe Spießer kommt mir heute linker Hand nur 70 Gänge weit vom sogenannten Autobahnsitz. Ich geh' nach links gereckt in Anschlag, verlagere mein Körpergewicht samt der Last des Gewehrs auf die Auflage, die eine einfache, recht dünne Latte ist, habe schon entsichert: tief ein- und ausatmen, von unten ins Blatt, den Druck auf den Abzug verstärken und da, in diesem Moment hab' ich eigentlich mehr im Unterbewußtsein das Gefühl: etwas gibt nach, gleitet mir weg. Ich korrigiere den Haltepunkt, versuche es wenigstens. Aber das geht nicht. Auflage und Gleichgewicht geraten mir außer Kontrolle. Die Stange bricht weg. Ich stürze mit dem entsicherten Gewehr hinab, fange mich an einer Sprosse auf halber Höhe, gottseidank ohne daß sich ein Schuß löst! Natürlich bin ich fix und fertig, bin nicht mal mehr in der Lage, selbst Auto zu fahren.

1. Juli: Eine knappe Woche später. Wo wir unten in der Booklied den Wagen abstellen, steigt uns Verwesungsgeruch in die Nase. Wir suchen systematisch den Graben ab, finden ein verludertes, von Maden übersätes, offensichtlich vor drei, vier Tagen angefahrenes Stück Rehwild, von dem Gehörn her ganz unverwechselbar der Jährling vom Autobahnsitz, wegen dem ich beinahe ins Unglück stürzte am 25. Juni.

5. Juli: Das Pech bleibt mir treu. Vom Grenzsitz in der Booklied hüte ich heute eine Ricke mit Zwillingskitzen. Als später ein starker Fuchs vom Feld in Richtung Eschenkultur schnürt, verhofft er nur noch kurz auf der Freistelle vor den Buchenstubben. Ich überschieße Reineke auf kürzester Distanz.

Es war dies mein erster Schuß mit der brandneuen .243 Winchester, die angeblich Loch an Loch eingeschossen war, wie das beigelegte Schußbild beweisen sollte. Auf dem Schießstand stellte sich später heraus, daß sie zwar zusammenschoß, aber mit 15 Zentimeter Hochschuß! Zum vierten Male im Pech; aber natürlich wären vorherige Probeschüsse besser gewesen.

24. Juli: Während ich an der Schreibmaschine sitze, trollt keine fünf Meter weit vom Fenster meines Arbeitszimmers ein Kitz unter den Fichten hindurch. Ein Kitz, das bereits seine Flecken verliert. Erst glaube ich zu träumen, muß zweimal hinschaun. Und bis ich die Kamera parat hab, ist es verschwunden. Eine Ricke hat wohl auf unserem verwilderten Grundstück, das Ecken und Winkel hat, die ich das Jahr über ungestört lasse, ihr Kitz gesetzt. Die Rehe sollen ihre Ruhe behalten.

29. Juli: Man muß wohl Illusionen ablegen und gänzlich hinter sich lassen, vielleicht ist das der einzige Weg, um frei zu sein. Immer und immer wieder leider ein schmerzlicher Weg. Aber man wandert wohl während des ganzen Lebens durch immer neue Enttäuschungen weiter und weiter. Wird man dadurch freier und freier? Oder aber nur gleichgültiger? Mag sein, die Gleichgültigkeit, die Illusionslosigkeit ist eine Form von Freiheit und die Voraussetzung zur Weisheit.

30. Juli: Wie ein großer, schlafender Dinosaurier erscheint mir der Riesen-heuhaufen auf der Wiese ›Über dem Gemünder Weg‹, wo ich ansitze. Aber kein Bock springt aufs Blatt. Außer dem eintönigen Zilpzalp und dem ›Ziet‹ der Goldammer singt kein Vogel mehr. Mir fällt ein Text in die Hände, worin es um das früher praktizierte Fangen von Singvögeln geht:
»... dort, wo der Fang dennoch die Mühe lohnt, tut man wohl, wenn man im Frühjahr ein singendes Männchen eindämpft, d. h. in einen finstern Kasten mit seinem Käfig einsetzt, gut wartet und es im Herbst erst wieder ans Tageslicht bringt. Es glaubt dann, es sei lange Nacht gewesen und nun Frühling, singt wieder und den ganzen Herbst hindurch. Ein solcher Sänger ist besser am Vogelherd als die besten Lockvögel.«

21. August: Einen Rehbock habe ich immer noch nicht. Auch die Rehbrunft

war erfolglos. Ich konnte sie leider auch kaum nutzen, da ich als Chefarzt-vertreter durchgehend drei Wochen ans Krankenhaus gebunden war.

Der ganze Wald summt noch von Insekten. Warm und drückend ist es. Weil mir die Heimfahrt von Wohra heute zu lang ist, übernachte ich in der Jagdhütte.

4. September: Als ich heute die Prachtstraße meines Wohnortes entlang-fahre, mit ihren vielen Baustellen, den Baggern, den Staus, dem Chaos und den Düsenjägern darüber, die unsere Stille verwalten, und vor unserem Haus auch nur Lärm und Dreck und Staub repieren, da Leitungen zum dritten Mal verlegt werden, wie ich da also machtlos diesem Wust von Unruhe und Lärm gegenüberstehe, da sehne ich mich plötzlich nach Kanada. Ich sehne mich nach einer Stille, die mehr ist als nur die Abwesenheit von Lärm, eine Stille, die es hier kaum mehr gibt, eine Stille, die ein eigenständiges Wesen ist, ein Tier, das sich nicht durch Schreien manifestiert, sondern durch tiefes Schweigen . . . Und ich buche noch heute eine Jagdreise nach Britisch-Kolumbien. Ich muß mal wieder raus, möglichst bald und unbedingt.

28. November: Es sind wieder Enten im Kessel in der Booklied. Sie treffen meist Anfang November am Fluß ein, einige wenige bleiben Standwild. Ein oder zwei Mittelsänger haben sich unter die Stockenten gemogelt. Gleich hinter der Eisenbahnbrücke geht ein Schof von vier Breitschnäbeln hoch. Sie streichen auf uns zu. Nach dem Doppelschuß stürzt eine auf der gegenüber-liegenden Flußseite auf die Wiese, eine andere ins reißende Wasser, aber auch die haben wir bald.

29. November: Wieder einmal sind abends Kraniche über dem Haus. Offensichtlich ein verspäteter Flug, sicherlich der letzte in diesem Jahr auf dem Weg in den Süden. Sie kreisen über der flutlichtbestrahlten Bobbahn Winterbergs vis-à-vis, beschreiben schließlich so niedrige Schleifen über unseren Tannen, daß ich sie klaftern sehe und höre, wie Wind durch ihre Schwingen pfeift. Dann verlieren sich ihre Silhouetten wieder im Dunst. Und das betäubend laute, trompetende ›Krürr-krürr-krürr‹ der Schreie wird leiser.

Jahr für Jahr wollen Flüge wieder und wieder nachtüber hier niedergehen und rasten, wo sich jetzt das gleißende Band der Bobbahn zu Tal zieht. Bestimmt ein uralter, von Generation zu Generation weitergegebener Platz des Kranichzugs. Doch die Vögel können hier nicht mehr rasten. Bis weit nach Mitternacht bleibt mir ihr Rufen in den Ohren, bis mich endlich der Schlaf fängt.

4. Dezember: Es gibt Bilder, die so etwas sind wie Edelsteine in der Erinnerung, leuchtend, über alles erhaben, was dazu bestimmt ist, ins Vergessen zu sinken. Ein solches Bild ist der aus den Wogen des Pazifik schnellende Sail, wie er sich schüttelt am Jig, tropfensprühend sein Schwert schlägt. Auf dem blanken, kraftvollen Körper blitzt Sonne. Dann zum ersten Mal seine Flosse, die er jetzt aufstellt: eine herrliche blaue Fahne! Der ganze Fisch ein Kämpfer. – Eine Momentaufnahme vor meinem Gesicht, erlebt im Sommer vor Costa Rica. Und an diesem Tag wird das Licht.

13. Dezember: Einer meiner Kollegen geht heute erstmals mit uns in die Booklied auf Enten. Wir treffen aber im Kessel keine an, und bei der Mühle wollen wir sie nicht stören. Unser neuer Jagdfreund soll anschließend noch auf weibliches Rehwild ansitzen.

Aus Richtung Talsitz fällt in der Dämmerung ein Kugelschuß, von dort, wo Jan sich aufhält. Und er hat tatsächlich etwas Schweres bei sich, wie ich zu erkennen glaube, als ich ihm in die Schlucht hinein, schon fast gänzlich im Dunkeln, entgegengehe. Sein erstes Stück Rehwild, sein erstes Stück Schalenwild überhaupt. Wie glücklich ist er! Und wir sind genauso froh. Wir drei setzen uns ins frostknackende Laub, zu unseren Füßen das erlegte Rickenkitz, lassen den Flachmann kreisen und lauschen Jan, der mit sich überschlagender Stimme begeistert erzählt: Wie ihn erst ein Überläufer anwechselte, er darauf aber nicht fertig wurde. Wie ein weibliches Stück Rehwild zwischen der verwachsenen Verjüngung auftauchte, ihm aber keine Zeit ließ zum Schuß. Wie er schließlich von Zweifeln geplagt bei schon schwindendem Büchsenlicht den Finger krumm machte auf das Rickenkitz und ihm gleich ein Stein vom Herzen fiel, als es auch wirklich ›richtig‹ angesprochen war und im Feuer lag. – Bei aller Aufregung vergaß er, die Leber mitzubringen. Sollte sich der Fuchs darüber freuen!

19. Dezember: Zu einer kleinen Klüngeljagd haben mein Vater und ich geladen. Das ist für uns beide Neuland, ein Experiment, da es unsere erste Gesellschaftsjagd ist im neuen Revier. Die drei Pächter des Nachbarreviers, einige Freunde, insgesamt acht Schützen und fünf Treiber, haben sich unter den Buchen versammelt. Es ist ein sehr windiger, ja stürmischer Tag. Die Zweige klappern und klacken. Eigentlich gar kein Wetter für eine Waldjagd. Denn Niederwild soll dann draußen im Feld liegen, wo die Laute des Sturms nicht so bedrohlich klingen.

Und es waren wirklich kaum Hasen in unserem Wald. »Zwölf bis vierzehn fielen hier immer«, meinte Herr Geeb, der Forstmeister des Barons, der es wissen mußte. Heute kamen nur vier zur Strecke und ein Markwart.

Dann das Finale: der Abendstrich auf Enten. Aber Enten waren heute leider im Kessel auch ›nicht zu Hause‹. Letzte Station und Hoffnung blieb das Wehr. Und dort trafen wir sie dann gottlob wirklich an. Nach den ersten Schüssen sind bestimmt dreißig in der Luft, die meisten sofort zu hoch und sehr schnell. Hinten bei den Eichen seh ich zwei aus großer Höhe zu Boden fallen.

Ich selbst habe mich etwas abgesetzt und hinter die Mühlenkurve verkrümelt in der Hoffnung, vom Kessel rückstreichende Enten dort abzufangen. Dieses stille Eckchen, wo der Mühlengraben in den Fluß mündet und zwei uralte, efeuummauerte Weiden die Landzunge zwischen den Wassern gleichsam bewachen, dieses Fleckchen lieben die Enten.

Mucksmäuschenstill ducke ich mich an den Zaunpfahl und warte, während drüben am Wehr hin und wieder Schüsse fallen. Da streichen drei Enten vom Kessel her, jetzt rasch niedriger werdend, genau auf mich zu, wollen genau hier aufs Wasser, bremsen schon ihren Flug: zwei Enten und ein Erpel vor dem dunklen Nadelwald des Schloßbergs . . .

Mir gelingt eine Doublette. Ente und Erpel stürzen in den brausenden Fluß, die dritte Ente bekomme ich im Nachschuß. Aber alle drei treiben rasend schnell ab. Rolfs Hund ist irgendwo weit weg und hat drüben am Wehr sicher genug zu tun. Deshalb springe ich ins Wasser, das mir gleich bis über die Hüften reicht, und werfe die Enten, die ich grad noch eine nach der anderen erwische, an Land.

Fast ein Dutzend sind gefallen, leider mehr Enten als Erpel. Trotzdem ein gelungener Abschluß unserer kleinen Jagd. Und wir haben noch viel Spaß später am Abend im Margaretenhof, nachdem ich mich rasch umgezogen und endlich die klitschnassen, kalten Kleider vom Leib hatte.

Vielleicht war es sogar gut, daß nicht alle Hasen heute bei uns im Wald lagen. Wir werden im nächsten Jahr wieder einige antreffen und diese Jagd bestimmt wiederholen.

20. Dezember: Letzter Reviergang für mich in der Booklied. Es zieht mich nochmal zu den Enten, zu dieser faszinierenden Flugwildjagd. Die Chance, gerade heute, einen Tag nach unserer Gesellschaftsjagd, im Kessel Enten anzutreffen, diese Chance ist besonders groß. Denn viele der gestern am Wehr Beschossenen werden dieses Refugium aufgesucht haben.

Wir wissen seit langem, daß die Schofe bevorzugt um die scharfe Flußbiegung herum hinter dem Torso der umgestürzten Weide liegen; im Windschatten der Strömung halten sie sich gerne auf. Und wir haben auch bemerkt, daß sie angerührt fast immer dieselbe Schleife fliegen unterhalb der steilen Kalkmergelwand, dann noch niedrig die letzten Schwarzdornbüsche der zum Fluß hin auslaufenden Geländerippe passieren, um erst danach, an Höhe gewinnend, über den Winkenberg den Kessel zu verlassen.

Mein Vater und ich hatten aber noch längst nicht unseren Stand an der Hecke erreicht, als sechs Kanuten vorbeibrausten. Von der starken Strömung getragen, schossen die Boote dahin. Und uns war natürlich sofort klar, daß nur Minuten später die Enten in der Luft sein würden. Ich rannte deshalb über die freie Wiese zur Hecke, als zwei Enten bereits aufstiegen, Sekunden später bestimmt zwanzig bis dreißig; die ersten flach und ganz niedrig, wie sie im Idealfall die Schwarzdornbüsche überflogen, wo ich leider noch längst nicht angelangt war. So stand ich mitten auf der großen, weiten Weide. Die Enten sahen mich, waren gleich hoch am Himmel, hatten volle Geschwindigkeit, superschnell waren sie.

Ich schwang mit, einem reinen Reflex folgend. Eine Ente kippte zur Seite, stürzte in einem rasenden Stakkato sich überschlagend zu Boden, was ich selbst kaum für möglich hielt und schon gar nicht mein Vater, der zurückgeblieben war und alles von weitem sah. Die anderen Enten des Schofs waren längst über den Berg entschwunden.

Das ist Flugwildjagd, wie ich sie liebe: hohes, schnelles und scheues Wild. Dazu diese einmalige Landschaft, wie von einem englischen Landschaftsarchitekten entworfen. Tatsächlich gehörte dieser Teil des Reviers damals zum Park des Schlosses zu Brenken: Betagte Weiden, Linden und Eichen gliederten die sanft hügeligen Wiesen. Wie bizarre Skulpturen reckten die Baumveteranen ihre Äste. Zu ihren Füßen die weiten Schleifen des Flusses. Dahinter die Kulisse fast senkrechter Kalkmergelwände. Das alles lag heute im milden Licht der Wintersonne.

Eine Sternstunde, die etwas ins Gleichgewicht brachte vom Pech des vergangenen, sich rasch neigenden Jahres.

Arni

Der wilde Wasserbüffel, der Arni, in Asien fast ausgerottet, hat eine neue Heimat gefunden in riesigen Feuchtgebieten Nordaustraliens, wo schätzungsweise 200 000 Büffel ihre Fährte ziehen. Neben ihnen bieten starke Keiler und ungezählte Scharen von Wasserwild dort spannende Jagd.

Dieses Land, die Northern Territory, das Outback, das Topend des Kontinents, ist unermeßlich, grandios und einschüchternd, mit zerklüfteten, abweisenden Bergen, an deren Schroffen das Licht während eines Tages sein gesamtes Spektrum durchläuft. Es hat unendliche Sümpfe mit wahren Ungeheuern von Krokodilen, meterlangen Barschen und Tausenden weißer Reiher, Pelikanen und Kakadus. Seine wuchernden Regenwälder bevölkern Flughunde, die schillerndsten Sittiche, die skurrilsten Insekten. Es schlummern hier seit Jahrtausenden unentdeckte Höhlen der Aboriginals (farbige Ureinwohner) mit bis ins Detail erhaltenen, strahlenden Felsmalereien. Nach Süden zu geht es über in die Unendlichkeit der Wüste.

Von Darwin, der Hauptstadt, führt eine einzige Straße 1600 lange, staubige Kilometer nach Alice Springs südwärts. ›Down the Track‹ nennen die Australier diese Ochsentour. Fünfmal so groß wie die Bundesrepublik, haben die Northern Territories nur 100 000 Einwohner, von denen allein vier Fünftel in Darwin und Alice Springs wohnen. Das übrige Land ist also fast menschenleer.

Mit meiner Frau lande ich frühmorgens in Darwin, das zehn Jahre zuvor durch den Wirbelsturm ›Tracy‹ bis auf wenige Häuser dem Erdboden gleichgemacht, nun im amerikanischen Leichtbau- und Hochhausstil aus den Trümmern wuchs. Das Abfertigungsgebäude des Flughafens ist eines der wenigen stehengebliebenen Häuser. Drückende Schwüle in der engen Empfangshalle. Ray, einer der Direktoren des Safariunternehmens, erwartet uns, und im ersten Morgengrauen sitzen wir in der viersitzigen Piper mit Kurs Südost zum ›Wild Man's River Camp‹.

Der Busch liegt verhangen. Baumkronen ragen aus dem Nebel. Später tief unter uns die Flugkeile weißer Vögel, immer mehr, immer mehr. Sie sind nicht mehr zu zählen. Von hier oben scheinen sie im Zeitlupentempo über die Sümpfe zu rudern. Buschfeuer züngeln. Beim Landeanflug: die dunklen, unbeweglichen Punkte sind Büffel.

Die Kühle des Morgens macht mich frösteln, als wir im komfortablen mit Strom und fließendem Wasser ausgestattetem Camp unsere Sachen ausladen. Dave Marten, mein Guide, schlägt vor, hier zwei Tage zu entspannen, uns ein wenig umzusehen und übermorgen ins Außencamp ›Gimbat‹ zu fliegen. Dort seien die Büffel besser. Von den Büchsen, die er mir zeigt, wähle ich eine .375 H&H mit Flintenabzug, ein Gewehr, das ich auch zu Hause führe.

Die ersten Eindrücke überwältigen. Man ist viel zu aufgekratzt, um sich müde zu fühlen, wenn Scharen weißrosa Corrallas (eine Kakaduart) den Airstrip bevölkern, wenn ein kleiner Drachen (ein Waran) nach Abfällen sucht, und ›Billy‹, der handaufgezogene Frischling, um Wurst bettelt. Mittags bringt ein Angler zwei starke, im nahen Billabong gefangene Barramundis ins Lager. Weihen und Milane reißen sich dreist und lautstark um die Innereien.

Als Dave fragt:»Habt Ihr Lust zu einer kleinen Erkundungsfahrt, Du kannst dabei gleich ein paar Probeschüsse machen«, da sagen wir begeistert zu. Die beiden ersten Kugeln treffen zwei Handbreit voneinander auf, fast hundert Gänge Entfernung ohne Zielfernrohr. Dave ist nicht zufrieden und murmelt etwas wie:»Büffel sind keine Kängeruhs. Ich muß mich auf Dich verlassen.« Also weitere Schüsse, und die Ergebnisse sind allesamt schlechter. Ich fühle mich plötzlich sehr müde und kraftlos, kann mich nicht mehr konzentrieren und mucke bei jedem weiteren Schuß. Die durchdöste Flugnacht, die Zeitverschiebung von fast acht Stunden, die drückende Mittagsglut, das alles merke ich jetzt. Schluß für heute! Morgen ist ein anderer Tag.

Von dem Rufen der Kakadus begleitet, rumpelt der Toyota in den dämmernden Busch: Flüge schneeweißer Reiher, im Freiland an der Wald-Sumpf-Grenze äsen Wallabys, kleine wachsame Kängeruhs mit einem Antilopengesicht, dreimannhohe Termitenhügel stehen wie Dome in der Ebene. Immer wieder Büffel in kleinen gemischten Rudeln aus Kühen, Kälbern und jungen Bullen. Ihre Fluchtdistanz ist gering. Sie wirken neugierig, saugen den Wind ein und prasseln erst unwillig davon, wenn der Wagen anhält.

Vor knapp 160 Jahren brachten weiße Siedler die Büffel erstmals auf die vorgelagerte Insel Melville. Die spätere Motorisierung machte die Nutzung ihrer Arbeitskraft überflüssig. Sie verwilderten und vermehrten sich derart, daß Ökologen nun eine Zerstörung dieses Gebietes befürchteten. Man begann, den Büffelüberschuß systematisch zu nutzen. Mehr als zwei Millionen vermarktete man bis jetzt. Doch ist das Land gottlob viel zu groß und unwegsam, um ihr Vorkommen zu gefährden. Darüber hinaus sind die Australier stolz auf ihre Büffel, deren Haupt viele Firmenzeichen des Outbacks schmückt.

In der Frühe des 26. August bringt uns die Piper nach einer knappen Flugstunde Richtung Südost ins Gimbat-Camp. An der Schotterpiste ein Schild: ›Gimbat. International Airport. Where the big buffs roam (Gimbat, internationaler Flughafen, wo sich die dicken Büffel herumtreiben.)‹ International mögen die Jäger sein, die hierher kommen. Das Zeltcamp liegt weltabgeschieden direkt am Katherine-Fluß unter Eukalyptus, Pandanuspalmen und silberblättrigen Papierbäumen. Ganz nah eine Furt, aus der wir Wasser für Dusche und Waschfaß pumpen. Die Feldküche unter freiem Himmel steht auf den Fundamenten einer zu Beginn des Jahrhunderts verlassenen Uranmine und unser Zelt oberhalb eines Bachbettes, das hinab zum Katherine führt. Ein Ort wie im Traum.

Wo sich der Bach in den Fluß senkt, wo sich Palmen über seine Mündung neigen, da haben Kelchspinnen riesige Gemeinschaftsnester gewoben, mehrere hundert Netze zwischen zwei Bäumen empor. Das Gespinnst so fest und eng, daß ein schweres Stück Holz, selbst ein Stein darin hängenbleibt. Die äußeren Gespinste sind in jedem der sich dem Fluß zuneigenden Zweige verankert und mit dem nächsten verwoben.

Abends ruft bis tief in die Nacht wie ein Geheimnis das Froschmaul (Nachtschwalbenart). Und ein alter, verrückter Stier – so nennt ihn Dave – brüllt Abend für Abend im Regenwald flußaufwärts. »Das macht er schon lange, ist ein verwildertes Rindvieh«, erklärt Dave.

Von denen gibt es hier Hunderte und schöne, glänzende Pferde, so wild, so kraftvoll, so anmutig, daß ich mich nicht sattsehen kann. Sie werden in der Wildnis geboren, bleiben zeitlebens wild und verenden hier. Und dies seit Jahrzehnten in immerwährendem Zyklus. Niemand, der das Vieh nutzt, denn Einfangen und Transport lohnen nicht. Und außer ein paar Jägern kommt ja niemand hierher oder in das Land dahinter, und in das Land noch weiter dahinter kommt gar niemand.

Im lichten Eukalyptus stolpern wir fast über einen Keiler, den wir aus dem Kessel stoßen. Er hat uns längst weg, trollt gemächlich davon, wendet, äugt noch einmal zurück, seine pechschwarze Schwarte uns zugewandt, als hätte er nie vorher einen Menschen gesehen. Es sind höchstens fünfzig Gänge. Seine kleinen Lichter scheinen uns zu mustern. Auf die Kugel steilt er auf den Hinterläufen, wird um 180 Grad herumgerissen und bricht zusammen.

Ein im Wildbret schwacher Keiler mit gutem Gewaff, der mit seinem langen, schmalen Wurf und der kastenförmigen hochläufigen Gestalt dem europäischen Schwarzwild ähnelt. Es soll auch einen mehr gestreckten, niedrigen Typ mit kurzem Gebrech geben, der dem domestizierter Schweine nahekommt. Aber angeblich nicht hier. »Die hier haben kein Hausschweinblut«, glaubt Dave.

Schwarzwild ist im Norden viel seltener als beispielsweise in Südostaustralien, wo Sauen gegendweise eine Plage sind. Sie vernichten die Vegetation und fressen die neugeborenen Lämmer, schaden darüber hinaus der Artenvielfalt der Bodenbrüter, der Reptilien, Lurche und kleineren Beuteltiere. Vorwürfe, die angesichts ihrer explosionsartigen Vermehrung berechtigt sind, zumal kein Raubwild sie dezimiert.

Das Gebrech wird abgehackt, ein tiefer Schnitt den Rücken entlang geführt, um den Vögeln das Anschneiden zu erleichtern. So lassen wir den Keiler zurück. Abgesehen von der fehlenden Untersuchung auf Trichinen gilt Wildschwein den Australiern als fast ungenießbar. Jedenfalls schüttelten sich alle, die ich danach fragte. Als sei das der Aussatz, als sei das die Pest, wirklich das Allerletzte. Das Fleisch schmecke nach Sumpf und nach Moder. Wir sind im Frühlicht unterwegs zur vier Stunden entfernten Farm, auf der meist nur im australischen Winter, also jetzt, jemand wohnt. Kommt der große Regen, muß man sich oft innerhalb einer Stunde entscheiden, für die kommenden Wochen dortzubleiben oder nach Darwin zu fliegen, denn auch der Airstrip steht dann unter Wasser.

Ein wildes, unbezwungenes Land, herrlich frei, ein Land im Urzustand, das wir durchfahren. Durch siebenundzwanzig Creeks rumpeln wir, passieren zweimal den South-Alligator-River und müssen oft weit ausholen, wenn tiefe Erosionsbrüche und gestürzte Baumriesen die primitive Sandschneise blockieren. So entsteht im Laufe der Jahre ein neuer Weg, gar nicht mehr gerade wie mit dem Lineal durch den Busch gezogen, sondern gewunden mit Widergängen, mit Haken und Umwegen. Die Natur bleibt der Sieger. Unüberwindbar werden die kleinsten Bäche zur Regenzeit. Über Nacht entstehen reißende Wildwasser, nicht zu passieren für Boote und jegliches Fahrzeug. Die Büffel drängt dann die Flut auf die Höhen.

Zur Farm sind wir in der Hoffnung unterwegs, nahbei einen starken, reifen Bullen zu finden, der dort mehrfach bestätigt wurde. Was wir antreffen, sind die traurigen Überbleibsel der Petmeat-Hunter und professionellen Büffelfänger, nämlich Pferche voller Kälber, die geimpft und teils enthornt zur Zucht exportiert werden sollen. In Darwin sprach ich mit einem Kapitän, der 500 Jungbüffel nach Indonesien schiffen wollte.

Wir sehen in Eisengestängen dicht zusammengedrängte z. T. hochkapitale Büffel, die sich nicht einen Meter bewegen können und sollen. »Sonst schlitzen sie sich gegenseitig auf. Erst letzte Woche gab es ein Gemetzel, als der Pferch noch nicht voll war«, kommentiert Claus, der Farmer. Man treibt die Büffel mit Helikoptern in ein sich verengendes Spalier aus Geländewagen und Tuchfetzen, aus dem es kein Zurück mehr gibt. Man fährt mit stahlgepanzerten Fahrzeugen die Tiere über den Haufen, bricht ihnen dabei die Knochen. Man hat Landrover, die einen Fangarm um den Nacken klappen, wenn der Büffel eingeholt ist, daß es ihn beim Bremsen meterweit durch das Gras reißt, manchmal das Genick bricht. Als Claus mir schließlich anbietet, noch das Gebiet mit den unzähligen verwesenden, abgemetzelten Büffeln zu zeigen, deren Nachwuchs nun auf die Verschiffung wartet – bedurfte es dessen nicht mehr, um mich angewidert abzuwenden. Ich wollte so schnell wie möglich hier weg, weit, weit weg.

Auf dem Rückweg standen spätnachmittags einzelne Bullen, mal nah, mal entfernter im lockeren Savannenbusch, dunkle, im Gegenlicht pechschwarze, klobige Silhouetten. Muskulös, breitnackig, kompakt, eine

Urkraft. Ihre Wehr aber war ganz verschieden, hatten doch im Wildbret sehr starke Büffel oft nur mittelmäßige Gehörne. Andere waren noch nicht alt genug. Und der zuletzt Angepürschte – der Stärkste heute – der äste ziemlich vertraut vor der dunklen Wand einer schmalen Regenwaldzunge.

Ja, ich hatte diesen mächtigen Klotz von Büffel im Visier. Das Korn stand sekundenlang auf seinem breiten, in Falten gelegten Nacken. Als er von uns wegzog, als ihn wieder die Palmen deckten, pürschten wir nach. Immer mit gutem Wind, bekamen wir ihn wieder frei, doch nie ganz frei für einen wirklich sauberen Schuß.

Dave flüsterte: »Er darf auf keinen Fall in die Dickung kommen.« Und er stand ja direkt davor. Selbst ein Kammerschuß war da keine Garantie. Unglücklicherweise hatte mich heute und die Tage zuvor eine Darmgrippe entkräftet. Die mögliche Nachsuche durchzustehen, wäre ich nicht in der Lage. Zitternd, vor Erregung bebend, ließ ich den Finger gerade und sicherte die Büchse. Wir zogen uns behutsam zurück. Wie oft habe ich diese Szene in Gedanken später Revue passieren lassen.

Reife Bullen standen einzeln, ein oder zwei auch bei größeren Rudeln. Sie schienen sehr standorttreu. Von hinten gesehen war ein Maß für die Auslage der circa neun Zoll lange Lauscher. Überragte ihn das Horn um dieselbe Länge, so war der Büffel des Anschauens wert.

Ich hatte Waidmannsheil auf einen weiteren Keiler. Im sumpfigen Brachland entlang eines noch Wasser führenden Baches entdeckte ich vom Wagen aus den Schimmer einer Sauschwarte. Ganz eben ragten die pechschwarzen Federn über das Ried. Als wir vom Auto sprangen und darauf zupürschten, sah ich nichts mehr, beschrieb aber Dave an Hand von zwei hellen Stämmen genau die Stelle.

Dort! Gerade jetzt erscheint hinter den Binsen ein dunkler Schatten, der Basse. Er steigt aus der Suhle das Ufer des Rinnsals empor, hat wohl etwas vernommen oder uns gewindet, wird nun flotter, noch immer nicht frei. Doch die .375 marschiert da schon durch, stehend freihändig bekommt er die Kugel hinter den Teller, sackt auf der Stelle zusammen. Bei sicher weit über hundert Kilo Gewicht hat er nur geringe Waffen. Weiteren Keilern begegnete ich nicht.

Mittagsrast unter dem Baldachin der Luftwurzeln eines ungeheuren Banyan (Indischer Feigenbaum), der sein Dasein als Parasit auf einem anderen Baum beginnt, seine Wurzeln zur Erde läßt und den Wirt mit den zu Stämmen heranwachsenden Lianenwurzeln erstickt. 28 Meter sein Umfang. Er wird wohl die Geburt Cäsars erlebt haben, dieser uralte Riese.

Am Abend desselben Tages auf der Heimfahrt entlang des Katherine: Breit und mächtig rudert ein Seeadler zu seinem Schlafbaum. Kreischende

Scharen bunter Sittiche, pfeilschnell ist ihr Flug, Kakadus krächzen laut und durchdringend, sanft das Rufen der Tauben. Und dann wird es still, die stillste Stunde des Tages. Der Wind schläft ein. Das Flüstern der Blätter schweigt. Man hört das leiseste Knistern, das kleinste Geräusch.

Es war dies der Abend, als Dave, Tschain und ich dem Rudel nachpürschten, das vom Fluß kommend vertraut in die Savanne zog. Eine beachtliche Schar von vielleicht fünfzig Büffeln, die wir vom Wagen ausgemacht hatten. Ein Kapitaler war aber offensichtlich nicht dabei. »Es muß ein Starker in der Nähe sein. Die Herde kenne ich«, raunte Dave. Im Moment erfassen wir beide den massigen grauen Wildkörper, der seiner Herde folgend als letzter das Ufer heraufzieht, schräg auf uns zu. Er hat Wind! Erhobenen Hauptes, den Windfang hochgereckt, saugt er die Witterung, versucht uns zusammengesunkene, hinter dem Busch kauernde Menschen ‚einzuordnen‘, kommt aber näher.

Als er jetzt breit auf sechzig Schritt an uns vorbeizieht, bekommt er aus knieendem Anschlag die Kugel (.375 H&H Kegelspitz RWS 19,4 g). Der Büffel steht Kopf, verliert die Balance, bricht staubaufwirbelnd zusammen, versucht immer wieder, auf die Läufe zu kommen und verendet nach zwei Fangschüssen.

Der Recke mit der schon grauen Decke eines Alten hat zwar keine berauschende Auslage, aber ein bis in die Hornspitzen dickes, massiges Horn, das relativ gestreckt verläuft, nicht mehr die ausgeprägte Rundung mittelalter Büffel besitzt. Die stumpfen Hornenden, die Rinnen und Risse der Trophäe sind Altersbeweise. Ein Abzeß unter der Stirnhaut reicht bis in den Schädel. Der Knochen ist aufgelöst, die Abzeßhöhle über den Hirnhäuten abgekapselt. Wie bei den Keilern wird nur die Trophäe abgeschlagen und das Wildbret zurückgelassen.

In der Tiefe der Dämmerung flüchtet ein Dingo, jener vor circa 5000 Jahren verwilderte Hund der Aboriginals, weit, weit vor uns durch den Eukalyptus. Groß und dunkel wirkt er, jetzt wo die Sonne versunken ist, gar nicht so rötlich wie ich später seine Decke einmal leuchten sah im Licht.

Tags darauf entdecken wir eine Höhle mit Felsmalereien, die Dave und Tschain auch noch nicht kennen. In Ocker- und Rottönen gemalt, gleicht das Lebewesen einem Känguruh mit menschlichen Gliedmaßen. Weit besser erhaltene Werke hatten wir Tage zuvor nur zehn Gehminuten vom Lager oberhalb eines palmenbestandenen Billabong (See, oft Restkolk eines Flusses während der Trockenzeit) bewundert. Die Malereien mit Waran- und Emuöl fixiert.

Als wir in die verwachsene Schlucht einsteigen, flüchtet ein pechschwarzes Wallaroo, ein scheues, verschwiegen lebendes Felsenkänguruh, behende den steilen Hang hinauf, ist augenblicklich über den Kamm verschwunden. Oben ein kleines Plateau, eine Art Dorfplatz mit Steinblöcken, die Mulden besitzen, in denen wohl Samen und Wurzeln zerrieben wurden. Die Mahlsteine noch darin. Ringsum finden wir Pfeilspitzen und ein Steinbeil aus Granit. Wie scharf das ist, demonstriert uns Dave an einem Stamm. Natürlich nicht mit einer Stahlklinge vergleichbar, läßt sich aber doch Span nach Span damit abhobeln.

Die ›Wohnungen‹ sind in die Felsen gehauen. Stehengelassene Steinstreben schaffen Räume, unterteilen und stabilisieren. Eine rußschwarze Decke verrät die Feuerstelle. Dort die Darstellung eines Krokodils, dessen Klaue einen Menschen begräbt. Ein Jäger stößt ihm einen Speer in den Leib, schwingt in der anderen Hand einen Bumerang. Die Lage des Wohnplatzes ist auf dem Hügel, wegen der Regenzeit. Mag sein, dieses längst verlassene Steinzeitdorf schlummert seit Jahrhunderten, vielleicht seit Jahrtausenden. Aboriginals leben in dieser Gegend schon lange nicht mehr.

Dieses Volk der Urjäger und Sammler, das jedem Berg, jedem besonderen Fels, jedem Wasserplatz eine Mythe verlieh, das sich mitteilte in unzähligen Felsgalerien, Tänzen und Gesängen, ein Volk von betäubender Spiritualität geht unwiderbringlich zugrunde. Eine Brücke zwischen ihrer phantastischen, uns kaum vorstellbaren Welt und unserer materialistischen Denkweise gibt es nicht. Man kann sie nicht vom ›Wert‹ einer Trophäe, eines Hauses oder der Notwendigkeit, drei ›schwere Wagen‹ zu fahren, überzeugen.

Tschain wußte eine entfernt liegende Fruchtbarkeitskultstätte. Neben zahlreichen Tiermalereien – zum Teil Tiere, die hier längst ausgestorben sind – die Darstellung von Fruchtbarkeitssymbolen und die des Häuptlings. Die Anzahl der Finger seiner dritten Hand besagte die Zahl seiner Frauen. Nischen im Fels waren gefüllt mit Arm- und Beinknochen und Schädeln, teils auf Holzstücke gebettet. 800 bis 4000 Jahre soll die Kultstätte alt sein, nach Angaben von Ethnologen, die letztes Jahr auf Hinweis von Tschain den Ort untersuchten. Das Outback hat Hunderte unentdeckter Plätze der Steinzeitmenschen.

Die kommende Nacht träumte ich von all dem Gesehenen. Das alles war mir unter die Haut gegangen. Bilder, die sich einprägen, die immer wieder da sind, unauslöschbar.

Wir haben mittlerweile zwei ›Haustiere‹ im Camp. Ein Waran, der mit ihm hingeworfenen, zu großen Fleischbrocken einen Baumstamm sucht, den Leckerbissen – mal rechts, mal links – dagegen preßt und ihn so Zentimeter für Zentimeter hinunterbringt. Wenn ich zu nahe komme, springt er mich im hohen Bogen an, schlägt mit dem Schwanz nach mir. Der andere Genosse ist ein Blauschwingen-Kookaburra, ein Eisvogelverwandter, nur viel imposanter, fast krähengroß und genauso blauschillernd wie unser Eisvogel. Sobald wir ins Camp fahren, landet er auf einem bestimmten, ganz hohen Ast. Er stößt nach den Happen, die wir ihm zuwerfen, und fängt sie im Flug.

Dave erzählt abends am Feuer von Jagden auf Banteng. Ein scheues, windempfindliches Wildrind, das auf der nördlichen von Darwin gelegenen Coburg-Halbinsel im Arnhem-Land, dem Hoheitsgebiet der Aboriginal, getrackt wird. Alte Bullen mit hellen, erstaunlich schlanken Fesseln, einem hohen Buckel auf dem muskulösem Körper, haben eine glänzend schwarzbraune Decke. Die Hornzier schwächer als die des verwandten indischen Gaur mit der Andeutung eines Helms, der aber nicht viel mehr als eine flache Hornbrücke zwischen den Stirnzapfen darstellt.

Diesen Büffel brachte englisches Militär aus Südostasien in das auf der erwähnten Coburg-Halbinsel errichtete Victoria (Port Essington). Der Vorposten hoch im Norden des noch nicht erschlossenen Kontinents mußte weniger als zehn Jahre nach seiner Gründung (1824) bereits verlassen werden. Vergleichsweise wurde Australien erstmals 1862 in Süd-Nord-Richtung durchquert (J. Stuart). Die unerträgliche, von Feuchtigkeit und Moskitos geschwängerte Regenzeit und in deren Folge die Geißel Malaria zwangen zur Aufgabe. Auch die Hoffnung auf blühenden Handel mit den asiatischen Nachbarn und mit Europa erfüllte sich nicht.

Angeblich vierzig Banteng gelangten damals in Freiheit. Das Wildrind – lange vorher in Bali domestiziert – fand einen ihm zusagenden, ungestörten Lebensraum. Nur hier kann die Art bei 20 Lizenzen pro Jahr schonend bejagt werden.

Auf den 1. August, den Anfang der Wasserwildjagd, fieberte ich hin. Hunderte von Pfeif-, Schwarz-, Burdekinenten, Pygmänen- und Magpiegänse hatten wir in den vergangenen Tagen auf Billabongs und entlang der Flüsse streichen gesehen. Obwohl nur die wenigsten Arten bejagbar, die meisten geschützt sind, würden wir Erfolg haben. Dave hatte mir an Hand einer Broschüre der Wildschutzbehörde die Kennzeichen der vorkommenden Arten erklärt, und wir hatten draußen im Feld die Vögel angesprochen.

Es ist soweit: Lange vor dem Hellwerden rollen wir zu einem fast verlandetem Billabong, einem versumpften Restkolk. Der Fluß selbst ist seit Wochen versiegt. Den Wagen stellen wir entfernt ab und beziehen lautlos die Stände am morastigen Rand. Das ausgebrannte Gerippe eines Eisenholzbaumes nimmt mich auf. Die Moskitos sind fast unerträglich. Im dämmernden Zwielicht ruft schallend der Kookaburra. Aus dem Grau wächst der Busch. Bäume und Büsche bekommen Konturen, verwaschen erst noch, dann das

Filigran ihrer Zweige gegen den östlichen Himmel. Ein Wasservogel plantscht, Pfeifenten zwitschern, jetzt surren Pygmänengänse vorbei. Welche Spannung!

Rechter Hand Daves Doppelschuß. Eine dunkle Wolke aus Enten und Gänsen erhebt sich. Laut warnend das Wisseln und Pfeifen der Enten, davon vibriert die Luft. Der Pulk zerfällt in einzelne Schoofe, die kreisen und kreisen, bleiben fast alle über dem See. Und wenn Erlegte dort hineinfallen, sind sie wegen der Krokodile kaum zu bergen.

So beschieße ich nur eine Wasserpfeifente – ein blitzschneller Flieger –, die über die Baumkronen streicht, doch im Fallen noch in den See klatscht. Dasselbe passiert nochmal. Und ich traue meinen Augen nicht, als sich ein ›Whistling Kite‹ (Milanverwandter) auf die Ente stürzt und versucht sie davonzutragen. Diese zierlichen Enten wiegen nur halb so viel wie eine Stockente.

Die Dreistigkeit der Räuber verschlägt mir die Sprache. Auch Dave verliert durch die ringsum lauernden Greife – es werden immer mehr – drei Enten. Eine Magpiegans fällt unerreichbar weit in den See. Einige Enten bergen wir mit der vom Rand geworfenen Pilkrute. Wegen der Krokodilgefahr kann man Hunde natürlich nicht arbeiten lassen.

Als die Sonne an Kraft gewinnt, die Moskitos sich längst versteckt haben, wird der Entenstrich spärlicher. Die Schoofe sind versprengt. Unser Limit von zehn Stück Wasserwild pro Jäger ist fast erfüllt.

Am Morgen darauf zurück im Basiscamp mit seinen vielen Anglern und Besuchern, hat uns die Zeit, der laute, lärmende Mensch bald wieder eingeholt.

Doch die Gedanken wandern noch heute zurück nach Gimbat zu seinen geheimnisvollen Höhlen der Steinzeit, zu der palmenverwachsenen, stillen Furt am Katherine nahe unserem Zelt. Ich höre dann wieder das Brüllen des verrückten alten Stieres zur Nacht, das rauhe Geschrei der Krähen frühmorgens zum Wecken, sehe dann wieder die weißen Reiher lautlos über den Sumpf segeln, die klafternden Pelikane, wie sie dicht, fast den Fluß berührend längs der Mangroven streichen. Nichts davon werde ich vergessen.

Tiroler Bären – Mankeijagd mit Wermutstropfen

Vielleicht weil ich den Familiensinn der Murmel bewunderte, vielleicht weil ich sie schon immer beneidete, wenn sie den ungemütlichen Winter tief in ihren Bauen verschliefen, eng aneinandergekuschelt die ganze Sippe im Heu, vielleicht weil dieses Tier, fast zärtlich Murmandl genannt, etwas ganz besonderes war und ist im Sprachschatz, in Liedern und im Glauben der Menschen, wie auch immer, ich brannte jedenfalls darauf, den Mankeis in freier Wildbahn zu begegnen und auf sie jagen zu dürfen. Jagdzeit ist in Tirol vom 16. August bis 15. Oktober.

Die Einladung eines österreichischen Konsuls, unverhofft und großzügig im Frühjahr ausgesprochen und gefestigt durch mehrmaligen Briefkontakt, nahmen mein Vater und ich nun wahr, hatten Unterbringung, erwartete Ankunftszeit an diesem 29. August, die empfohlene Anreisestrecke und die uns zur Verfügung stehende Jagdzeit mit unserem Jäger genau besprochen, trudelten dann auch über München, Kufstein und Kitzbühel, schließlich Richtung nehmend auf das Massiv der Hohen Tauern, gegen Abend in Bramberg ein.

Der Himmel war klar geworden, nur noch einzelne kleine Schäfchenwolken, ganz verloren wirkend über dem Wildkogel, dem Hausberg des Ortes. Warm und dösend dieser Spätsommerabend. Die Nacht würde sternenklar und der morgige Tag sicher sonnig. So waren wir guter Dinge und voller Erwartung.

Ein erster kleiner Wermutstropfen, weil der Jäger nicht zu Hause war. Es war überhaupt niemand da. Uns fiel ein halbes Dutzend Pkw mit deutschen Kennzeichen vor seinem Haus auf. So warteten wir im Wirtshaus und trafen Hubert, unseren Jäger, als er grad von der Jagd kam mit einem Deutschen, der heute Waidmannsheil hatte auf Murmel.

Wir stellten uns vor, und obwohl alles vereinbart war, der Jäger konnte sich an nichts erinnern. Unser Gästezimmer sei leider belegt. Das alles sei ihm wohl ›durchgegangen‹. Daraus machten wir ihm keinen Vorwurf, in Anbetracht seines Berufes als Tischler, seiner vielen Pensionsgäste und der Murmeljäger ›am Fließband‹. Denn heuer hatte er den bayerischen Jäger zu seinem Murmel gebracht, gestern einen Düsseldorfer, davor eine Jägerin usw., usw.

Doch zurück zu dem erfolgreichen Murmeljäger. Sein Bär war auf den Schuß hin im hohen Bogen von seinem Ausguck gestürzt, offensichtlich tödlich getroffen. Man wünschte schon Waidmannsheil, fand am Anschuß und dort, wo er aufgekommen war, aber keinerlei Schußzeichen. Der Jagdterrier folgte der Spur zu einem Notbau, dessen Röhre gottlob weit und so kurz war, daß der Hund den gekrellten Bären stellen konnte. Der Terrier mußte Schmisse einstecken, das Murmel verlor einen Schneidezahn und wurde schließlich abgetan. Doch wie sah die Beute aus? Sie bestand nur aus Haut und Knochen; ihr früher bestimmt dichter, flauschiger Balg umspannte ein Skelett. Der Bauch war aufgetrieben und der Darm eine einzige träge, graugelbe Masse aus sich windendem Bandwurm.

Verheißungsvoll, mit großer Erwartung und Vorfreude beginnt unser Morgen. Ein wolkenloser Himmel über dem Schwarzkopf. Sein dunkler, abweisender ›Hut‹ aus Urgestein thront über dem Habachgletscher. Erstes gleißendes Licht liegt auf Firn und Eis. Die Sonne kriecht zögernd zu Tal.

Das 2000 Hektar große Revier ist der Kern des Nationalparks Hohe Tauern. Es umfaßt das fast 30 Kilometer lange Habachtal in seinem oberen Teil, besitzt neben dem Geröllbett des Wildbachs Hochalmen und wenig sich in den Fels krallenden, schütteren Wald. Alles war noch im Urzustand. Zwar treibt der Senner Kaser von der Moaalm seine Kühe ins Tal, aber die Almen oben werden längst nicht mehr bewirtschaftet. Dort hinauf zieht es keinen mehr, außer hin und wieder einen Gamsjäger. Und Murmel gibt es genug weiter unten, deretwegen steigt niemand hinauf.

Uns fällt es erst schwer, die Tiere bergauf, hier und da über die Kanten der Felsen sichernd, auszumachen. Oft ragten nur Hals und Kopf grad eben darüber hinweg, manchmal nur ihr Windfang.

Die Murmel, die wir, langsam an Höhe gewinnend, von unserem Steig zum Habach hinunter ausmachen, deren Schiefergrau verschmilzt im Schatten ganz und gar mit den Steinen. Und die, die in der Sonne liegen, tarnt ihr nun in einem fahlen Goldbraun schimmernder Balg. Wir müssen uns erst einsehen.

Unser Führer steigt schließlich mit mir allein ein steiles, lockeres Geröllbett hinauf zu zwei obengelegenen Bauen, von denen einer hoch über uns, der andere linker Hand viel näher über eine Rinne hinweg liegt. Zu erkennen sind lediglich große Felsblöcke, dahinter vermutlich Fallröhren. Im losen, piekenden Gestein eine Auflage zu richten, bleibt schwierig und unbefriedigend. Schließlich gelingt es so leidlich nach langem Experimentieren. Etliche Halme aus der Bahn gerupft. Dann Warten.

Fast gleichzeitig erscheinen auf der Felsplatte steil hinauf und vor dem Bau linker Hand je ein starkes Murmel. »Alte Bekannte«, murmelte Hubert. Das letztere ist jedoch weitaus günstiger zu beschießen, weil näher bei besserem Schußfeld. Aber anders denkt mein Führer, der es für schwächer hielt und für teils durch Halme verdeckt. Weil es so nah sitzt, muß ich äußerst vorsichtig hantieren und behutsam, schnelle Bewegungen meidend. Denn Murmel sind vor allem Augentiere. Die Seher der beiden Bären fixieren mich.

So konzentrierte ich mich auf das obere Ziel. Seine funkelnden Seher im Glas sowie der von der Sonne beschienene Kopf und der Hals, alles starr und unbeweglich, versteinert. Davor aber etwas Gras. Und der Schuß steil bergauf. Obendrein meine unbequeme, rutschige Lage. Das alles geht nicht recht zusammen. Doch man erwartet wohl, daß ich schieße. Hinter mir: »Geben Sie exakt an, wann Sie schießen. Damit ich mitschaue!« Ein letztes Mal verbessere ich die Auflage und lasse, mit mir ganz und gar uneins, schließlich fliegen, sehe ›durch den Schuß‹ das Murmel abspringen, offensichtlich gesund, und im nächsten Moment Kopf und Hals an genau derselben Stelle wieder auftauchen.

War es neugierig? Hatte es die Situation nicht erfaßt? Rasch repetiert und nachgeschossen! Und das Murmel war weg. »Zu schnell geschossen! Hätten Sie sich doch Zeit gelassen«, muß ich mir anhören.

Am Bau, in die sich leider sofort verengende Fallröhre hinein liegt Schweiß, nicht sicher zu sagen, ob Lungen-, Arterien- oder Wildbretschweiß. Der Gang läßt sich auch nicht erweitern, und der kräftige Deutsche Jagdterrier kommt da nicht hinein. Der bringt nur einen Dachs- und zwei Murmelschädel aus dem Vorraum des Baus.

Mein Führer schenkt unserem Begleiter, dem erfolgreichen Jäger vom Vortag, die Schädel mit dem Hinweis, dem Herrn Doktor doch einen Zahn als Erinnerung an seine Murmeljagd zu überlassen. Daß diese Jagd für mich nun beendet ist, ahne ich bei dieser Geste, will es aber nicht wahrhaben, und der Jäger ließ die Katze noch nicht aus dem Sack.

Während der Mittagszeit, die Sonne stand im Zenit und brannte fast senkrecht vom Himmel, während dieser Zeit entdeckten wir nur ganz wenige Murmel. Ihnen war es jetzt wohl auch zu heiß. Ich sah mich in die kleinen Dinge am Rande hinein. Noch blühten der blaue Eisenhut und das Johanniskraut, noch kamen Falter zu den verschiedenen Disteln und Dolden, und die Hummeln besuchten die Glockenblumen.

Wir pürschten jetzt unten im Tal, wo das Angehen leichter war. Eine brauchbare Auflage fand sich dort immer. Und Murmel gab es hier sogar mehr als im steilen Fels. Trotzdem blieb es echte und immer spannende Jagd. Einmal warnte ein Tier, als mein Vater eine alte Katze anpürschte. Den gellenden Schrei nahmen andere auf. Man trug ihn von Bau zu Bau.

Ein andermal tauchten die Murmel ab, als Kolkraben über den Hang segelten. Bei einem dritten Versuch fanden Schütze und Führer einen starken, im Spektiv entdeckten Bären beim Näherkommen nicht wieder, denn der Wirrwarr aus Steinen, Geröll, Felsbrocken und sich darin festkrallendem Strauchwerk zeigte sich immer anders, und die Aussichtsposten der Wächter waren gut gewählt.

Leider störten auch dauernd Mineraliensammler und Wanderer, die an diesem strahlenden Sonntag allesamt unterwegs waren, entlang des Flußbetts oder zu irgendeiner Gebirgshütte oder von dort kamen.

Wir hatten in der Zwischenzeit aber gelernt, Katzen und Bären voneinander zu unterscheiden. Die Bären sind vom Gesamteindruck dunkler und untersetzter, die Katzen haben einen schlankeren Hals und einen schmaleren Kopf, auch von der Seite angesprochen, zumal man, da die Jungen bereits selbständig waren, auch führende Katzen erlegte. Auffallend auch die unterschiedlichen Bälge. Es gab falbe und dunkle und überwiegend graue und fast schwarz wirkende Tiere.

Es war schon später Nachmittag. Schatten krochen zu Tal. Die Regenbogenfarben der hundert Meter und tiefer von den Abbrüchen stürzenden Wasser verloschen. Die Kühle tat gut. Auch die Mankei wurden nun reger. Sie strolchten von den Bauen hinaus auf die saftigen Almen, ästen mal hier, mal dort und schliefen mit Gras im Fang ein. Das ließ sich gut beobachten über den Wildbach hinweg, wo kein Wanderer hinkam und momentan auch kein Jäger. Noch vor einer Woche war das Tal überschwemmt, total abgeschnitten gewesen, und noch immer brodelte der Gebirgsbach mit Strudeln, Stromschnellen, Gischt, war noch stark und reißend.

Nach etlichen, manchmal recht anstrengenden Fehlpürschen war mein Vater erschöpft und bat mich, ihn auf einer Pürsch zu vertreten, was auf erhebliches Mißfallen stieß. Nein, er und nur er sollte heute noch zu Schuß kommen, um das Jagdpensum für uns beide heute unbedingt zu erledigen. Und es sollte tatsächlich noch eine Möglichkeit geben, ganz zuletzt, nah der Moaalm, wo sich die Murmelbaue verloren, wo der Hochwald begann und die Reviergrenze nicht weit war. Dort gab's einen starken Bär, rund siebzig Gänge über dem Gebirgspfad. Er lag dort platt wie eine Flunder, behäbig vor seinem Bau. Zwei Äffchen, so nennt man die Jungtiere, wieselten um ihn rum. Er selbst ein fauler, alter Pascha.

Direkt unten am Steig ein Felsblock so groß wie ein Blockhaus. So stand unser Plan rasch fest. Alle vier wollten wir vorbeidefilieren, uns dabei auffällig unterhalten, dadurch Wanderer vortäuschen. Herr Breuer und ich sollten als einzige weitergehen, die beiden anderen hinter dem Felsen bleiben, um von dort zu schießen. Hielt der Bär uns wirklich für harmlos und ›konnte er nicht zählen‹, dann mußte die Rechnung aufgehen.

Schon bald knallte es. Wie mein Vater erzählte, hatte er versucht, an der rechten, an der linken, schließlich wieder an der rechten Seite des Felsens anzustreichen. Denn der Bär reckte sich schon und sicherte. Ein Jungtier machte einen Kegel, alle waren beunruhigt.

Die kleine Kugel ließ das Mankei kopfüber nach hinten purzeln, dann hinabstürzen in dichtes Gestrüpp. Als ich schließlich nachschaute, waren beide schon hinaufgeklettert. Mein Vater winkte freudestrahlend, frohlockte, und wenig später hielt er den starken Bären in Händen. Er stand dabei oben auf dem Felsen direkt vor dem Bau, während ein Jungtier nur wenige Meter daneben Warnpfiffe ausstieß.

Seine Beute war ein untersetzter, kräftiger Bär mit breitem Schädel. Über den Rücken hin, den Nacken und die Kopfplatte war er schiefergrau, lang- und dichtbehaart seine Vorderbranten. Die Schneidezähne, braungelborange, wirkten ebenfalls dunkel, sehr edel. »Der stärkste Bär, den je ein Gastjäger mit mir erlegte«, meinte der Führer.

Viel Feist besaß der Bär aber nicht, viel Murmelöl gab er nicht her, weil auch in ihm ein Bandwurm schmarotzte. Sorgfältig löste der Jäger jedes kostbare Gramm sogar vom Darmnetz, bewahrte es in der Bauchhöhle auf. Die Höhle selbst füllte er dann mit Gras.

Rückblickend gab uns die geringe Zahl der Jungtiere zu denken, verglichen mit denen der Altkatzen und Bären. Parasiten und wenig Nachwuchs sollen ja ein Indiz eines viel zu hohen Besatzes sein, weshalb auch in Nationalparks wie diesem Hegemaßnahmen durch Reduktionsabschuß dringend erforderlich sind. Die hier gestreckten etwa 20 Tiere pro Jahr sind bei einer geschätzten Population von 300–400 viel zu wenig. Dabei sind noch nicht einmal die Baue berücksichtigt, die auf den Hochalmen und darüber hinaus bis auf 3000 Meter Höhe liegen, wo sie nicht bejagt werden.

Wir waren nach dem doch noch erfolgreichen Abschluß des Tages gut gelaunt und natürlich durstig. Eine Almhütte lag nur einen Kilometer entfernt ins Tal hinunter, dort kehrten wir auf ›ein kühles Blondes‹ ein. Und da hieß es dann klipp und klar: Ein Stück Wild zweimal beschossen gilt als erlegt, auch ohne nachweisbare Schußzeichen. Ein Anschweißen entspreche natürlich dem Erlegen. Jetzt nach der Jagd legte man uns ein entsprechendes Papier vor, anstatt uns vorher zu informieren. Denn diese Anweisungen, obwohl grundsätzlich korrekt, da nun einmal Schußzeichen im schwierigen Gelände nicht leicht zu finden sind, waren trotzdem hart im Hinblick auf unsere lange Fahrtstrecke von 1600 Kilometern, sie waren streng, wenn man ein Murmel einem Stück Schalenwild gleichsetzte, dabei gar nicht die offensichtliche Überpopulation der Mankeis berücksichtigend. Und der Bestländer, der sein Revier lange nicht mehr besucht hatte, mit dem man das eventuell hätte klären können, war unerreichbar.

So aber sahen wir im nachhinein vieles in einem anderen Licht: Der heikle Schuß in schwierigstem Gelände gleich morgens. Die Tatsache, daß die anfängliche Besorgnis um meinen Vater später dem Vorsatz gewichen war, ihn trotz seiner Erschöpfung unbedingt noch zu Schuß zu bringen. Und die Bemerkung des Führers auf der Rückfahrt nach unserem einzigen Jagdtag – drei hatten wir laut telefonischer Rücksprache eingeplant –, nämlich seine Äußerung: »Sie können ja vielleicht im nächsten Jahr wiederkommen auf Murmel, Herr Doktor«, empfand ich deshalb als zynisch. Gänzlich ernüchternd dann ein nachträgliches Schreiben des Jagdherrn: ›Bitte helfen Sie meinem Gedächtnis bzgl. Bezahlung der Murmel. Ich habe hier keine Unterlagen.‹

So war diese Jagd, auf die wir uns beide so sehr gefreut hatten – eine Jagd in einer grandiosen Landschaft, in einem Revier mit einem ganz enormen Murmelbesatz und zu einer Zeit, wo das Wetter nicht besser hätte sein können –, so war dieser Ausflug nach Tirol wohl auch ein großes Mißverständnis; eine Mankeijagd mit Wermutstropfen, trotz allem aber aufregend, jederzeit spannend und unvergeßlich. Doch das verdankten wir den Murmeln selbst.

Bläßgänse der Westerschelde

Als deutscher Jäger benötigt man zur Jagd in den Niederlanden die Einladung eines Revierinhabers. Gegen Vorlage des deutschen Jahresjagdscheines bekommt man beim örtlichen Polizeikommissar den niederländischen Ausländerjagdschein, den man zusammen mit der Einladung wiederum vorweisen muß, um Waffe und Munition in Holland einführen zu dürfen. Das klingt und ist alles recht kompliziert.

Da wir bereits all diese Formalitäten erledigt hatten, hörten wir mit um so größerer Sorge in den Wochen zum Jahreswechsel den Wetterbericht. Und der klang nicht gut: Kaltluft polaren Ursprungs. Erneute, heftige Schneefälle. Dann wieder strenger Frost. Unsere Hoffnung auf Wetterbesserung, auf milderes Klima, die Hoffnung, daß das wegen des Winterwetters ausgesprochene Jagdverbot in den Niederlanden aufgehoben würde, schwand deshalb von Tag zu Tag. Es blieb schließlich noch eine Frist von rund acht Tagen. Doch die Frist sollte reichen. Tauwetter setzte ein, gerade noch rechtzeitig, fast in letzter Minute. Vor unserem Start rief ich den Revierpächter ein letztes Mal an: »Seit gestern ist die Jagd wieder auf. Die Gänse sind da, sehr viele sogar!« Das war natürlich Musik für Jägerohren. Bei der abendlichen Lagebesprechung mit den Freunden Peter und Jörg wuchs unsere Ungeduld. Denn wir wußten ja von Gert, dem Pächter, welche Hundertschaften an Bläß-, Grau- und Saatgänsen sein Revier heimsuchten, vor allem Bläßgänse aus Nordrußland, von der grönländischen Rasse durch den rötlichen Schnabel zu unterscheiden, die meist Mitte Dezember eintrafen und für die Landwirtschaft natürlich längst ein Problem waren. Die Zahl der in Nordwesteuropa überwinternden Bläß- und Saatgänse wird auf weit über 300 000 geschätzt.

Wir drei brachen an einem dunklen, nebligen Januarmorgen in Richtung Selfkant auf, um dort unseren Gastgeber zu treffen. Mit ihm ging's quer durch Belgien bis zu Seelands Nordseeküste. In Hoek, einem malerischen holländischen Städtchen, bezogen wir Quartier. Ein Meeresarm, die Westerschelde, frißt sich hier viele Kilometer tief ins Land. Und von diesem Fjord zweigen wiederum schilf- und röhrichtverwachsene Altwasser, Tümpel und Verlandungszonen ab. Ein idealer Biotop für Wasserwild, nicht nur zum Überwintern.

Noch am Tage unserer Ankunft, ein Tag, der so trübe, verhangen und diesig begann, hatte der Seewind den Nebel vertrieben. Es war ein sonneverwöhnter Spätnachmittag geworden, fast wie im Mai: warm, behäbig und dösend. Eine erste Revierfahrt, später ein erster, kleiner Bummel mit der Flinte. Da verschlägt es uns bei der Vorbeifahrt die Sprache. Wir passieren ein Feld, das schwarz ist von dicht an dicht die Saat abweidenden Gänsen. Und es kommen dauernd neue Flüge hinzu. Ein unglaublicher Anblick!

Die Flanken der sicher tausendköpfigen Schar sichern Wächter. Vierzehn Tage zuvor sollen es noch viel mehr gewesen sein. Ein Großteil zog bereits weiter zum Süden. Aber diese Ansammlung war schon beeindruckend genug und stimmte uns ein. Die meisten würden abends zu ihren Ruheplätzen streichen, einige wenige hoffentlich hier in der von Deichen umschlossenen Marsch die Nacht verbringen, um am nächsten Morgen ihre Kameraden hierhin zurückzulocken, wo wir sie dann erwarten wollten. Die Chancen für den Morgenstrich waren also gut. Die Faszination der Gänsejagd war längst erwacht. Denn wieder und wieder strichen Flüge über uns hinweg.

Die Jagd auf Gänse ist für mich viel mehr als die Erlegung eines großen Wasservogels. Wildgänse, wenn ich ihren klangvollen Ruf höre, oft hoch aus den Wolken, sind für mich im sich neigenden Jahr die Boten des Herbstes. Sie wecken in mir das Fernweh. Als ahnte man die Weite der Tundren, die endlose Taiga, aus der sie kommen, als brächten sie Einsamkeit mit und langen, nordischen Winter. Mag sein, ich befrachte das alles zu sehr mit Phantasie. Aber ich fühle das so. Gänse sind obendrein ungewöhnlich lernfähige Vögel. Außerdem bleiben sich die Paare sogar nach einer Verlobungszeit zeitlebens treu.

Ergriffen war ich über folgendes Erlebnis, das sich im Zululand in Südafrika ereignete. Eine Spornflügelgans flügelte ich leider. Sie klatschte auf den See, tauchte und kam außer Schrotschußweite wieder an die Oberfläche. Auf ihr Locken löste sich aus der schon weit entfernten Formation der abstreichenden Gänse ein einzelner Vogel und kehrte zu seinem Partner zurück, ließ sich auch nicht durch mich, der ich gut sichtbar am Ufer stand, davon abhalten, neben der Geflügelten niederzugehn. Diese von Schwänen und Gänsen ja bekannte, hier aber alle Vorsicht und Scheu überwindende Partnertreue stimmte mich nachdenklich.

Doch zurück zum Ankunftstag. Den Abendstrich durften wir leider nicht als Jäger erleben, nur als Zuschauer. Denn auch während der Jagdsaison vom 1. September bis 31. Januar war die Jagd nur zwischen der halben Stunde vor Sonnenaufgang und zehn Uhr vormittags erlaubt, an Sonntagen sogar ganztägig geschlossen, wodurch die Gänse nur während eines Bruchteils, etwa 8 bis 10 % ihrer Winterungszeit bejagt wurden, die Störung der Vögel durch die Jagd also gering blieb. So bummelten wir entlang der verschilften, teils verlandenden Altarme. Mehrmals stößt der Deutsch-Kurzhaar Rotschenkel aus dem Schilf, die mit kläffendem ›tjik – tjik‹ davonschwirren. Und immer wieder Fasane, die wir leider pardonieren müssen; denn Gerts Pacht erlaubt nur die Bejagung von Wasser- und Schadwild. Hasen, Fasane und Rebhühner sind tabu. Sie ›gehören‹ einer Jagdgenossenschaft, die ihrerseits kein Wasserwild bejagen darf. Im übrigen ist jedem Niederländer erlaubt, ohne irgendeine jagdliche Qualifikation auf seinem Besitz (Minimum 20 ha) Schadwild, beispielsweise Tauben, Kaninchen und Rabenvögel, zu jagen. Alles etwas kompliziert.

Im Laufe des Nachmittags erwischt Peter noch eine Ringeltaube. Ein Kaninchen rettet seinen Balg vor Jörgs Schroten. Nur Enten, die wir uns erhofft hatten, kommen nicht in Reichweite der Flinten. Etliche Schofe streichen viel zu weit vorbei auf ihrem Weg zum eisfreien Kanal, den Hunderte von Reiher-, Tafel-, Spieß-, Stock- und Löffelenten bevölkern, während das Wasser in Gerts Revier leider vereist ist, somit für Enten uninteressant.

Und dann treibt der Nebel, der lange als dunkle, drohende Wand über dem Meer lag, dieser Nebel, so undurchsichtig und dick wie der Qualm eines Kartoffelfeuers, er treibt nun rasch auf uns zu und erstickt unsere letzte

Hoffnung, auf dem Abendstrich doch noch eine Ente zu erlegen, und er läßt befürchten, daß die Gänse morgen früh unsichtbar im Nebel streichen, wie das vor einer Woche der Fall war, als Hunderte von Gänsen über die Schützen flogen, die aber nicht einen einzigen Vogel sahen, geschweige denn schossen.

Nicht zuletzt die unterschiedliche jagdliche Palette der Flachländer und der Jäger aus dem Hochsauerland, die wir uns hier getroffen hatten, gab genug Gesprächsstoff, den Abend lang werden zu lassen. Weit nach Mitternacht kletterten wir die wacklige Stiege hinauf zu den Matratzen unterm Dach. Jörg verabschiedete sich mit den Worten: »Mein Kaliber 16/70 Waidmanns-Gans trifft immer.« Sprach's, fiel in tiefen Schlaf und schnarchte.

Eine halbe Stunde vorm Hellwerden beziehen wir leise und ohne Eile die Stände im Schilf. An den Flanken der Niederländer Theo und ich. Zu meinem Nachbarn Peter mögen es siebzig Gänge sein. Heftiger Regen hat über Nacht den Nebel vertrieben. Ein sachter Schleier ist geblieben, was gut war, denn dann würden die Gänse niedrig streichen, für unsere Schrote eher erreichbar.

Wir lauschen in die Dämmerung, entschlüsseln sie nach und nach. Vor mir der vom Rand her vereiste Altarm, eine Rinne im Zentrum ist eisfrei. In meinem Rücken das übermannshohe Röhricht. Es herrscht eine fast heilige, andächtige Stille. Das kleinste Geräusch, das leiseste Knistern, das Wispern der Halme im Wind bekommt Gewicht. Und dann, erst noch ganz weit wie das ferne Geläut einer Brackenmeute, das ›Kou – ljou‹ der nahenden Gänse. Jetzt deutlicher, lauter und lauter. Näher und näher löst sich aus dem Dämmer die Zeile der Vögel. Dahinter ein weiterer Flug, rechts davon, links, überall am noch trüben, sich langsam lichtenden Himmel tauchen nun Gänse auf. Ja, der Himmel über uns ist ein einziger dröhnender, von ihren Stimmen erfüllter Korridor.

Ich habe mich tief ins Schilf geduckt, konzentriere mich auf den Flug von acht Gänsen, der genau auf mich zustreicht. Die Höhe paßt. ›Kjoul – kjoul – kjoul‹ dröhnt es mir in die Ohren. Sie sind jetzt fast über mir. Da stehe ich auf, nehme mir eine ganz Bestimmte aufs Korn und schieße.

Der Vogel löst sich aus der Formation, rudert sekundenlang wie angenagelt auf der Stelle, verliert rasch an Höhe und segelt schräg auf der Gegenseite des Flusses ins Schilf. Längst hat der Dunst die anderen Gänse geschluckt. Den Deutsch-Kurzhaar schickt Gert zum Apportieren. Doch verweigert der Hund den Sprung von der Eiskante ins kalte Wasser. Er kann sich bestimmt noch zu gut erinnern, daß er letzte Woche durchs Eis brach, aus eigener Kraft nicht mehr aus dem Loch kam und in einer dramatischen

Aktion gerettet werden mußte. Die tödlich getroffene Gans bergen wir später.

Unzählige Gänse ziehen in den folgenden zwei Stunden des Morgenstrichs wie auf Himmelsstraßen, auf ganz exakten Flugrouten über unsere Schützenkette. Ich schätze bestimmt ein halbes Tausend. Die meisten bleiben zu hoch, verleiten uns trotzdem oft zum Schuß, wohl wegen der fehlenden Erfahrung mit diesem Wild und dieser Umgebung. Einige rucken im Schuß. Einen Vogel seh ich weit, weit draußen aufs Feld stürzen. Zweimal höre ich beim Nachbarn die Schrote auf den Schwingen der Gänse klappern; aber sie ziehen unbeirrt weiter.

Gegen zehn Uhr wird der Strich spärlicher. Nur noch einzelne Flüge, die wir mit um so größerer Spannung und noch konzentrierter erwarten. Mein Standnachbar Peter ist deprimiert, hatte bisher Pech. »Das war's dann wohl«, lamentiert er. Aber zwei Minuten vor zehn, Minuten vor dem Ende der Schußzeit für heute, streicht tatsächlich noch ein kopfstarker Flug auf ihn zu. Hoch allerdings, eigentlich zu hoch. Die Chance gleich Null, doch die letzte nutzt er. Die linke Flügelgans zeichnet, verliert sofort an Höhe, trudelt jetzt abwärts, stürzt geflügelt aufs Wasser. Peter stürmt los, nimmt das ihm zugerufene ›Waidmannsheil‹ gar nicht mehr wahr.

Der Vogel ist sofort ins Schilf geflüchtet, bleibt wie vom Erdboden verschluckt. Wieder und wieder suchen wir die paar Meter des Ufers ab, wo er eigentlich stecken müßte; auch der Hund kann ihn nicht finden. Schließlich trete ich fast auf den Vogel. Wie perfekt Gänse sich doch drücken! Die Bläßgans erreicht nochmal die Wasserrinne, bekommt den Fangschuß. Und auch diesmal will der Hund verständlicherweise nicht ins Wasser. Er wartet, bis der Wind und die Strömung die verendete Gans zum Eis treiben. Weit reckt sich der Schlaumeier über die Eiskante hin zur Gans, bekommt sie ganz eben am Stoß zu fassen und zieht sie an Land. Endlich geschafft!

Der Hund, dem man anzusehen glaubt, wie stolz er ist, apportiert und gibt vorbildlich aus. Peter, der im letzten Moment, wie so oft bei der Jagd, die allerletzte Chance nutzte, Peter ist überglücklich und strahlt. Ein alle versöhnender Ausklang des Morgenstrichs!

Am Nachmittag sitzen wir leider vergeblich auf Enten an. Peter erlegt noch ein Bläßhuhn, das wir ihm zugetrieben hatten. Mit einem Bläßhuhn und einer Bläßgans auf der Strecke ernennen wir ihn zum ›Bläßkönig‹. Ein Kaninchen fällt noch und eine Krähe, dann ist ›Hahn in Ruh‹.

Eine kurze, aber gelungene Wasserwildjagd, auf die wir drei Freunde uns so sehr freuten, war zu Ende. Zu gerne hätten wir morgen, am Sonntag, nochmals gejagt, noch einmal den aufregenden Zug der Gänse erlebt. Aber sonntags war ja die Jagd in den Niederlanden geschlossen.

Mückenhochzeit

Übermüdet, aber zu aufgekratzt, um Schlaf zu finden, waren wir alle vier nach der Flugnacht in der stickigen Maschine von Moskau via Novosibirsk unterwegs nach Irkutsk. Wir, das waren der Amerikaner David mit seinen beiden Söhnen und ich. Der ältere der beiden Jungen sollte seinen ersten Bären strecken, was der Vater selbst wohl mehr wünschte als sein Filius.

Dort angekommen, bringt man uns noch am selben Tag aufs Boot, einen Kutter mit vier Mann Besatzung und Victor, dem Koch. Der Kutter war unser Heim für die kommenden acht Tage. Zwei sowjetische Journalisten, die über die Jagd berichten sollen, sind mit an Bord. Im Bug unsere kleine, gemütliche, vier Kojen fassende Kabine, die vom vielen Gepäck fast aus den Nähten platzt. Dicker Nebel herrscht, als wir in See stechen. Zurück bleibt ein winziger Hafen, zwei Autostunden weit von Irkutsk in der Taiga. Einige Holzhäuser nahebei mit bunten geschnitzten Fensterrahmen und Simsen, Farbkleckse im Grau des Nebels, der sie jetzt schluckt.

Totmüde falle ich in die Koje. Das Summen des Motors, das gleichmäßige Schaukeln des Bootes, das monotone Schäumen des Wassers, das wir durchpflügen: Ich fühle mich hier geborgen; angenehm weich in den Gliedern und innerlich losgelöst lasse ich mich treiben und dämmere in tiefen Schlaf. Als ich später aufwache, dringt Licht durch die Bullaugen: helles Sonnenlicht! Wir sind schon weit draußen, unterwegs Richtung Norden. Und der Nebel ist weggewischt. Gischt schäumt längs unseres Bootes. Unsere Fahrt ist schnell, und der Wind bläst.

Vor dem Baikalgebirge, das in Sichtweite an uns vorbeizieht, liegt ein feiner Schleier aus Dunst. Hin und wieder fliegen Motten aufs Deck, zarte, grau-weiß gebänderte Schmetterlinge, vom Festland herübergeweht. Die Kugelköpfe der Robben schauen hier und da aus dem Wasser und tauchen rasch wieder ab. Alle sitzen an Deck im kalten, steifen Abendwind. In dicke, schwere Schaffellmäntel sind wir gehüllt. Wir reden nicht viel und genießen die Bilder.

In der folgenden Nacht weckt mich Gesang und Gitarrenspiel. Wir haben in einem Dorf, es heißt Malamorskia, festgemacht. Am Strand palavert, singt und tanzt eine Clique junger Leute um ein Feuer herum. Ein Weilchen hocken wir uns dazu. Doch wir verstehen uns nicht. Keiner spricht des anderen Sprache.

Zwei Begleitjäger und ein Beiboot nehmen wir dort an Bord. Es dient uns später bei der Jagd. Dann rauschen wir weiter gen Norden. Denn der See ist groß, über 700 Kilometer lang in Nord-Süd-Ausdehnung. Frühmorgens ankern wir unterhalb des Gebirges, dessen Grate wolkenverhangen sind. Entlang der schwarzen, verschlossenen Nadelwaldhänge nistet noch Nebel. Dicht und dick wie aus Schornsteinen steigt er aus Schluchten und Tälern. Die Berge verlieren sich in einer sanft zum See abfallenden grünen Lehne. In ihr eingestreut, nah der offenen See, verlandende Teiche: Ungestörte Brutplätze für Wildenten und Gänse. Emsig und quirlig darauf die Schofe der Gössel. Die Alten aber wollen uns verleiten, wollen uns weglocken.

Während Alexander, der Berufsjäger, zwei Bärenluder im Schatten des Gebirges kontrolliert, kämpft sich die Sonne durch den Dunst des frühen Morgens. Inseln erkennen wir jetzt. Pastellfarben wachsen sie aus dem gleißenden Spiegel des Sees. Aber wir wollen ja weiter, sind noch nicht am Ziel. Irgendwo in einer gottverlassenen Siedlung, mehr als hundert Kilometer von jeglicher menschlichen Behausung entfernt, kommen zwei weitere Jäger und ein weiteres Boot an Bord. Diese Menschen haben bereits die breiten mongolischen Gesichter der Burjäten. An anderer Stelle schießen wir die Gewehre ein.

Dieser Platz wie alle anderen, an denen wir später kürzer oder länger ankerten, war wunderschön. Er war einsam und naturbelassen, er war einmalig. Kein Fleck dieser Wildnis glich dem anderen. Erst jetzt sah ich alles von nahem, sah die Einzelheiten: Die Taiga blühte einen kurzen Frühling lang. Sie strotzte vor Farben, vor großem, gelbem Mohn, riesiger, blauvioletter Akelei und vor duftenden Schneeblumen. Polster von roten, weißen, gelben und blauen Blüten unter meinen Füßen. Man konnte sich nicht sattsehen. Entlang der morastigen Ufer der Tümpel und Tümpelchen stiegen Hunderte von Schmetterlingen auf, so dicht wie eine Wolke. Unzählige der bunten, großen Schwalbenschwänze waren dabei. Später sah ich Uferstreifen, an denen das Wasser grüngelb war von ihren vergehenden Flügeln, zu Tausenden angeschwemmt.

Gegen Abend machen wir uns auf zur Siedlung Savarotny, weiter im Norden. Auf dem Weg dorthin erspähen wir in der Dämmerung einen Bären, der flott die begraste Berglehne hinabzieht zum See. Der Bär wirkt ganz dunkel, fast schwarz. Seine Bewegungen sind flüssig, behende, fast ›rollend‹. Ruckzuck sind wir in den Booten. Gjena und Alexander, beide wie ich bewaffnet – so ist das Vorschrift bei der Jagd auf Bär –, begleiten mich. Wir steuern auf das Wäldchen zu, in dem der Bär gerade verschwunden ist; aber er taucht nicht mehr auf.

Anschließend beziehen wir einen Hochstand mit Blick auf ein Luder: Ein Stahlkäfig mit stinkendem Aas darin, an einem Stahlseil verankert. Wir harren dort ermüdende vier lange Stunden. Ich nicke immer wieder ein und träume von einem Bett, bis mich Regen weckt. In seinen Mantel gekauert, schnarcht Alexander leise hinter mir. Ich beneide ihn. Nur Gjena paßt richtig auf. Er entdeckt schließlich einen Bären, der auf der Rückseite des Sitzes das Ufer entlangtrollt, vom Luder weg. Diesen Bären wollen wir anpürschen, verlieren ihn aber zu ebener Erde leider rasch aus dem Blick.

Als wir uns jetzt aber umschauen, zurück zum Hochstand und zurück zum Luder, da ist am Luder tatsächlich ein Bär, ein anderer Bär. Zu dumm! Wie soll ich unbemerkt hinaufsteigen? Nur von dort läßt sich schießen. Das Manöver bemerkt der Petz. Unhörbar stiehlt er sich davon. Als ich vorsichtig über die Brüstung schaue, ist das Luder verlassen. Alles liegt ganz und gar still.

Tief in die warmen Pelzmäntel versunken, rasen wir zurück nach Savarotny, dem kleinen Flecken, wo wir eine Weile ankern werden. Von dort wollen wir in den folgenden Tagen mit den schnellen Motorbooten nächtliche Exkursionen unternehmen. Der Mond ist hierfür günstig.

Aber noch sind wir nicht dort. Nebelschwaden, die uns ganz plötzlich immer wieder überfallen, die eiskalt sind, sie nehmen die Sicht, bremsen unsere Fahrt. In der Kajüte ist es dann mollig warm. David junior hat einen Bären auf recht kurze Distanz gefehlt, ist entmutigt, niedergeschlagen und dem Heulen nah. Er kann das alles nicht fassen, nachdem er gestern so exzellent auf die Scheibe schoß. Lehrgeld eines jungen Jägers? Es sollte leider seine erste und einzige Chance bleiben.

Tagsüber schlafen wir aus, pellen uns erst spätnachmittags aus den Kojen. Es ist draußen noch warm und windstill, ein verträumter, sonniger Nachmittag. Gegen Abend kühlt es dann ab. Wir beargwöhnen die zarten Nebelschleier, die sich rasch verdichten. Noch liegen sie auf dem See wie eine riesige Wand aus Watte mit einem hellen, leuchtenden Kamm, den die untergehende Sonne der Barriere gibt. Sie wartet dort drohend, aber wir hoffen. Doch als die Sonne versinkt, wird der Nebel graublau und treibt an die Küste, um dort den Strand, wo die Bären nach Mücken suchen, ganz und gar zu verhüllen. Sein Schleier gibt nichts mehr preis.

Trotzdem stechen zwei Boote mit drei hoffnungsvollen Jägern in See. Die ganze Nacht über fahre ich mit Gjena und Alexander die Küste ab, eine endlos lange Strecke. Einen schwachen Mittelbären können wir wohl eine halbe Stunde beobachten. Und im Berg schreckt später ein Rehbock, der offensichtlich Wind vom Bär hat. Mehr Anblick haben wir nicht, denn die meiste Zeit herrscht dicker Nebel. In der Dämmerung des neuen Tages tasten wir uns ganz nah an der Küste entlang – um uns nicht zu verirren – zurück zum Hausboot.

Karg und eintönig klingt das Vogelkonzert an diesem frühen Morgen.

Dunstfahnen hängen noch über den Hängen der Taiga. Nur der Kuckuck ruft unermüdlich, zwei, drei, nein vier Gauche kann ich deutlich unterscheiden. Und ein Specht trommelt irgendwo unentwegt in den steilen, nebligen Rinnen, so daß sein Echo verzerrt wird. Steifbeinig klettern wir aus dem Boot.

Nach erholsamem Schlaf dösen wir nachmittags auf Deck. Man verliert jedes Zeitgefühl. Ist heute Montag, Sonntag oder Dienstag? Man läßt sich tagsüber treiben, schläft ein wenig und geht nachts auf die Jagd. Sogar der Bär, mein Ziel, verblaßt, weil es hier so schön ist.

Viele Midlacks umschwirren uns; das sind auf dem Wasser lebende Mücken, die nicht stechen und nun Hochzeit haben. Milliardenfach krabbeln sie am Ufer. Sie ähneln einer kleinen Erlfliege und sind der Grund, warum die vom Winterschlaf hungrigen, ausgemergelten Bären aus den Weiten der Taiga zu Hunderten zum See wandern, um vornehmlich nachts die Insekten zu äsen. In guten Mückenjahren leben sie dann im Juni nur von den Midlacks. Doch bereits im Juli verlieren sie sich in der Taiga. Dann sind sie verschwunden bis zur nächsten Mückenhochzeit im folgenden Frühjahr.

Dies war ein gutes Mückenjahr. Die Ufersteine überzog eine dicke, quirlende Schicht der Insekten. Ring an Ring stiegen nach ihnen die Fische.

Zwei Flugangler begleitete ich, die mit primitiven, riesigen Aluminium-Fliegenrollen, an einen Stecken gebunden, fischten. Doch sie hatten Erfolg. Ans Ende der Schnur war ein handlanger, bleibeschwerter Holzschwimmer geknüpft, oberhalb davon an Springern drei künstliche Fliegen. Der bleischwere Schwimmer diente dazu, den Köder wie beim Brandungsangeln möglichst weit auswerfen zu können. Die Leine wurde dann langsam, ruckweise eingeholt.

Auf dem Rückweg zum Boot stoße ich auf eine frische Rodung im Wald, darauf mehrere unfertige Blockhäuser. Kein Arbeiter weit und breit, ich bin ganz allein. Wie weltabgeschieden dieses Fleckchen liegt, in welch unendlicher Einsamkeit. Und wie abgeschnitten Menschen hier erst im Winter leben, der ja lang und kalt ist – von Oktober bis Mai. Das denke ich auf dem Rückweg.

Noch im Hellen brechen wir auf zur Jagd. Gjena kontrolliert zwei Luder. Bißmarken in einem der Stahlkäfige. Aber Fährten und Losung sind alt. Wir entdecken ein verwahrlostes, halb in die Erde gegrabenes Lager, in dem drei Sibiriaken hausen. Dort legen wir an. Ein Netz stöbern unsere beiden Berufsjäger, die gleichzeitig Naturschutzverantwortliche sind, hinter dem Unterschlupf im Wald auf und konfiszieren es.

Die drei Sibiriaken besitzen keine Erlaubnis, ein Netz zu gebrauchen. Sie sind Schwarzfischer und Wilderer. Die Männer mustern uns feindlich und stumm. Die Lage ist äußerst gespannt. Vielleicht haben sie Waffen? Aber die finden wir nicht.

Wenig später dann begegnen wir einem grauen, paddelnden Wesen auf offener See, einem Tier, das ich erst gar nicht einordnen kann. Es taucht jetzt langsam ab in die Tiefe. Alexander deutet mir an, doch endlich zu schießen. Ja, tatsächlich, es ist eine junge Robbe, die wie eine große, unbeholfene Seeschildkröte, wie ein grauer Schatten hinabgleitet.

Der Schuß peitscht ins Wasser, daß es hoch aufspritzt. Das stahlblaue Wasser wird rot. Netzteile haben sich an Hals und Schwanzflosse der Robbe verfangen, sich tief ins Fleisch gegraben, daß es eitert und stinkt. Sie ist sehr abgekommen, geschwächt und wäre sicher eingegangen. Alexander schimpft auf die drei Banditen, denen wir gerade erst ein Netz wegnahmen. Diese seltene Süßwasserrobbe ist ein Relikt aus der Tertiärzeit; sie ist ein Unikum. Für sie soll vielleicht im kommenden Jahr eine Jagdzeit auch für interessierte ausländische Jäger eingeräumt werden.

In dieser Nacht verhindert kein Nebel unsere Pürsch mit dem Boot. Die Sicht bleibt gut, und der Vollmond kommt hervor. Wir brausen erst viele Kilometer gen Norden, ehe wir beginnen, behutsam um die jeweils nächste Waldzunge zu steuern und dann den im Mondlicht hell daliegenden Strand abzuleuchten. Anfangs war ich totmüde und bin immer wieder eingenickt. Jetzt gegen Mitternacht ist der tote Punkt überwunden. Ich bin nun hellwach und konzentriert.

Gjena, der ein sehr wachsamer Jäger ist, stößt mich sachte an, behält das Glas dabei an den Augen und flüstert:»Medwed! Bär!« Wie gebannt starren beide Führer rechter Hand zum äußersten Ende des hellen Küstenstreifens, dorthin, wo der helle Kiessaum schmaler wird und mit dem Wald dann verschmilzt. Ein dunkler, selbst im Glas noch verwaschener Punkt bewegt sich dort draußen in unsere Richtung. Der Bär!

Jetzt nur keinen Fehler machen, alles will ganz genau überlegt sein. Wir werfen den leisen Elektromotor an. Für die Endphase der Bootspürsch haben wir ihn montiert, dafür ist er gedacht, und steuern das Boot behutsam und lautlos aufs Ufer zu. Bär und Jäger nähern sich einander langsam, aber unaufhaltsam.

Ich rüste mich im Cockpit des Bootes zum Schuß, befreie mich vom dicken, die Bewegungen störenden Mantel, lege die .375 Holland & Holland auf die Brüstung. Den Bär erkenne ich nun in allen Einzelheiten, wie er Steine hochhebt, um die Mücken darunter zu schlecken. Ganz deutlich höre ich das Klappern der Kiesel.»Nicht schießen, muß stehen!« warnt mich Alexander.

Die Sekunden, die Minuten werden zu Ewigkeiten. Um nicht ins Jagdfieber abzugleiten, schaue ich zurück auf die See, in der sich der Mond ganz groß, überwältigend groß wie ein Omen des Friedens spiegelt. Ich versuche, an den Bären jetzt nicht zu denken. Der ist nun gerade vor uns, näher dürfen wir nicht. Und der Bär hat uns plötzlich weg. Wittert er uns? Hat er etwas vernommen? Er dreht sich uns plötzlich zu, steht ganz spitz, saugt die Luft ein und schnaubt.

»Schießen! Schießen!« stoßen beide Führer hervor. Da geht er schon ab, hochflüchtig die Küste, dann den Steilhang hinauf. In Bruchteilen von Sekunden geht mir so viel durch den Kopf: Soll ich schießen? Der Bär ist hochflüchtig. Erst der dritte Tag. Warten auf bessere Chance? Und ich schieße doch, trotz aller Bedenken.

Durchs Glas fahr ich mit, werde die Kugel los, genau zwischen die Schulterblätter zielend, spitz von mir weg. Es reißt den schweren Körper zusammen, bremst jäh seine Flucht. Einen Augenblick hält der Bär inne, hängt wie angenagelt im Berg, dann stürzt er rücklings in Purzelbäumen; um sich schlagend, daß die Kiesel zur Seite fliegen und scheppern, bleibt er gerade vor dem Wasser liegen, ist wenig später verendet.

Ich visiere trotzdem noch auf den reglosen Körper, schieße später auf einen Felsbrocken nah seinem Haupt. Aber der Bär rührt sich nicht mehr, er ist ›mausetot‹. Wir tanzen vor Freude im schaukelnden Boot, so daß es zu kentern droht. Dann bestaunen wir die Beute, ziehen sie später zum Boot, heben sie auf die Haube und verzurren sie dort. Wir sitzen am Rand des Sees unter dem Vollmond zwischen den krabbelnden Mücken, trinken heißen Tee und freuen uns.

Dann die vierstündige Rückfahrt. Heftig beginnt es zu regnen. Der Mantel saugt sich bald voll, wird schwerer und schwerer, bis schließlich der Motor des Bootes streikt. Wir müssen ans Ufer, die Zündkerzen wechseln. Zuallerletzt falle ich bis zum Hals in ein tiefes, eiskaltes Wasserloch. Aber was macht das schon bei unserem Erfolg?

Wie wir beim Hellwerden sehen, hat der etwa sechsjährige Bär eine sehr dunkle, von feinem Reif geschmückte Decke. In seinem Magen liegt ein kiloschwerer Klumpen Mücken. Die letzten Tage fraß er ausschließlich sie.

Nach dem Winterschlaf, der alle Fettreserven aufbraucht, suchen die Baikalbären erst einmal Freistellen des Gebirges auf, wo die ersten Gräser und Kräuter sprießen. Die äsen sie dann. Ist die Mückenhochzeit vorbei, halten sie sich im August und September an Zedernknospen, finden wohl hin und wieder auch eine verendete Robbe, einen Isubra oder ein Stück Rehwild, reißen selbst aber wenig Wild. Die wenigen Schadbären, meist überalterte Tiere, die das Vieh aufsuchen und diese leichte Beute dann schätzen, sind die Ausnahme. Aber es gibt sie in jedem Jahr.

Ausländischen Jägern werden jährlich 8–10 Lizenzen erteilt. Die Sibiriaken selbst erlegen ganz selten einen ›Mischka‹, nur wenn sie sein Fett brauchen, um damit Leber- und Magenleiden zu heilen. Jagdzeit ist nur der Juni. David senior bekommt seinen Bären zwei Tage später. Savarotny verlassen wir und ankern irgendwo weiter im Süden, bewegen uns also schon langsam heimwärts. Vor jeder Landung wird mit einem Stecken die Wassertiefe geprüft, dann ein wackliger Holzsteg verzurrt, und die Wildnis steht uns offen. Durch das Boot sind wir frei und ungebunden.

Eindrücke von der Heimfahrt: Einzelne Entenschofe über einsamen, leuchtenden Sandbänken. Abends legen wir irgendwo ein Netz, darin sind dann am Morgen silbern blinkende Omule und ganz fossil wirkende Krebse. Ein armseliger Kotten liegt nicht weit. Aus dem Wald stürmen halbwilde Pferde, die uns, zwischen Angst und Neugierde hin- und hergerissen, bestaunen. Im Morast wühlen Schweine und Kühe. Auf jedem Tümpel, sei er noch so klein, eine Schar junger Wildenten. Unter dem Ried lauern Hechte.

Später, wo und wann weiß ich nicht mehr genau, nehmen wir ein Boot in Schlepp, das keinen Radar besitzt. Es bringt zwei Geologiestudentinnen zu einem einsamen Anwesen. Von dort wird man sie erst im November, wenn der See zufriert und die Taiga verschneit liegt, zurückholen in die Großstadt Irkutsk. Ich sehe die beiden noch vor mir, wie sie winkend zurückblieben, kleiner und kleiner wurden zwischen den Stapeln Gepäck.

Eine letzte Rast. Es ist ein wolkenloser, verträumter Nachmittag. Die Bootsbesatzung zieht auf Bärenwechseln tief in die Taiga. Jeder hat Säcke dabei, um bestimmte Wurzeln und Kräuter zu sammeln für die Küche und die Hausapotheke daheim.

Ich selbst bummele den Strand hinunter, ganz allein. Unter vielen Kieseln bereits die trockenen, federleichten Hüllen der Mücken, noch leichter als Spreu. Das Ende der Mückenhochzeit steht bevor. Einige Bäume sind angeschwemmt, ganz alte, entwurzelte Torsos von Bäumen, die einst Riesen waren; sie sind glatt und blank wie Fossile. In ihren Wurzeln eingemauert Brocken von Fels.

Einem Wechsel folge ich schließlich in das Dämmer des Waldes. Ein längst zerfallenes Hüttengerüst entdecke ich, dicht mit Flechten und Moosen bewachsen, fast dem Erdboden gleich, fast schon selbst wieder Erde.

Stickig und schwül ist es hier, wo die Sonne den Waldboden nicht berührt. Moskitos sirren im Ohr. Der Wald aber duftet von unzähligen Blumen, die sich die Bäume emporranken zum Licht. Er duftet nach Hunderten von Kräutern und nach den jungen Trieben der Zedern, Zirben und Lärchen.

Neues und Bewährtes in heimischen Revieren

4. Januar 1986: Es war kein schöner Tag mit seinem Nebel, dem vergehenden Pappschnee unter regenschwerem Himmel, der sich gerade ›öffnen‹ mußte, als wir zum ersten Treiben angestellt wurden. Winter, Anfang Januar, ein Tief brachte vorübergehend Wärme. Danach sollte es noch zigmal schneien und noch viele Male bitterkalt sein.

Bis zum späten Nachmittag war nichts gefallen. Trotz des strömenden Regens sollte als letztes ein Dickungskomplex gedrückt werden. Der Aufseher des Nachbarreviers meinte zwar, daß hier fast nie Sauen stecken. Doch irrte er sich gewaltig, denn es fielen aus zwei Rotten drei Frischlinge.

Das Schlüsseltreiben im kleinen, gemütlichen Kreis begann deshalb ausgelassen, endete aber mit einem Eklat. Und das kam so: Meinem Vater und mir hatte man den Zuschlag erteilt für einen zwar kleinen, doch sehr attraktiven Eigenjagdbezirk, die Booklied. Zwei andere Bewerber hatten das Nachsehen. Einer der Verlierer war der heutige Hundeführer mit seinen beiden Söhnen. Als uns der Rentmeister des Barons, letzterer unser Gastgeber, als neue Anpächter willkommen hieß, da ließ eben dieser Hundeführer seiner Enttäuschung und Verbitterung in unbeherrschten Schimpftiraden freien Lauf. Tatsächlich befahl er seinem Anhang, die Runde auf der Stelle zu verlassen, was auch zögernd geschah. Ein unglaubliches Verhalten! Nach diesem Mißton löste sich die vordem so fröhliche Gesellschaft rasch auf.

Unser neues Revier von rund 70 Hektar, Besitz des Barons von Brenken, wird zum Schloßberg hin begrenzt durch das Flußbett der Alme. Der Fluß, von Feldern gesäumt, die baum- und buschverwachsene Rippen auflockern. Das Kernstück aber, das Herz des Bezirks, bildet ein Mischwald, der sich, einen Kessel formend, zur Höhe der Ländereien zieht, die den Gemeinden Brenken und Ahden gehören. Dieser Kessel ist gegliedert durch zwei tiefe Kalkmergelschluchten. Wildbäche brausen darin zu Tal zur Zeit der Schneeschmelze und nach langen Regengüssen.

Naturverjüngung, bürstendichte Fichtenschonungen, Buchen-, Eichen- und Nadelhochwald, eingegatterte Eschen- und Ahornkulturen und grasverwucherte Lichtungen, das alles findet man im Revier und an Wild natürlich Tauben, Rabenvögel, Habicht, Bussard und Sperber, wenige Lagerschnepfen, dafür viele, zu viele Füchse und Marder; sogar Waschbären spürt man. Es gibt noch genügend Langohren und etliche Enten unten am Fluß, wo man auch Reiher trifft und eine Menge Wasseramseln, vor Jahren auch Flußregenpfeifer und Eisvögel. Aber die sind längst fort, vergrämt vom Heer der Kanuten, die ihnen die Ruhe stahlen zur Brut und zur Aufzucht der Jungen. Hauptschalenwild ist das Rehwild; selten wechselt eine Rotte Sauen durch oder verirrt sich ein Stück Damwild hierher. Ohnehin war uns nur weißes freigegeben, das wollte man ausmerzen.

Trotz seines Wild- und Artenreichtums war dieses Revier für uns beide eine Herausforderung, es war für uns auch absolutes Neuland. Denn unsere Vorpächter wiesen uns nicht ein, nicht mit einer Silbe; sie gaben uns nicht einen einzigen Tip und montierten bis auf eine sperrige Fütterung sämtliche jagdlichen Einrichtungen ab. So hatten wir erst einmal strategisch günstige Plätze für die Hoch- und Bodensitze auszukundschaften. Wir bauten zwei Bodensitze in Eigenregie und planten, im April vier einfache Leitern errichten zu lassen.

14. April: Dieser Tag war grau und farblos, der Himmel ganz bedeckt. Die vom Frost glasierten Zweige klapperten. In der Morgenfrische warteten wir fröstelnd auf den Transporter mit dem bestellten Holz. Die vier ›Spezies‹, Waldarbeiter des Barons und Pfundskerle, waren fast Profis, und von Sitz zu Sitz wurden sie schneller. Uns Pächtern blieb fast nur eine Statistenrolle, wir hatten nur den für den Sitz bestimmten Baum, die Höhe der Gewehrauflage und die Schußrichtung festzulegen. Es war aber ein gelungener Tag. Wir lachten viel, erfrischten uns mit Bier und hatten, als alle vier Leitern standen, das Gefühl, fürs erste gerüstet zu sein.

16. Mai: Aufgang der Bockjagd am Freitag vor Pfingsten. Das paßte gut, denn die Feiertage über wollte ich jagen. Wo ich mich ansetzte, war eigentlich egal. Einstände und Wechsel hatten wir noch nicht bestätigt. Drei uns bekannte Böcke tauchten mal hier, mal dort auf. Und unglaublich dicht war alles verwachsen: Der Verjüngungsunterwuchs, die verschiedenen hüfthohen ›Unkräuter‹, die von den Stämmen abzweigenden Wassertriebe waren inzwischen dicht belaubt. Ein ganz und gar anderes Bild als zur Zeit des Leiterbaues. Es sollte nicht leicht werden.

Erster Versuch am Freitagabend auf dem ›Lichtungssitz‹ an einer freigestellten Buche. Linker Hand bis mannshohe Fichtenschößlinge, in Front einsehbare Buchenverjüngung, im Rücken dichte Schonung, die sich rechts im Bogen bergab zog. Es war ein sonnenverwöhnter Tag. Die Stille störte nur das Brausen von der nahen Autobahn. Der Pfingstreiseverkehr hatte begonnen. Eine Stunde mochte ich gewartet haben, als lautlos ein starkes, recht knuffiges Sechsergehörn durch die Goldruten glitt, geradeaus nahm es Richtung in die halbhohen Buchen und erschien nun dort, wo der Zaun vor der Eschenkultur verlief. Diese Krone trug ein untersetzter Bock, das Haupt tief gesenkt. Ganz sicher kein Jüngling, auch kein Mittelalter, eher ein reifer, alter Kämpe. Das registrierte ich in Sekundenbruchteilen; denn mehr waren es nicht, als er, immer ziehend, nie verhoffend, auch schon hangab in die Binsen-, Gras- und Klettenwildnis tauchte.

Hätte ich damals gewußt, daß keiner von uns beiden, weder mein Vater noch ich, ihn in diesem Jahr je wiedersehen würde, ich hätte vielleicht einen Schnappschuß riskiert. So aber beobachtete ich weiter, war natürlich zuversichtlich nach diesem Anblick gleich zu Anfang.

14. Juni: Schau ich von der Höhe in Siddinghausen ins Bürener Land, wird das Gelb der riesigen Rapsschläge schon gelbgrün, hier und da sogar grün. Es kippt um.

5. Juli: Gewölle des Wespenbussards finde ich nah am Hochstand. Richtiger hieße es wohl ›Gewespe‹, dieser Klumpen aus Chitinpanzern, Flügeln und Beinen von Wespen, Hornissen und Hummeln, der in unzählige Stücke zerbröselt, als ich ihn aufhebe.

11. August: Von anstrengender Reise nach Mittelamerika zurück, zuviel vorgenommen in zu kurzer Zeit. Das drückend heiße Hochsommerwetter hier gleicht etwas dem der Tropen dort, erleichtert vielleicht die Umstellung. Eigentlich sollte ich mir Ruhe gönnen. Doch das ideale Wetter zum Blatten und die bestimmt fast letzte Chance treiben mich in die Booklied, wo ich am frühen Nachmittag eintreffe, aus allen Poren schwitzend allein schon beim ruhigen Sitzen. Kein Lüftchen geht. Der Himmel ruht bleiern, hat eine ins Graue spielende, gefährliche Bläue, ein Gewitterhimmel. Mähdrescher rattern in der Feldmark. Kein Vogel singt. Irgendwo in der Ferne grummelt ein Gewitter.

Ich blatte nach einer Weile vom Fichtensitz, dann von der Leiter in der Lärche, schließlich vom Boden. Keine Bewegung, nichts. Nirgends das Leuchten einer Rehdecke im Unterwuchs, zwischen den Altbuchen, aus den Ähren. Nur quälend heiße Stille und Lethargie. Der Wald liegt wie tot.

Vierte Station ist der Talsitz. Mein Schweiß lockt die Fliegen an. Plötzlich spüre ich die Überanstrengung der vergangenen Tage. Ich fühle mich unendlich müde, leer, ausgelaugt und elend. Gerade als mich der Tiefpunkt erwischt, fast bin ich eingenickt und hatte erst einmal geblattet, als linker Hand schräg hinter mir den steilen Berg hinab ein Stück Rehwild zieht, flott unter den Altbuchen hinab in die Schlucht. Glas ans Gesicht: ein weibliches Stück.

Ihm gleich auf der Fährte weiteres Wild: der Bock! Aber ebenfalls flott, unaufhaltsam bergab. Es geht um Sekunden, alles unheimlich rasch. Ich ziehe im Anschlag mit, pfeife. Kein Verhoffen, nur verlangsamt der Bock etwas. Und raus ist der Schuß. Sich überschlagend purzelt der Bock den Hang hinab. Ich bleib mit dem nachgeladenen Gewehr auf ihm drauf. Doch er kommt nicht mehr auf die Läufe.

Diesen Bock kannte ich nicht. Vor den Augen meines Vaters hatte er Wochen zuvor einem schwachen Jährling zugesetzt, ihn fast geforkelt. Er war dort der Platzbock. In der Trophäe zwar schwach, mit lauscherhohen, recht dünnen Sechserstangen – aber nadelspitz sein Gehörn, eine Waffe! –, war er athletisch, ein richtiger Kraftmeier, er wog aufgebrochen noch 21 Kilo. Der Bann im neuen Revier war gebrochen!

8. September: Meinem ›Hausrevier‹ in Wohra wollte ich mich nun widmen. Auch dort zogen starke und interessante Böcke. Gleich beim ersten Ansitz kommt mir einer, vom Gebäude her stark, offensichtlich ein Sechser mit sehr langen Vordersprossen, der vom Gattern in der Dämmerung auf die schmale Waldzunge des Dörrscheid zuzieht, sicher auf dem Wechsel zu den oberhalb liegenden Feldern. Er scheint mir mittelalt, genau ist das schwer zu sagen, bleibt heute aber zu weit. Der Beständer kennt ihn auch, bestätigt, daß er zwischen Gattern und Dörrscheid wandert, zwei Gemarkungen verschiedener Gemeinden. Ich taufte ihn deshalb den Wanderer.

13. September: Jetzt im Spätsommer eröffnet der Zaunkönig das Vogelkonzert, später schimpfen das Rotkehlchen und der Kleiber, dann erst rätschen die Amseln, sie singen längst nicht mehr. Schließlich sind die jungen Bussarde unterwegs. Sie miauen in den Buchen nahe dem Horst. Als letzte, wenn die Sonne schon wärmt, melden sich Meisen: Eine große, quirlige Schar aus Tannen-, Kohl-, Sumpf-, Hauben- und Blaumeisen.

16. September: Fast jeder Hochstand hier in Wohra, besonders die älteren, deren Holz schon splittert und mürbe wird, alle diese Sitze haben ihre Haushornissen, ganz bestimmte, oft daumenlange, manchmal aggressive, blitzschnelle Flieger, die mich wieder und wieder attackieren, bis sie endlich abdrehen.

1. Oktober: Wenn die ersten Blätter fallen, die Tage aber noch klar und weit sind, bevor die Nebel, der Regen, die Herbststürme toben, immer dann erfaßt mich eine große Unruhe, ein Fernweh, ein Bedürfnis zu reisen. Dann empfinde ich wohl wie die Vögel, die jetzt reisen müssen.

4. Oktober: Ich bin wieder draußen; bereits der elfte Ansitz auf den Wanderer-Bock. Aber ich bin noch voller Zuversicht. Sorgen macht mir nur das Datum. In Windeseile geht es auf den 16. Oktober zu! An solch stillem Abend wird der Herbst ein zweiter Frühling. Jedes Blatt wird zur Blüte, so bunt und prächtig ist es. Doch bis in die Haarspitzen spür ich: Danach kommt die Zeit der Stürme, der Nebel, des Winters. Das fühlt meine Seele schon jetzt, und ein wenig macht es mich traurig.

5. Oktober: Ein Sonntagabend. Die Sonntage sind in Wohra beschaulicher als die Wochentage, an denen fast alle Klein- und Kleinstbauern bis weit in die Dämmerung hinein unterwegs sind. Was habe ich oft geflucht! Das ist ein Nachteil des Reviers, noch dazu, wenn es so arg zerstückelt ist in schmale Handtücher von Feldern und Wiesen wie hier. Den Nebenerwerblern bleibt erst nach Betriebsschluß Zeit für die Landwirtschaft.

Ein Gutes der hügeligen Feldmark ist die oft erhabene Sicht weit hinein ins Land; und meine Lieblingssitze stehen alle auf einem Hügelkopf, den Wald im Rücken, mit Blick über Felder und Wiesen zu den gestaffelten Zügen des Kellerwaldes. So auch dieser Hochstand über dem Gattern, genau der, von dem ich zwölf Ansitze zuvor dem Wanderer zum ersten Mal begegnete.

Es bleibt ringsherum still und friedvoll, vorerst. Als es spannend wird, so eine halbe Stunde vor Schwinden des Büchsenlichts, es ist schon schummrig und wird rasch dunkler, gerade da knattert oben vom Horizont ein Traktor talab, nimmt tatsächlich Richtung auf den Raps unter mir und rattert mit seinem Mähwerk Spur nach Spur ab, unglaublich laut. Bin ich sauer!

Ich handle rasch. Glas, Rucksack, Loden, alles Überflüssige bleibt zurück. Nur mit dem Gewehr, dem einzigen unentbehrlichen Ballast, sprinte ich auf dem Wechsel durch die Waldzunge, die das Gattern vom Dörrscheid trennt; mein Ziel ist der Sitz vor dem Dörrscheid. Ihn erreiche ich keuchend. Vielleicht kommt ja noch etwas. Habe mich gerade gesetzt, als wirklich links aus dem Wald ein Stück Wild tritt, jetzt zügig hinausstrebt ins Feld: Donnerwetter, der Bock! Das sehe ich mit bloßem Auge. Gewehr hoch, und schon bin ich drauf, fahre mit und banne ihn auf dem Fleck. Er will nochmal kurz hoch, sackt dann in sich zusammen. Als ich später hinzutrete, wirkt er wie verendet. Blinzelt er etwa? Daß der Schuß etwas hoch sitzt, bemerke ich, mache mich aber trotzdem auf den Weg zum Wagen und werde dabei ein ungutes Gefühl nicht los. Deshalb vor meinem Eintauchen in den Wald ein letzter Blick zurück – mein Fahrzeug steht weit unten im Tal –, da hat er tatsächlich das Haupt hoch, steht gleich darauf bereits auf den Vorderläufen . . .

Nach dem Fangschuß wird mir bewußt, was für einen Dusel ich soeben gehabt hatte. Sekunden später wäre er sicher nicht ausgetreten. Und der Bauer, über den ich mich so ärgerte, er brachte mir Glück. Und was für eine Krone hat der Bock! Die gewaltigen Rosen, die Stangenstärke und die Länge der Enden sind viel besser als erwartet. Ein Kapitalbock mit rechts blindem Licht. Ich bin ganz begeistert!

10. Oktober: Die Tschernobyl-Katastrophe ließ die Bockjagd im Hessischen erst spät beginnen, und dann wollte keiner mehr Wildbret verwerten. Pächter und Staatsreviere blieben auf ihren Rehen sitzen oder verkauften sie zu Schleuderpreisen. Fred stoppte deshalb die Bejagung der Böcke. Jetzt, gegen Ende der Saison, hatten sich die Gemüter beruhigt, Wild war wieder bedenkenlos genießbar, aber nur ein Teil des Abschusses der 23 freigegebenen Böcke erfüllt. Fred ließ mich weiterjagen. Pardoniert hatte ich dreimal einen unterdurchschnittlichen Jährling von genau dem Sitz aus, nahe dem mir der Wanderer vor die Büchse lief. Sooft ich jetzt auf ihn hoffte, dieser Jährling war verschwunden. Dabei konnte man vorher die Uhr nach ihm stellen, so pünktlich trat er aus. Ich bekam keine weitere Chance, auch auf keinen anderen.

15. Oktober: Im Gegenlicht des Abends hängen die schwarzen Holundertrauben ganz plastisch im hellen, sonnendurchdrungenen Grün der Blätter, die sich schon lichten. Später, als die Sonne versinkt, treten die Beeren wieder zurück in den Strauch, verschmilzt ihr Schwarz wieder mit dem Grün und dem Dunklen.

25. Oktober: Ein Gedanke: Wie oft Poesie, Glück und Tragik der Jagd doch dicht beieinander liegen, ganz eng, oft miteinander verflochten, sich bedingend. Jagd ist eben ein Stück Leben.

27. Oktober: Mein Vater und ich ›klüngeln‹ die Alme entlang. Vielleicht überraschen wir ja eine Ente. Sehr viele Wasseramseln, die vor uns davonschwirren, schon nach wenigen Metern auf einem Stein knicksen, dann ganz vertraut ein Bad nehmen. Das macht ihnen riesigen Spaß, man glaubt es ihnen anzusehen.

Ulmen säumen den Fluß, neigen sich darüber. Die schleichende Krankheit hat sie noch nicht erreicht. Die breitgeflügelten Früchte klappern im Wind wie Nüsse. Zwischen dem Heckenwall der stillgelegten Bahn und der betagten Eiche auf der anderen Flußseite, zwischen diesen beiden Feldmarken streichen Eichelhäher hin und her wie auf einer Straße der Häher. Im

Kessel, das ist eine Flußschleife unterhalb fast senkrechter Kalkmergelwände, stören wir vier Reiher. Behäbig, träge und faul, die Kröpfe längst
voll, streichen sie davon.

28. November: Als ich heute vom Ansitz nach Hause fahre: nasse Straßen,
Regen mit Schnee durchmischt und Sturm und Nebel und stockdunkle
Nacht, da wird mir bewußt, was Hoffnung bedeutet. Sie ist ein Sporn,
vielleicht *der* Antrieb, weiterzuleben. Sie ist verwandt mit dem Traum und
eine Schwester der Phantasie.

In Gedanken kehre ich zurück zu einem späten Augustnachmittag, noch
sonnedösend, voller Käfer- und Insektenflug, sorglos, im Neigen zum
Abend ganz still . . . Und die kommende Nacht bleibt warm, wird sternenklar und weit. Mag sein, dies ist die Art Hoffnung und Phantasie, die
mich die Düsternis des heutigen Abends vergessen läßt.

13. Dezember: Nochmal Ansitz auf weibliches Rehwild in Wohra auf
meinem Lieblingssitz über dem Dörrscheid. Hier kann ich ins Land blickend
träumen. Noch ist es auch nicht sehr kalt. Und der Schnee läßt zum Glück
erst auf sich warten.

Bei einbrechender Dämmerung zieht ein einzelnes weibliches Reh auf den
Raps. Ich warte. Es bleibt allein, kein Kitz, das ihm folgt. Mir scheint es kein
Schmalreh, eher eine alte, erfahrene Geiß, denn sie bleibt unruhig, äugt jetzt
sogar zu mir hoch, wie ich mich gerade fertigmache zum Schuß, ist im
Begriff abzuspringen, als der Schuß bricht.

Ohne zu zeichnen – jedenfalls fiel mir nichts auf –, flüchtete sie in den
Wald, schreckt dort sogar. Oder ist es ein anderes Stück? Ich muß den Schuß
wohl verrissen haben, sonst gewohnt, das Stück meist im Feuer zu sehen.
Natürlich ärgere ich mich.

Am Anschuß und beim Ausgehen der Fährte keine Schußzeichen. Es
fehlt auch längst das Licht. Einige Schritte in die Dunkelheit des Waldes erst
recht nichts mehr. Am nächsten Vormittag während der Arbeit verdränge
ich den Gedanken, meine Kugel könnte doch gefaßt haben. ›. . . hat sie
gewiß nicht‹, meldet sich das Bequeme. ›Du mußt Dir den Anschuß
wenigstens einmal bei Tageslicht anseh'n‹, plagt mich das Gewissen. So bitte
ich meinen Chef, mich in der Mittagspause zu vertreten, und ich brause nach
Wohra.

Auf der vermuteten Fluchtfährte folge ich einem Wechsel tief in den
Wald, kehre zurück und muß zweimal hinschau'n, denn unter dem ersten,
sich weit ins Feld neigenden Holunder liegt die verendete, wirklich alte,
knochige Ricke; ihre Kiefer blankgeschliffen und die Kugel genau Blatt.

14. Dezember: Fast zwei Monate lag das Kaminholz hingeschüttet in der Garage. Endlich hatten wir uns aufgerafft, es zu stapeln. Unten drunter, ganz unten entdeckten wir ein Nest mit vier Mäusen, fast sehend und schon voll behaart. In Mull gewickelt bette ich sie in den Holzstapel hinterm Haus, vielleicht finden sie ja ihre Eltern. Anderntags war das wärmende Nest geräubert, aus dem Holz gezerrt. Drei Mäuse fehlten, eine lag erfroren beiseite. Diese Maus sollte mir als Köder dienen. Die Wieselfalle baute ich gewissenhaft in den Haufen, tropfte nahbei etwas Anisöl und hoffte auf ein Wiesel. Was dann aber in die Falle ging, war eine wunderschöne Iltisfähe im Winterbalg. Welch ein Fang!

24. Dezember: Heute am Heiligabend schaffen mein Vater und ich mit dem Schlitten drei Zentner Zuckerrüben zur Fütterung, eine mühsame Plackerei. Als wir aber von einem kleinen Revierbummel zurückkehren, hat ein Mümmelmann die Leckerbissen schon entdeckt und knabbert daran.

28. Dezember: Zwei Stück Rehwild sind noch frei. Beim Angehen zum Lichtungssitz springen vor mir zwei Kitze mit ihrer Ricke ab, flüchten in die Schlucht Richtung Talsitz, dorthin, wo mein Vater jetzt bald seinen Anstand bezogen haben muß. Er hatte aber noch nicht aufgebaumt. Die drei kamen ihm flüchtig und viel zu weit, traten aber später wieder aus. Ich jedenfalls vernahm ziemlich bald einen Schuß, glaubte auch Kugelschlag zu hören.

Fast eine Stunde danach eine rasche, schemenhafte Bewegung rechts unten im Hang zwischen den vergehenden Strünken der Kletten und Goldruten. Ein Hase? Wenig später zieht ein einzelnes weibliches Stück genau auf den Sitz zu. Ich hab's schon im Absehen, spitz von vorn. Kein Problem, zu schießen. Ich lasse es noch näher kommen, das entkommt mir nicht mehr; so sicher wähne ich die Beute. Wenn es hinterm nächsten Stamm hervorkommt, laß ich fliegen, denke ich gerade, als es sich blitzschnell herumwirft, in rasenden Fluchten hangab stürmt, nochmal kehrtmacht nach rechts, verstört hin- und hertritt; das Blatt fast verdeckt. Doch ich lasse mich hinreißen zum Schuß, vielleicht aus Ärger und Enttäuschung über die entgangene Chance, ganz verbissen, mein Zaudern nun mit Gewalt wiedergutzumachen. Mußte mir auch der Wind gerade im entscheidenden Augenblick in den Nacken fahren?

Das Reh stürzt vornüber, rappelt sich auf, prescht hochflüchtig in die Dickung. Zu weit vorne liegt der Schuß allemal, hat wahrscheinlich den Vorschlag erwischt. Am Anschuß viel langes, teils helles Schnitthaar und ordentlich Schweiß, der nach Wildbretschweiß aussieht, und eine doppelte Schleifspur ist da hangauf in die Schonung.

Die Schleifspur im Schnee, erst verdächtig auf doppelseitigen Laufschuß, ist dann nicht mehr zu sehen; also doch wohl nur ein Verstolpern im Schuß? Die Dickung, ganz verwachsen, ist groß. Ich verbreche Anschuß und Einwechsel. Morgen brauchen wir wohl einen Hund. Freude aber bei Vater. Er zieht ein Rickenkitz hinter sich her und strahlt.

29. Dezember: Schneetreiben in dicken, nassen Flocken. Ganz schwierig, einen Hund samt Führer aufzutun. Schließlich hat Olfermann jr. Zeit mit seinem Bayrischen Gebirgsschweißhund. Vom Anschuß weg faselt der Hund mehrfach, verliert die Wundfährte, wird neu angesetzt und verweist dann auch in der Dickung hier und da Schweiß, der aber weniger wird, nur noch schwer zu deuten ist. Klitschnaß sind wir, man kann nur kriechen, dicker Schnee fällt uns in den Nacken, immer wieder. Dann nochmal Schweiß aus der Dickung heraus hangab. Also ist das Stück weiter und weiter, ist vielleicht doch nicht schwerer getroffen. Trotzdem ist alles deprimierend und unbefriedigend. Ich bin niedergeschlagen.

31. Dezember: Letzter Tag des alten Jahres, zurück in Winterberg. Besinnung? Sie fällt mir schwer jetzt im Streß des überfüllten Krankenhauses, der aus allen Nähten platzenden, von Urlaubern überladenen Stadt, bei verstopften Straßen und kaum zu bewältigenden Schneemassen.

Doch ein Gedanke zum Jahresende versöhnt mich: Ist es nicht auch Neugierde, die Neugierde des Jägers, die mich immer wieder anstachelt, etwas Neues zu entdecken hinter der nächsten Waldecke, über die Bergkuppe hinab, um die Flußbiegung herum, wo bestimmt ein neuer Kolk mit steigenden Forellen auf mich wartet oder ein Rudel Gams hangab äst, vielleicht ganz vertraut, oder wo gerade jetzt ein Reh ins Feld zieht . . .

Das ist die mehr ›vordergründige‹ Neugierde; die andere entdeckt das Faszinierende im Kleinen, im Detail, im Hineinknien ins Werden, Wachsen, Vergehen von Moosen, Blumen und ›Unkraut‹, von Insekten, Vögeln und Lurchen. Dies ist die Neugierde, die den Rhythmus der Jahreszeiten genießt und nie altert.

Bücher für Jäger

Andreas Freiherr von Nolcken
Jahreszeiten eines Jägers
Jagd und Natur im Wandel von
Frühling, Sommer, Herbst und
Winter. 1989. 247 Seiten. Gebunden
38,– DM

Guillermo Staudt
Im Poncho auf der Pirsch
Von der Jagd in Patagonien und anderen Enden der Welt. 1989. 255 Seiten
mit 167 Einzeldarstellungen in
91 Abbildungen und 6 Karten.
Gebunden 38,– DM

Ludwig Benedikt
Freiherr von Cramer-Klett
Im Gamsgebirg
Erlebnisse und Erfahrungen um das
Krickelwild. Mit einem Vorwort von
Wilhelm Nerl. 1988. 170 Seiten mit
12 Abbildungen nach Gemälden aus
dem Privatbesitz des Autors.
Gebunden 32,– DM

Ludwig Benedikt
Freiherr von Cramer-Klett
Glückselige Einsamkeit
5. Auflage. 1982. 396 Seiten.
Gebunden 39,– DM

Ludwig Benedikt
Freiherr von Cramer-Klett
Die Heuraffler
und andere Bergjägergeschichten.
4. Auflage. 1986. 232 Seiten und
8 Tafeln mit 8 Fotos. Gebunden
38,– DM

Ludwig Benedikt
Freiherr von Cramer-Klett
Spiel der Lichter und Schatten
Von eines Jägers Wünschen und
Wegen. 3. Auflage. 1980.
308 Seiten. Gebunden 34,– DM

Ludwig Benedikt
Freiherr von Cramer-Klett
Traum auf grünem Grund
Vom wundersamen Rehbock im
Schwarzenbachtal. 4. Auflage. 1977.
258 Seiten. Gebunden 28,– DM

Ludwig Benedikt
Freiherr von Cramer-Klett
Zum Jagen zog ich frohen Sinn's
Auf Rehbock, Hahn und Hirsch.
1986. 288 Seiten und 1 Tafel.
Gebunden 39,– DM

Paul-Joachim Hopp
Weite Pürsch
Von Jägern, Wild und Hunden.
1984. 182 Seiten mit 8 Übersichten,
1 Karte und 8 Bildtafeln mit 16
Abbildungen. Gebunden 34,– DM

Hanns Polke
Schwarze Passion
30 Jahre Jagd auf Sauen in drei
Erdteilen. 1985. 181 Seiten mit 16
Abbildungen auf 8 Tafeln. Gebunden
34,– DM

Helmuth J. Manzenreither
Als wär' es mein Revier!
Von Jägerfreuden und dem Leben in
einer Kärntner Bauernjagd. 1983.
208 Seiten. Gebunden 36,– DM

Kurt Menzel
Glück muß der Jäger haben
Von der jagdlichen Passion eines
Forstmannes in heutiger Zeit. 2. Auflage. 1987. 174 Seiten und 16 Bildtafeln mit 28 Abbildungen. Gebunden
34,– DM

Kurt Menzel
Wildwechsel durch Moor und Heide
Vom Jagen in unserer Zeit. 1987.
162 Seiten und 16 Tafeln mit 27
farbigen Abbildungen. Gebunden
39,80 DM

Preisstand: Juli 1989
Spätere Änderungen vorbehalten

**Verlag Paul Parey
Hamburg und Berlin**

Bücher für Jäger

Wolfgang Remmele
Brüsseler Spitzen
Gereimte Anmerkungen zu grünen
Ungereimtheiten. Illustriert von
Walther Niedl. 1989. 151 Seiten.
Gebunden 32,– DM

Hans Behnke
Hasenfeld
Ein Revier wird aufgebaut. 1989.
158 Seiten mit 30 Illustrationen von
Walther Niedl im Text sowie mit 43
Zeichnungen und Fotos im Text und
im Bildanhang. Kartoniert 34,– DM

Walter Frevert
**Und könnt' es Herbst
im ganzen Jahre bleiben**
Jagdliche und andere Erinnerungen.
8. Auflage. 1984. 227 Seiten und 19
Tafeln mit 25 Abbildungen. Gebunden
32,– DM

Walter Frevert
**Das Jägerleben ist voll Lust
und alle Tage neu**
Jagdliche und andere Erinnerungen.
5. Auflage. 1979. 193 Seiten,
15 Bildtafeln mit 25 Abbildungen.
Gebunden 32,– DM

Hans Behnke
Von Mondhasen und Erdkitzen
Der Waidgenosse als Zeitgenosse.
1982. 237 Seiten und 16 Bildtafeln
mit 32 Abbildungen. Gebunden
32,– DM

Willy Benzel
Im Paradies der Hirsche
Rotwilderfahrungen und Jagderinne-
rungen des letzten Wildmeisters beim
Fürsten Pleß. 4. Auflage. 1983. 228
Seiten mit 40 Abbildungen im Text und
auf 10 Bildtafeln. Gebunden 32,– DM

Friedrich Karl von Eggeling
**Von starken Keilern,
treuen Hunden
und pfeilschnellem Federwild**
2. Auflage. 1980. 194 Seiten.
Gebunden 32,– DM

Heinrich von Oepen
Jagen in Rominten
Auf Elch, Hirsch, Bock und Sau in
meiner masurischen Heimat.
2. Auflage. 1986. 174 Seiten und
8 Tafeln mit 16 Abbildungen sowie
einer Karte auf den Vorsatzblättern.
Gebunden 36,– DM

Jochen Portmann
Heimliche Böcke – Uriges Wild
Ein jagdliches Mosaik. 1984. 181
Seiten und 8 Bildtafeln mit 16
Abbildungen. Gebunden 36,– DM

Wilhelm Schmiedl
**Von Böcken, Gams
und braunen Hirschen**
Erfülltes Waidwerk im Burgenland
und in der Steiermark. 1984. 200
Seiten. Gebunden 34,– DM

László Studinka
Mit heißem Jägerherzen
Ein Leben der Jagd in Ungarn.
2. Auflage. 1982. 252 Seiten und
33 Bildtafeln mit 51 Abbildungen.
Gebunden 38,– DM

László Studinka
Wanderungen eines Jägers
Mit Büchse, Flinte und Kamera in
vier Erdteilen. 1981. 215 Seiten und
16 Bildtafeln mit 30 Abbildungen.
Gebunden 36,– DM

László Studinka
Unbändige Jagdpassion
Ganz Ungarn war mein Revier.
2. Auflage. 1983. 158 Seiten und
16 Bildtafeln mit 29 Abbildungen.
Gebunden 34,– DM

Preisstand: Juli 1989
Spätere Änderungen vorbehalten

**Verlag Paul Parey
Hamburg und Berlin**